"十二五"国家重点图书出版规划项目

中国外商投资发展报告（2012）
——世界经济结构调整中的外商投资

桑百川　主编

对外经济贸易大学出版社
中国·北京

图书在版编目（CIP）数据

中国外商投资发展报告.2012／桑百川主编.—北京：对外经济贸易大学出版社，2012
“十二五”国家重点图书出版规划项目
ISBN 978-7-5663-0594-7

Ⅰ.①中… Ⅱ.①桑… Ⅲ.①外商投资-经济发展-研究报告-中国-2012 Ⅳ.①F832.48

中国版本图书馆 CIP 数据核字（2012）第 282509 号

中国外商投资发展报告（2012）

——世界经济结构调整中的外商投资

桑百川 **主编**

责任编辑：郭华良 申 艳

对 外 经 济 贸 易 大 学 出 版 社
北京市朝阳区惠新东街 10 号 邮政编码：100029
邮购电话：010-64492338 发行部电话：010-64492342
网址：http://www.uibep.com E-mail：uibep@126.com

北京市山华苑印刷有限责任公司印装 新华书店北京发行所发行
成品尺寸：170mm×230mm 24.5 印张 398 千字
2013 年 1 月北京第 1 版 2013 年 1 月第 1 次印刷

ISBN 978-7-5663-0594-7
定价：49.00 元

对外经济贸易大学211三期资助

编 委 会

目　录

总　论

2011年，国内外经济环境的变化深刻影响我国吸收外商直接投资，外商投资也发生许多新的变化。

1. 影响2011年外商直接投资的主要因素

首先，全球经济复苏的下行压力仍然存在，外部冲击严重波及国民经济运行，我国经济全年保持9.2%的较高增长速度的同时，深受通货膨胀困扰，工资成本上升，原材料价格上涨，人民币汇率升值等制约着出口型外商投资企业的发展，企业利润率水平下降幅度较大；在“控通胀”中，中央银行实施稳健的货币政策，企业融资成本上升；在“扩内需”中，国内消费需求增长较快，全年社会消费品零售总额同比增长17.1%，扣除价格因素，实际增长11.6%，令许多外商投资企业继续看好中国的市场潜力；在“调结构”中，产业结构、区域结构变化，为外商投资提供了新的机遇。

由此，一方面中国仍然属于被许多跨国公司看好的投资场所，外商直接投资规模继续增长，我国连续19年成为实际使用外商直接投资最多的发展中国家，但外商投资增速放慢；另一方面则表现为外商投资的产业结构和区域结构加速演变，外商投资区位转移态势已经确立，中西部地区吸收外商投资大幅度增长，增速显著高于东部沿海地区，东部沿海地区的外商投资企业谋求向国内中西部中心经济区以及东南亚周边国家、地区转移投资，在东部沿海地区的外商投资区位转移中，劳动密集型企业占据较大比重。

其次，美国实行“重振制造业”战略，吸引境外投资企业回美国本土投资，美国积极加入全球争夺国际直接投资的行列，虽然其效果还不显著，但对于国际直接投资的流向或多或少产生影响；尽管美债危机没有爆发，但其负面效应不容小觑，美国为避免联邦债务违约谋求提高国债发行规模上限，虽然最终获得国会批准，但由此引发的纷争，给美国乃至世界经济蒙上了一层阴影，美国本土企业对我国投资减少。

再次，欧元区深陷主权债务危机泥潭，拖累世界经济复苏脚步，甚至让人担心全球经济进入“二次探底”，欧债务危机不仅影响其自身经济增长，而且制约其企业对我国直接投资能力；英国自身进入高通胀、低增长的“滞胀”期，对我国投资增速放缓。虽然作为欧盟成员的英、德、法、荷在我国当年实际使用外商直接投资的前15位国家和地区中占据四席，但欧盟总体对我国直接投资明显下滑。

最后，新兴市场国家经济增长较快，对外商投资的吸引力显著上升，成为我国吸收外商直接投资的主要竞争者。

2. 2011年中国外资流入规模再创历史新高

2011年，全国新批设立外商投资企业27 717家，实际使用外资金额1 239.85亿美元。虽然在规模总量上持续上升，但与2010年相比，2011年中国外资流入明显呈现“缓中趋稳”态势。2011年全国新批设立的外商投资企业数量同比增长仅1.08%，而实际使用外资金额同比增长也从2010年的21.97%降至8.06%。2011年外商直接投资项目平均投资规模达到447.32万美元，超过2010年的418.43万美元，成为改革开放以来平均投资规模的最高记录。

在全球主要外资流入国和地区当中，中国对外资的吸引力依然强劲。2011年中国外资流入占世界外资流入总额的比重达到8.13%，占发展中国家外资流入的比重也达到18.12%。与2010年相比，2011年中国外资流入规模无论是占世界总额的比重还是占发展中国家总额的比重均出现微小下降，不过中国仍然是仅次于美国的世界第二大外资流入国，同时也是发展中国家外资流入第一大国。

外商投资企业在中国国民经济中的地位仍然稳固。2011年外商投资企业工业总产值达到22.33万亿元，占全国工业总产值的比重达到26.11%；涉外税收达到1.96万亿元，占全国税收总额的20.51%；实际使用外资占全国固定资产投资的2.57%；进出口总额达到18 601.56亿美元，占全国进出口总额的51.08%。

3. 外商直接投资结构继续调整

2011年外商投资产业结构变化明显，第三产业吸收外资首次超过第二产业；第二产业制造业外资仍占主体地位，采矿业和建筑业吸收外资均有大幅下降；服务业利用外资增长较快，多个行业涨幅明显。2011年外商投资区域结构仍呈现出非常明显的非均衡性，但可喜的是中西部地区实际使用外资额增速快于东部地区。2011 年外商投资来源集中度增加了，特别是前五位国家或地区的比重有较大幅度的提高；亚洲十国对华投资增长较快，亚洲地区始终是中国利用外资的主要来源地；在全球发达国家 FDI 流出量增长 25% 的情况下，欧美对华投资却明显下降。

外商直接投资产业政策导向变化。为促进外商直接投资良性发展，更好地为中国经济发展服务，国家于 1995 年首次颁布《外商投资产业指导目录》，并根据经济发展和对外开放的需要，每隔一段时间适时进行修订，至 2011 年已经进行了 5 次修订。为适应国际经济形势变化及国内经济发展需求，2011 年版《外商投资产业指导目录》也相应发生了一些变化。第一，进一步扩大对外开放。新版《外商投资产业指导目录》鼓励类条目增加 3 条，而限制类、禁止类条目分别减少 7 条和 1 条，同时取消部分领域对外商直接投资的股比限制，鼓励类和限制类中有股比要求的条目比原来减少 11 条。这对吸引外资更广泛进入我国产业体系，促进我国对外开放水平将起到重要的促进作用。第二，促进制造业改造升级。一方面，将一些产能过剩、盲目重复建设的条目从鼓励类中删除。另一方面，鼓励外资投向高端制造业和战略性新兴产业。第三，鼓励外资投向现代服务业。为推动产业结构调整，新版《外商投资产业指导目录》鼓励外商投资现代服务业，支持面向民生的服务业扩大利用外资，推进服务业开放进程，增加了 9 项服务业鼓励类条目。第四，鼓励外资进入节能环保领域。鼓励类增加废物利用、污水处理、环保仪器制造等条目，同时将资源占用大、环境污染严重、采用落后工艺的无机盐生产以及采用落后工艺、含有有害物质、规模以下颜料和涂料生产等条目变为限制类，这对限制“两高一资”类外商直接投资进入我国市场、吸引高质量外资进入我国节能环保领域，促进我国建设资源节约型、环境友好型社会有积极的影响。第五，促进利用外资区域结构更加合理。为推进新一轮西部大开发、全面振兴东北地区等老工业基地、大力促进中部地区崛起，新版《外商投资产业指导目录》将继续实行差别化的产业导向政策，在本次修订中删除的鼓励类条目，将根据促进中西部地区承接产业转移、发展中西部地区特色优势产业等原则，在修订《中西部地区外商投资优势产业目录》时予以考虑。

4. 外商直接投资深刻影响我国进出口贸易和国际收支

首先，从进出口贸易规模看，我国外资流入与出口增长之间总体表现为一种正相关关系，即 FDI 流入对我国的出口贸易确实起到了扩张作用。“入世”以来，尽管外资在我国出口贸易中发挥的作用越来越大，但其出口在全国的占比近年来仍有微幅下降。与出口特点相似，2011 年我国近一半的进口也来自外商投资企业。但纵观 2000—2011 年外商投资企业进口占全国进口总额的比重数据可知：我国外商投资企业进口比重近年来也有所下降。

当前外商投资企业进口比重与出口比重都在微幅下降，说明近几年我国加工贸易政策的调整，确实对外商投资企业的进出口产生了影响。

其次，从外商直接投资与我国对外贸易转型升级的关系来看，外商直接投资对我国对外贸易转型升级的促进作用主要体现在三个方面：

一是外商直接投资促进了我国对外贸易方式结构的均衡发展。我国的加工贸易进出口主要是由外商直接投资企业完成的，近年来，我国加工贸易出口和一般贸易出口逐步趋于平衡，与外商直接投资企业的转型升级密切相关。

二是外商直接投资流向第三产业的比重逐步上升，进一步带动了我国服务业和服务贸易的跨越发展。作为一个贸易大国，我国的货物贸易与服务贸易存在严重的不平衡问题，服务贸易发展远远滞后于货物贸易。但近年来，随着我国城镇化步伐加快以及产业结构优化升级，外商直接投资流向第三产业的比重逐步上升，这对于推动我国服务贸易发展也起到了积极作用。

三是外资逐步向我国中西部地区布局，促进了中西部省市外贸的发展，有利于改善我国对外贸易区域布局更趋合理。我国东部沿海地区凭借良好的投资环境，长期以来都是外商直接投资的重点区域，但这一格局正逐步发生变化。伴随中西部地区逐步改善投资环境，外商直接投资开始向中西部地区布局，导致加工贸易逐步向中西部地区转移，因此将有助于改善我国外贸区域布局的不平衡状况。

最后，从外商直接投资对我国国际收支的影响来看，这种影响主要体现在：一方面，外资通过贸易收支、投资收益、专有权利使用费和特许费等项目影响经常项目差额，尤其是通过 FDI 的贸易效应带来大量货物贸易顺差，2011 年，外商投资企业创造贸易顺差 1 305.04 亿美元；另一方面，由于我国资本项目未完全开放，FDI 主要通过金融项目影响资本和金融项目差额，1992—2011 年，直接投资项目长期保持顺差，成为资本项目长期顺差的主要来源，FDI 净流入从 1992

年的112亿美元上升到2011年的2 201亿美元。

5. 外商直接投资对我国就业的影响不容忽视

对外开放33年来，外商投资已经成为吸收劳动力就业的重要途径，大量从土地上解放出来的农民进入加工贸易等外商投资领域就业，外商投资缓解了我国传统农业部门与现代工业部门并存的二元经济结构转化中的就业矛盾，同时，外商投资也为城镇劳动力就业提供了更加广阔的门路。外商直接投资企业是我国解决就业问题的重要渠道之一，截至2011年，外商投资企业直接就业的人员超过4 500万人，约占全国城镇劳动力的比重13%。

根据投资与就业相互关系原理，建立外商投资企业，往往存在三种就业效应：扩大就业、转移就业和挤出就业。当然，外商投资所能吸纳的劳动力数量，并不简单地取决于投资规模本身，而取决于资本有机构成。一般来说，在外商投资企业的资本有机构成较低的情况下，外商投资的直接就业贡献较大；而资本有机构成较高的情况下，外商投资的直接就业贡献则较小。

在我国目前失业率较高的情况下，制定外商投资政策时，必须充分考虑到其对就业的短期影响和长期贡献，不仅应该注重吸引资本技术密集型的大型跨国公司投资，为我国的经济技术进步服务，而且应该积极吸引劳动密集型企业特别是加工贸易投资，注重选择那些外商投资产业关联度高、就业乘数效应明显、资本有机构成相对较低、对就业贡献大的产业和企业，鼓励其投资，为降低我国失业率服务。

目前，沿海中小企业的劳动力成本、土地成本、原材料成本、环境成本、水电费用等经营成本全面上升，同时存在人民币汇率升值的压力，投资回报率下降，关闭、转移趋势明显。其中，劳动密集型外商投资企业占据很大比重。加之世界经济持续低迷，欧美债务危机短期无法解决，世界经济下行风险增加，发达国家量化宽松政策以及欧元区等国家货币贬值，跨国公司调整投资结构意向攀升；而且国内经济结构转型升级，经济增速下降，实体经济的市场环境发生变化，一些外商投资企业资金链紧张甚至断裂，以劳动密集型外商投资为主的珠江三角洲等沿海地区外商投资撤离趋势显现，撤离中国市场的风险上升。

沿海FDI撤离将加剧农民工就业难题，2011年末在外商投资企业中的直接就业人员大约为4 500万人左右，如果加上间接就业人数，超过5 900万，约占全国城镇劳动力总量的16%。如果外商投资10%从我国市场撤离海外，不考虑外资企业的就业结构，也会减少590万劳动力就业，其负面影响将非常突出。

近年来我国沿海地区频繁出现“民工荒”现象，民工荒与涨薪潮并存，2012年“民工荒”再度凸显，“民工荒”正从以往的东部沿海向全国蔓延，而且持续时间更长，区域性、结构性工荒已经常态化。“民工荒”的主要原因是短期性扩大内需政策带来的就业区域结构、预期收入的变化，在政策结束后农民工就业问题将重新凸显，并非劳动力总体供给不足或者出现“刘易斯拐点”。在我国工业化进程远没有结束，城乡二元经济结构加速演变的条件下，大量农村剩余劳动力需要转移出来，进入非农产业部门，我国劳动密集型产业仍然存在着巨大的发展潜力和空间。吸收外商投资、发展劳动密集型制造业仍然是我国未来一段时间内必须高度重视的问题。在发生“民工荒”的同时，沿海地区外商投资企业撤离我国，不仅恶化了农民工就业形势，而且加剧了经济波动，影响社会稳定。为此，应该继续鼓励利用劳动密集型外资政策，并通过明确区位导向和产业导向，加强地方政府协作，给予配套优惠政策，积极推动沿海外商投资向内地转移。

6. 外商直接投资成为输入性通货膨胀的重要载体

近年来，我国国内通货膨胀形势日益严峻，物价水平一直呈现上涨趋势，过高的通货膨胀水平对我国的经济结构转型、进出口贸易增长和国民福利改善都会造成不利的影响。造成我国通货膨胀形势不容乐观的原因有很多，除了产业发展不平衡，国民收入分配不均，国内市场供需失衡等国内原因外，国际范围内的经济不景气和物价水平上涨也是推动我国价格水平上升的原因。

金融危机发生以来，全球主要经济体相继采取多种形式的刺激政策，以试图早日走出金融危机的阴霾。但是过多的人为刺激使得目前复苏基础不稳的全球经济又陷入新的困境，国际市场通货膨胀压力持续上升，国际大宗商品价格持续走高。国际范围内的物价上涨通过贸易和资本渠道向我国国内市场传递，加之我国自身存在的产业结构和收入分配方面的缺陷，我国国内的通货膨胀形势较之于国外更为严峻。

作为全球第二大直接投资吸收国，我国国内经济各部门都同外资企业有着紧密的联系，各个产业的生产加工制造过程都有着外资企业的参与。外资企业的进入，一方面有助于我国经济保持高速的增长，但另一方面，外资企业作为通货膨胀传递的载体，对我国的物价水平也起到了推动作用。我国外资企业主要从事单一的初级加工制造业，通过从国外市场进口原材料或半成品，经过在国内的加工过程最终向国外输出工业制成品，这种“两头在外”的经营方式使得外资企业的经营过程不可避免地成为了国外通货膨胀向我国国内转移的载体。另外，外资企业利用我国丰富的劳动力优势，在全球范围内形成了我国出口工业制成品的价格优势，向国外市场大规模地出口产品。而贸易出口量的增加最终形成了我国数量庞大的外汇占款负担，并且由于缺乏对数额庞大的外汇储备进行有效处置的措施，贸易顺差的积累会进一步推高我国国内的货币供应量，加剧通货膨胀水平。

为了降低在吸引外资过程中所产生的负面效应，我国政府在对待外商直接投资的态度和吸引外资的方式上都应做出调整，改变以往过度追求外资吸收数量的考核方式，向注重提高吸引外资质量的方向转变。同时应完善吸引外资的环境，加快外资与国企改革的结合，并充分利用后发优势，规避风险。通过对外商投资企业的合理利用，减轻我国国内市场受国际市场物价水平波动的影响，改善国内通货膨胀水平。

7. 外商直接投资企业社会责任状况备受关注

2011 年，外商投资企业社会责任发展面临着新的国内外制度环境，金融危机使得外商投资企业面临更加复杂的宏观经济环境；可持续发展成为社会的普遍呼声，对在华外资企业产生一定的影响；国际组织陆续出台了一些社会责任相关的倡议、工具等，来帮助和指导企业承担社会责任；国内法律法规不断完善，执法力度不断加大；外商投资企业面临的制度环境在不断变化。此外，社会责任信息披露和社会责任报告数量不断增加；社会对经济全球化条件下跨国公司和品牌商的供应链社会责任尤为关注；社会责任投资日益增加，金融机构通过社会责任或可持续发展指数等对企业社会责任的影响逐渐加大，社会责任成为吸引投资的重要因素之一；同时金融机构本身的社会责任也受到越来越多的关注，绿色信贷是其中重要的内容之一；社会责任逐渐成为企业竞争优势的重要组成部分，成为企业提高其信誉和品牌价值的重要方式；这些都构成外商投资企业社会责任发展的制度环境。

总体上，2011 年在华外商投资企业的社会责任与 2010 年差别不太大，但是企业面临的内、外部压力仍然很大，用工成本持续上涨，原材料和能源价格上涨，人民币汇率升值等，使得企业利润被压缩；同时，社会公众和非政府组织的环保意识更加强烈，对外商投资企业的监督日益增强，为了满足利益相关方的要求，很多外商投资企业会主动或被动地开展社会责任活动，为自身发展寻求空间。金融危机使得部分外商投资企业社会责任支出下降，社会责任活动缩减，也有一部分外资企业利用这样的机会创新业务模式，转向可持续发展，如探讨技术创新和经营模式的创新等。各个类型的企业社会责任表现呈现出与以往类似的特点，既有成绩，也存在问题。

从社会责任内容上看，环境保护、低碳发展、集体协商、供应链等内容是2011年外资企业社会责任领域的热门话题；环境保护特别是应对气候变化和低碳发展是很多外商投资企业社会责任的重要组成部分，而支持各类公益活动依旧是外资企业在华开展社会责任活动的首选。

从社会责任实践看，2011年，外商投资企业注重将社会责任项目与企业的经营有机结合起来，以社会责任提升企业形象和竞争力；善于抓住国际社会关注的热点或难点问题开展活动，与相关国际组织合作，提供支持；在华外商投资企业引领一些行业的社会责任发展并制定规则，如在房地产、建材行业和零售业；外资企业社会责任项目注重与高校合作，吸收创新力量；外资认证和咨询服务机构成为我国社会责任舞台的重要角色；供应链管理成为外商投资企业社会责任管理的重点问题之一。

尽管2011年在华外商投资企业社会责任总体表现良好，但仍然存在一些问题，违法违规行为、国内外双重标准问题等依然存在。沃尔玛和家乐福等大型超市价格欺诈问题产生了非常恶劣的社会影响，严重损害了公众和消费者利益，雀巢、强生产品影响消费者健康安全问题，康菲漏油事件严重污染环境，雅芳和IBM商业贿赂和腐败问题，联合利华扰乱市场秩序等都是典型案例。

2011年外商投资企业社会责任发展也给我国企业社会责任发展带来很好的启示，首先，社会责任议题应围绕当前经济社会发展所急需解决的问题展开；其次，应与主营业务有机结合，通过社会责任促进主营业务的发展；三是应加强供应链管理，建立合作伙伴关系；四是要逐渐增加社会责任信息披露，提高透明度。

8. 服务业外商直接投资首次超过制造业

2011年中国服务业实际使用外商直接投资金额及增幅均超过制造业。服务业实际使用外商直接投资 552.43 亿美元，同比增长 20.54%，占同期全国总量的 47.62%。

从资金来源地看，亚洲仍是中国服务业吸收外商直接投资的主要来源地区。从地区结构看，东部地区 FDI 最多，中、西部地区外资增长快于东部地区。从外资占固定资产比重看，由 2010 年的 1.61% 增加到 1.7%，综合说明服务业外商直接投资的地位和比重在增加。投资方式上看，收购兼并投资增加，跨国公司在华投资出现了从合资、合作等新建投资向收购兼并投资方向发展。从投资地域上看，大中城市是吸引服务业外资的集中区域，2011 年，上海、北京和深圳等城市的服务业 FDI 都超过了 50%。

外资服务业由制造业追随型逐步向服务业自主扩张型转变。2011 年服务业固定资产投资，与去年同期相比，增速最快的前四个行业分别是居民服务和其他服务业、金融业、租赁和商务服务业以及批发和零售业。2011 年房地产业仍旧是实际利用外资金额最大的服务业，其次是金融业和批发零售业。

9. 银行业外商直接投资加剧竞争

随着 1981 年南洋商业银行在深圳设立分行，成为改革开放以来外资银行在中国设立的第一家营业性机构，外资银行进入中国金融市场的序幕正式拉开。2001 年 12 月 11 日，中国正式加入世界贸易组织后，在平等互利、合作共赢的对外开放政策下，我国不断深化银行业对外开放水平，使得外资银行进入中国金融市场的速度不断加快，与中资银行的竞争与合作也全面展开。

近年来，在华外资银行的数目和从业人员数都不断增加，总资产和税后利润逐年稳步提高，不良贷款率显著低于各类中资银行，资产负债率非常稳定，整体运营比较稳健；区域分布相对集中但正在趋于合理的调整过程中，业务投入持续稳定增加，经营范围逐渐扩大，本地金融服务能力提高。但是，与中资银行相比，外资银行在我国的总资产份额、总负债份额、税后利润份额均比较小，中资银行的垄断性特征仍然存在。

外资银行对于东道国商业银行的影响存在正反两个方面的效应。长期以来，我国银行业市场垄断状况较严重，银行效率低下，外资银行的进入可以给中资商业银行带来竞争和示范作用，促进中资商业银行的发展；另一方面，外资银行的竞争和市场挤出效应也会对中资银行带来冲击。但从资产利用效率、收入效率、经营成本效率和风险控制效率四个方面考察2006年至2011年10家代表性中资商业银行的经营效率变化情况，并未发现显著提升。

尽管如此，在2008年开始一直影响至今的全球性金融危机再加上欧债危机迟迟无解的国际经济背景下，中国经济保持了较为稳定的增长，再加上不断深化的改革开放和人民币国际化等，这都给外资银行提供了全新的发展机遇。而外资银行不断进入，从长期来看，必将促进我国银行业国际竞争力的全面提高。

10. 战略性新兴产业外商投资

全球金融危机之后，研究开发高新产业，增强经济发展的动力，重振本国经济，成为众多发达国家当前的主要任务。中国由于在世界经济中地位的不断提升，工业化的不断加快，不仅有着巨大的市场，而且对发达国家和整个世界经济格局产生了重大影响，成为了众多发达国家在新兴产业上的直接投资重点对象。就国内看，既存在着发展战略性新兴产业的有利条件，也存在着很多的不足之处。就有利的条件来看，中国当前在产业结构上已经有了明显的改善，高端产品生产和出口增加，产品附加值和科技含量不断提高；现代服务业有了显著发展；研发机构的数量和质量有了明显提高，创新能力不断增强。就不足之处而言，中国在成为“世界工厂”的同时，大部分领域仍处于全球价值链的中低端。这种现状不仅消耗了大量资源，而且由于资源利用技术和加工技术的落后，对环境造成极大的破坏，该经济发展模式难以为继。为了紧跟新一轮产业革命的步伐，努力在新技术产业占有一席之地，改变国内的技术和产业现状，迫切需要引进外资，促进战略性新兴产业发展。

国务院战略性新兴产业发展规划指出，要引导外资投向战略性新兴产业，丰富外商投资方式，拓宽外资投资渠道。国家发改委等部门对新修改的《外商投资产业指导目录》进一步进行完善，将突出对外商进入战略性新兴产业的支持。中国商务部提出鼓励外商投资企业更多地投向高端制造业、高新技术产业、战略新兴产业、现代服务业和节能环保产业。

近些年来，中国已经在吸引战略性新兴产业的外商投资方面有了很大的进展，战略性新兴产业正日益成为发达国家的关注对象，当前跨国公司开始将其在华的“研发中心”提升为“战略中心”。

为发展我国战略性新兴产业，尚需进一步完善战略性新兴产业外商直接投资的政策法规，引导战略性新兴产业的外商直接投资区域布局，提升外商直接投资的质量。

11. 利用外资与环境污染

作为发展中国家第一引资大国，FDI 给中国带来的环境问题日益引人关注。在我国外商直接投资企业中，有少部分属于高污染、高能耗企业，对我国资源和环境带来了负面影响。外商在华设立的这些高污染、高能耗企业，事实上是将发达国家和新兴工业化国家和地区的某些高能耗、高污染产业转移到我国，不仅加剧了我国的资源短缺状况，对人民的身体健康也造成了极大的危害，不利于我国经济的可持续发展。

2005 年以后，国家出台一系列利用外资与环境保护的政策，对环境污染有一定的抑制作用，也在一定程度上引发我国工业污染的区际转移。此外，部分高污染、高能耗外资企业的存在仍然不利于我国经济发展方式的转变。为此，我国应当继续调整引进外资战略，强化外资向中西部转移的准入环保标准，并进一步加大对环保产业的扶植力度以实现 FDI 对环境的积极影响。

12. 影响 2012 年外商直接投资的因素更加复杂

从国内因素看：

第一，国民经济发展步入新阶段，对外商投资提出更高要求。

近年来，我国国民经济快速发展，取得了令世人瞩目的成就。早在 2011 年，中国 GDP 总量达 7.3 万亿美元，巩固了世界第二大经济体地位，人均 GDP 达到 5 342 美元，正处于从中等收入国家步入高收入国家行列过程中。外商直接投资对我国的经济发展、产业结构升级、工业体系建设等诸多方面都做出了重大的贡献。但随着经济实力的不断增强，改革开放之初的“双缺口”已经稳定转变为“双过剩”，我国对外商投资也就必然提出更高的要求。吸收外商投资主要不是为了弥补“双缺口”，而是争夺富含着先进技术、管理知识、完善的企业治理制度等多重竞争力的载体，为促进技术进步、结构升级和制度变迁服务。

第二，“转方式、调结构”成为我国经济发展面临的重大课题，要求外商投资结构变迁。

顺应转变经济增长方式、调整经济结构的要求，2012 年将继续主要鼓励外资投向高端制造业、高新技术产业、现代服务业、新能源和节能环保等产业，继续严格限制高能耗、高污染和消耗国内资源的“两高一资”项目，鼓励外资企业在华设立地区总部、研发中心、采购中心、财务管理中心、结算中心以及成本和利润核算中心等功能性、总部性的机构，鼓励中外企业加强研发合作；在修订《中西部外商投资优势产业目录》中，增加劳动密集型项目的条目，鼓励外商在中西部地区发展符合环保要求的劳动密集型产业，对符合条件的西部地区内外资企业继续实行企业所得税的优惠政策，对东部地区外企向中西部转移加大政策开放和技术资金配套的支持力度。这对外商投资的产业结构和区域结构将产生重要影响。

第三，在稳物价、控房价中，经济增长速度放慢，投资成本上升压力偏大，制约外商投资流入。

面对企业资金链紧张、经济下行风险增大的情况，尽管2012年我国的货币政策有所放松，但在通货膨胀压力仍然较大的条件下，货币供给不可能快速增加，加之控房价的政策持续，房地产以及与之相关的产业投资增速放缓，将拉低国民经济增长速度。与此相对应，类似前些年外商投资借助房地产价格高企的机会大举进入房地产的条件不复存在。同时，我国将继续受劳工成本上升、原材料价格居高不下、汇率升值影响，投资成本上升，势必持续影响外商投资增长。

从国际因素看：

第一，2012年世界经济复苏趋缓，下行风险依然严峻，总体增长前景黯淡，外商投资趋于谨慎。

发达国家经济复苏乏力，呈现滞涨态势。在主权债务危机、脆弱的银行业、高失业率下消费需求疲软、政治僵局和协调机制缺陷造成政策瘫痪四个相互促动的不利因素困扰下，发达国家经济复苏艰难，处在一个螺旋式下降的边缘。同时，当前欧美未能有效解决就业危机和控制住主权债务危机，这加剧了金融部门的脆弱性，成为2012—2013年全球经济中最大的风险。上述不利因素中任何一个出现进一步恶化，都将可能引发新的恶性循环，导致严重的金融风暴和经济低迷。与之相伴，英国已经陷入了滞胀，而美国在高财政赤字、高债务、高贸易逆差、高失业和高工资“五高并存”格局下，被迫选择利用货币政策刺激经济，也正在步入滞胀。

新兴经济体经济增速放缓，下行压力增大。虽然包括中国在内的新兴经济体仍将继续担当全球经济引擎的角色，但受发达国家经济疲软和国际资本市场大幅震荡的负面影响，经济增速与通货膨胀压力同步下行，在外需依旧低迷、内需动力不足的形势下，经济放缓趋势仍将持续。在欧债危机演化中，欧洲银行“去杠杆化”加速，从而加大新兴市场经济下行压力和金融市场的脆弱性。

国际金融市场反复大幅波动，资本外逃风险加大。2011 年以来，对欧债危机恶化和全球经济陷入“二次衰退”的担忧引发金融市场反复大幅剧烈震荡。多国经济数据走弱，引发全球股市暴跌，资金纷纷涌入黄金和债券市场寻求避险。未来欧债危机的升级、对欧债危机救助不力的担忧都将引发国际金融市场大幅震荡，避险需求将导致资金大规模撤出新兴市场的股市和债市，资本外逃将是包括我国在内的新兴市场国家面临的重大风险之一。

大宗商品价格高位震荡，通胀压力依然较大。2012 年全球大宗商品价格走势仍将受到供求基本面、全球流动性状况、国际金融市场稳定性、美元汇率走势以及突发事件等因素影响，其中供求基本面是根本性因素。2012 年全球经济面临的风险进一步上升，金融市场的短期波动较 2011 年将更为剧烈，大宗商品价格的震荡幅度可能会进一步上升。此外，地缘政治等突发事件仍可能导致石油等大宗商品价格剧烈波动。

各国宏观调控目标和方向存在分歧和冲突，全球宏观政策协调难度加大。在世界经济下行风险加大的背景下，世界各国间的利益分歧点增多。发达国家与新兴市场国家面临的短期挑战不同，政策取向存在明显差异。发达国家为刺激经济，有可能进一步放宽货币政策；新兴经济体仍然面临较高通货膨胀压力，过早放松紧缩政策可能导致物价持续上涨和资产泡沫过度积累，货币政策仍需偏于紧缩。与此同时，发达国家会继续加大对新兴经济市场国家货币升值的干预力度，要求新兴市场扩大内需、增加进口；而新兴市场需避免本币过快升值以保持出口竞争力，促进经济平稳增长。因此，各国宏观调控目标和方向存在冲突，协调难度加大。

世界经济的持续低迷必将导致各国对华投资热情和力度下降，成为制约我国吸引外商直接投资的一大因素。

13. 我国吸收外商直接投资展望

考虑到国内外经济环境的变化和影响，2012 年中国利用外商直接投资形势严峻，不容乐观。

第一，外商投资规模预计将呈现稳中有降的态势。

2011 年后两个月我国实际使用外商直接投资连续负增长，这表明金融危机及欧洲主权债务对我国吸引外商直接投资的影响已经开始显现。2012 年，世界经济形势依然严峻，美欧等发达国家很难在短期内实现经济回暖，对华投资会继续放缓；占据我国吸收外商直接投资八成以上的亚洲十国和地区经济深受美欧经济形势影响，增长速度同样会放缓，对外投资能力收缩；加之中国对外商直接投资的要求进一步提高，自身经济增长速度放缓，投资成本上升，我们预计：2012 年中国利用外商直接投资将出现稳中有降的态势，如果世界经济、政治加剧动荡，未来外商投资还会较大幅度下滑。

第二，外商直接投资产业结构将进一步调整。

2012 年 1 月 30 日我国开始实施新的《外商投资产业指导目录》。该《目录》将引导外资更多地投向现代农业、高新技术产业、先进制造业、新能源产业、现代服务业等领域，发展现代产业体系。促进外商投资企业与内资企业开展研发合作，促进利用外资与增强我国自主创新能力相结合。同时，着力推进节能减排，严格限制或禁止“两高一资”类外商投资项目。在国家产业政策的指导下，预计 2012 年农、林、牧、渔业利用外资将有所提高，但所占份额仍然较低；受自身发展水平所限以及欧美“再工业化”政策影响，制造业利用外资增速将放缓，所占份额将有所下降；随着中国金融、物流、旅游、医疗卫生、文化产业等服务业的开放提速，服务业利用外资金额将进一步扩大，并继续拉大与制造业利用外资的差距，占据外商直接投资的主体地位，超过全部外商直接投资的半数。

第三，外商直接投资的地区结构继续加速变迁。

我国吸引外商直接投资的地区分布一直呈现出非常明显的非均衡性。外商直接投资绝大部分集中在东部地区，中部和西部地区所占份额偏小。但随着中西部地区投资环境持续改善，中西部吸收外商投资增速加快，特别是新修订的《外商投资产业指导目录》提出发挥中西部地区土地、能源资源、劳动力等优势，鼓励外商在中西部地区发展符合环保要求的劳动密集型产业，预计 2012 年中西部地区会承接上一年的走势，对外商直接投资的吸引力将进一步增强，中西部经济中心区的外商投资将显著增加，外商直接投资的地区结构将进一步优化升级。

第四，沿海地区劳动密集型外商投资撤离风险加大。

受国内劳工成本上升、原材料和能源价格居高不下、人民币汇率升值等因素影响，集中在沿海地区的劳动密集型外商投资企业成本上升压力大，投资回报率下降，沿海地区存量的外商投资部分选择撤离的可能性继续增大。加之世界经济持续低迷，世界经济发展不平衡，一些外商投资企业资金链紧张，撤离中国市场的风险上升。

面对错综复杂的国内外经济形势，我国应进一步推进投资自由化和便利化，保持对外商投资的吸引力，力保外商投资的平稳增长；把经济结构升级与利用外商投资结合起来，促进外商投资产业结构和区域结构优化；鼓励东部与中西部地区的地方政府相互“结对子”，推动沿海地区劳动密集型外商投资企业向中西部地区尤其是中西部中心经济区转移，并在中西部中心经济区形成集群效应，促进内地的工业化进程。

（执笔：桑百川）

第 1 部分

2011 年外商直接投资基本情况

当前世界经济已经进入经济结构深度调整时期，不确定性因素增多，而中国经济的影响力和引擎作用凸显，其中，在华外商投资扮演了不可或缺的角色，作出了重要的贡献。2011 年外商直接投资基本情况可以概括为两个字：一个是“稳”字，呈现出明显的“缓中趋稳”态势；一个是“调”字，表现为外商投资加快结构调整的步伐。

1.1　外商直接投资规模

2011 年中国外资流入规模再创历史新高。据商务部统计，2011 年 1－12 月，全国新批设立外商投资企业 27 717 家，实际使用外资金额 1 239.85 亿美元（参见图 1－1）。虽然在规模总量上持续上升，但与 2010 年相比，2011 年中国外资流入明显呈现出“缓中趋稳”态势。2011 年全国新批设立的外商投资企业数量同比增长仅 1.08%，而实际使用外资金额同比增长也从 2010 年的 21.97% 降至 8.06%。当然，2010 年外资流入增长速度较快是受 2008 年全球金融危机影响的投资者在经济形势逐步复苏之际迅速反弹的结果，而 2011 年对华投资的境外投资者回归常态，整个外资流入呈现明显的趋稳态势。

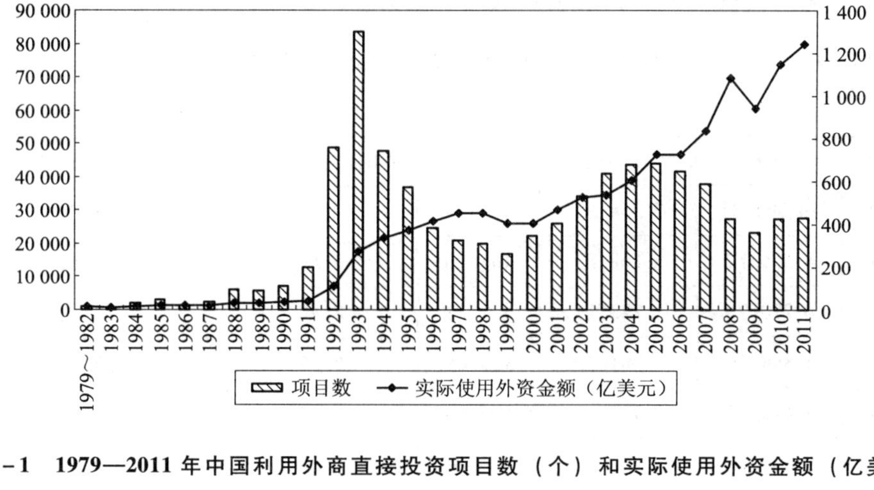

图 1－1　1979—2011 年中国利用外商直接投资项目数（个）和实际使用外资金额（亿美元）

资料来源：中华人民共和国商务部《中国外资统计 2012》。

2011 年外商直接投资项目平均投资规模达到 447.32 万美元，超过 2010 年的 418.43 万美元，成为改革开放以来平均投资规模的最高记录。实际上，2003 年以来外商投资项目的平均投资规模不断上升，2011 年的平均投资规模相当于 2003 年水平（130.24 万美元）的 2.4 倍。这一方面反映了越来越多的跨国公司青睐中国的投资环境，另一方面也表明中国的投资促进机构和相关部门越来越重视大项目的引进。

从全球外资流入情况看，2011 年全球外资流入额达到 15 244.22 亿美元，与 2010 年相比增长了 16.46%。2011 年全球资本流入总体水平超过了 2006 年（14 633.51 亿美元），仅低于危机前外资流入的最高点（2007 年和 2008 年），虽然仍未达到危机前的最高点，但继续保持了快速复苏势头。

在全球主要外资流入国和地区当中，中国对外资的吸引力不断增强，地位不断巩固。2011 年中国外资流入占世界外资流入总额的比重达到 8.13%，占发展中国家外资流入的比重也达到 18.12%（参见表 1－1）。与 2010 年相比，2011 年中国外资流入规模无论是占世界总额的比重还是占发展中国家总额的比重均出现微小下降，不过中国仍然是仅次于美国的世界第二大外资流入国，同时也是发展中国家外资流入第一大国。而据联合国贸发会议发布的《世界投资报告 2012》，中国仍然是跨国公司 2012－2014 年投资的首选地。这无疑彰显了中国的整体投资环境和无限商机对跨国公司仍然具有吸引力。

表 1－1　　2000—2011 年中国利用外商直接投资概况

（单位：亿美元;%）

年份	世界	发展中国家	中国	中国占世界比重	中国占发展中国家比重
2000	14 005.41	2 554.98	407.15	2.91	15.94
2001	8 276.17	2 168.83	468.78	5.66	21.61
2002	6 279.75	1 733.27	527.43	8.40	30.43
2003	5 869.56	1 901.19	535.05	9.12	28.14
2004	7 443.29	2 918.90	606.30	8.15	20.77
2005	9 807.27	3 272.84	724.06	7.38	22.12
2006	14 633.51	4 271.63	727.15	4.97	17.02
2007	19 755.37	5 743.11	835.21	4.23	14.54
2008	17 907.06	6 500.17	1 083.12	6.05	16.66

续表

年份	世界	发展中国家	中国	中国占世界比重	中国占发展中国家比重
2009	11 978.24	5 192.25	950.00	7.93	18.30
2010	13 090.01	6 166.61	1 147.34	8.77	18.61
2011	15 244.22	6 843.99	1 239.85	8.13	18.12

资料来源：整理自 UNCTAD. *World Investment Report* 2012.

外商投资企业在中国国民经济中的地位仍然稳固。2011 年外商投资企业工业总产值达到22.33 万亿元，占全国工业总产值的比重达到26.11%；涉外税收达到1.96 万亿元，占全国税收总额的20.51%；实际使用外资占全国固定资产投资的2.57%；进出口总额达到18 601.56 亿美元，占全国进出口总额的51.08%（参见表1－2）。与2005—2011 年的平均比重相比，2011 年外商投资企业的主要经济指标占全国指标总额的比重均低于近年来的平均水平，尤其是实际使用外资金额占全国固定资产投资的比重近年来一直呈下滑趋势，进出口额占比近两年来亦微幅下调。这反映了外资经济成分在国民经济结构中的相对份量略有下降，但其在国民经济中的地位依然是稳固的。

表1－2　2005—2011 年外商投资企业主要经济指标占全国指标总额的比重

（单位：亿美元;%）

年份	工业总产值	涉外税收*	固定资产投资**	进出口额
2005	31.41	20.71	6.69	58.48
2006	31.50	21.19	5.28	58.87
2007	30.91	20.17	4.63	57.80
2008	29.74	20.94	4.37	55.08
2009	27.95	21.58	2.86	55.16
2010	27.10	21.18	2.79	53.83
2011	26.11	20.51	2.57	51.08
平均	29.25	20.90	4.17	55.76

注：*来源于外商投资企业的税收占涉外税收的98%以上；**固定资产投资占比计算时按当年平均汇率折合亿美元。

资料来源：中华人民共和国商务部《中国外资统计2012》。

1.2　外商直接投资方式

外商直接投资方式仍然以外商独资企业和中外合资企业为主。2011 年在全国新批设立的 27 717 家外商投资企业中，外商独资企业数量达到 22 388 家，占 80.77%，中外合资企业 5 005 家，占 18.06%，其他的外商投资股份制企业和中外合作企业等合计仅占 1.17%；在 1 239.85 亿美元的实际使用外资金额中，外商独资企业的实际使用外资额达到 912.05 亿美元，占 73.56%，中外合资企业 214.15 亿美元，占 17.27%，其他几种方式合计仅占 9.17%（参见表 1－3）。与 2010 年相比，外商独资企业实际使用外资金额占比由 55.51% 一跃上升至 2011 年的 73.56%。其实，近几年来，外商独资企业一直是外商直接投资的首选方式。从表 1－4 可见，截至 2011 年，中国的外商直接投资仍然以外商独资企业和中外合资企业为主，两者实际使用外资金额占比分别达到 56.92% 和 28.09%（参见表 1－4）。以上变化反映了来华投资的境外投资者已经逐渐熟悉中国的市场和营商环境，同时也表明了中国的市场开放和投资保护得到了境外投资者的认可。

表 1－3　　2011 年外商直接投资方式统计

（单位：亿美元；%）

方式	企业数		实际使用外资金额	
	数量	比重	金额	比重
总计	27 717	100	1 239.85	100
中外合资企业	5 005	18.06	214.15	17.27
中外合作企业	284	1.02	17.57	1.42
外资企业	22 388	80.77	912.05	73.56
外商投资股份制	35	0.13	16.34	1.32
其他	5	0.02	79.74	6.43

资料来源：中华人民共和国商务部《中国外资统计 2012》。

表 1－4　　截至 2011 年外商直接投资方式统计

（单位：亿美元；%）

方式	企业数		实际使用外资金额	
	数量	比重	金额	比重
总计	738 464	100.00	12 318.43	100.00

续表

方式	企业数		实际使用外资金额	
	数量	比重	金额	比重
中外合资企业	297 159	40.24	3 459.62	28.09
中外合作企业	60 140	8.14	1 022.77	8.30
外资企业	380 441	51.52	7 011.87	56.92
外商投资股份制	390	0.05	93.57	0.76
合作开发	191	0.03	75.07	0.61
其他	143	0.02	655.53	5.32

资料来源：中华人民共和国商务部《中国外资统计2012》。

1.3　外商直接投资来源地

2011年对华投资前5位的国家和地区包括中国香港地区（705.00亿美元，占比56.86%）、英属维尔京群岛（97.25亿美元，占比7.84%）、日本（63.30亿美元，占比5.11%）、新加坡（60.97亿美元，占比4.92%）、韩国（25.51亿美元，占比2.06%）（参见表1-5）。其中，来自中国香港地区一地的外商直接投资就占到了全年外资流入总额的56.86%。中国香港地区之所以在外资来源地中异常突出，主要是由于我国香港地区开放的金融环境和避税地政策吸引了全球大批资金，这些资金以我国香港地区为基地投资内地，从而形成了庞大的源自我国香港地区的外资流入规模。除来自我国香港地区和英属维尔京群岛的资金外，2011年对华投资金额占比较大的国家依次是日本、新加坡、韩国等，均来自亚洲发达地区。

表1-5　　2011年对华投资前15位国家/地区情况

（单位：亿美元;%）

国家/地区	企业数	比重	实际使用外资金额	比重
中国香港地区	13 889	50.11	705.00	56.86
英属维尔京群岛	758	2.73	97.25	7.84
日本	1 859	6.71	63.30	5.11

续表

国家/地区	企业数	比重	实际使用外资金额	比重
新加坡	740	2.67	60.97	4.92
韩国	1 375	4.96	25.51	2.06
美国	1 426	5.14	23.69	1.91
开曼群岛	135	0.49	22.42	1.81
中国台湾地区	2 639	9.52	21.83	1.76
萨摩亚	476	1.72	20.76	1.67
毛里求斯	89	0.32	11.39	0.92
德国	458	1.65	11.29	0.91
法国	188	0.68	7.69	0.62
荷兰	121	0.44	7.61	0.61
百慕大	14	0.05	7.44	0.60
中国澳门地区	283	1.02	6.80	0.55
其他	3 267	11.79	146.90	11.85
总计	27 717	100.00	1 239.85	100.00

资料来源：中华人民共和国商务部《中国外资统计2012》。

截至2011年对华投资的前5位国家和地区包括中国香港地区（5 267.12亿美元，占比42.76%）、英属维尔京群岛（1 215.71亿美元，占比9.87%）、日本（798.95亿美元，占比6.49%）、美国（675.92亿美元，占比5.49%）、中国台湾地区（541.99亿美元，占比4.40%）（参见表1－6）。从累计数据看，中国香港地区、英属维尔京群岛、日本仍然是前三位最大的外资来源地，美国和中国台湾地区的累计投资额分列第四位和第五位。

表1－6　　　　截至2011年对华投资前15位的国家/地区情况

（单位：亿美元;%）

国别/地区	企业数	比重	实际使用外资金额	比重
中国香港地区	336 280	45.54	5 267.12	42.76
英属维尔京群岛	27 107	2.94	1 215.71	9.87
日本	46 022	6.23	798.95	6.49

续表

国别/地区	企业数	比重	实际使用外资金额	比重
美国	61 068	8.27	675.92	5.49
中国台湾地区	85 772	11.61	541.99	4.40
新加坡	19 533	2.65	529.56	4.30
韩国	53 547	7.25	498.54	4.05
开曼群岛	2 748	0.37	238.30	1.93
德国	7 401	1.00	183.11	1.49
萨摩亚	6 597	0.89	181.84	1.48
英国	6 995	0.95	176.66	1.43
荷兰	2 629	0.63	116.78	0.95
法国	4 309	0.58	115.19	0.94
毛里求斯	2 292	0.31	105.08	0.85
中国澳门地区	12 839	1.74	103.83	0.84
其他	68 731	9.31	1 569.85	12.74
总计	738 464	100.00	12 318.43	100.00

资料来源：中华人民共和国商务部《中国外资统计2012》。

从外商直接投资主要来源地实际使用外资金额历年变化的情况看，我国香港地区对我国内地投资呈现持续增长趋势，2011年源自我国香港地区的实际使用外资金额同比增长了16.40%。近5年来我国香港地区对内地投资金额年均增长率达到27.66%。除我国香港地区外，来自中国台湾地区、日本、美国、欧盟的投资出现了一些波动（参见图1－2）。中国台湾地区、美国的投资自2003年以来总体表现出下降趋势。美国企业对华直接投资额除2008年和2010年略有上升外均为下降趋势，2011年美国对华投资额为23.69亿美元，相比2010年下降幅度达到21.48%。2011年来自欧盟的投资为52.67亿美元，比2010年下降5.42%，2011年中国台湾地区对中国大陆投资额相比2010年也下降了11.81%。与美国和中国台湾地区不同，日本对华投资2011年相比2010年实际使用外资金额增长了55.00%。

从图1－3投资金额占比历年变化情况来看，中国香港地区、中国台湾地区、日本、美国、欧盟五个主要外商直接投资来源地从1990年实际使用外资金额合计占当年全国外资总额的比重超过92.04%逐渐降至2007年的47.44%，近两年来缓慢上升，2011年达到69.89%。这一方面反映了中国外商直接投资来源地不断多元化，另一方面也凸显出上述五个国家和地区在中国外商直接投资来源地中仍然是主体。

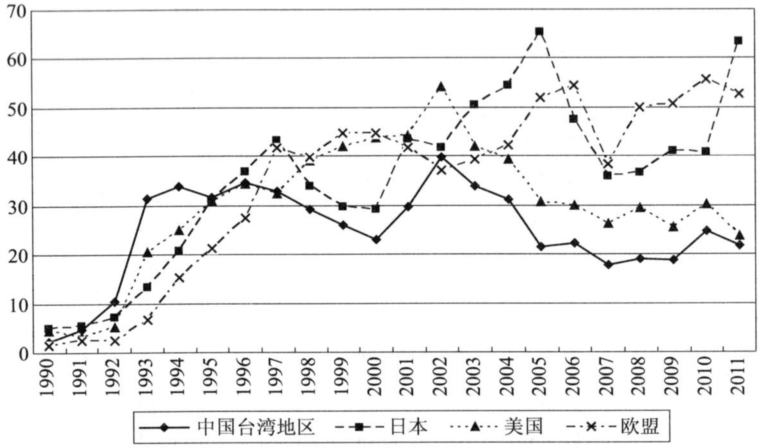

图1-2　1990—2011年外商直接投资主要来源地

（中国台湾地区、日本、美国、欧盟）

实际使用外资金额历年变化情况（亿美元）

资料来源：根据中华人民共和国商务部《中国外资统计2012》整理。

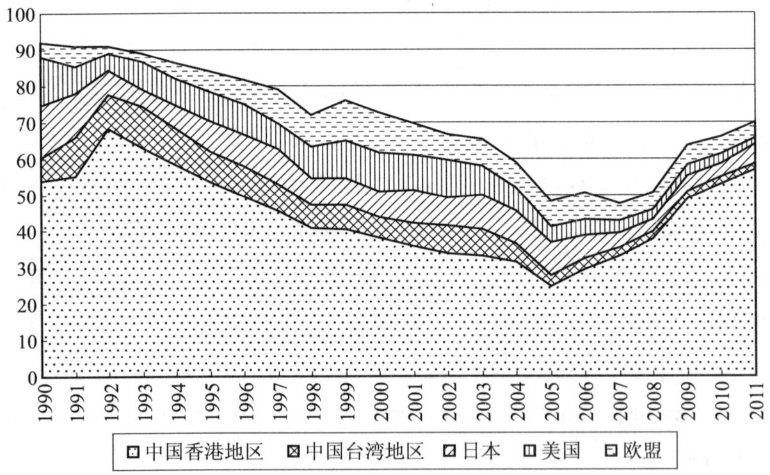

图1-3　1990—2011年外商直接投资主要来源地投资金额占比历年变化情况（%）

资料来源：根据中华人民共和国商务部《中国外资统计2012》整理。

1.4 外商直接投资行业结构

2011年吸收外商直接投资最多的行业分别是制造业和房地产业。如表1-7所示，2011年制造业新批设立外商投资企业11 114家，占全国当年新批设立外资企业数的40.10%，实际使用外资金额521亿美元，占当年全国实际使用外资总额的42.02%。2011年房地产业新批设立外资企业466家，仅占1.68%，但当年实际使用外资金额却高达268.82亿美元，占全国实际使用外资总额的21.68%。制造业和房地产业实际使用外资金额合计占比达到63.70%，超过外资流入的一半多。除制造业和房地产业外，吸收外资较多的行业有金融业（98.83亿美元，占比7.97%）、批发和零售业（84.25亿美元，占比6.80%）、租赁和商务服务业（83.82亿美元，占比6.76%）。以上五大行业吸收的外资总额占比达到85.23%。

表1-7　　2011年外商直接投资行业结构

（单位：亿美元;%）

行业名称	企业数	比重	实际使用外资金额	比重
农、林、牧、渔业	865	3.12	20.09	1.63
采矿业	87	0.31	6.13	0.49
制造业	11 114	40.10	521.00	42.02
电力、燃气及水的生产和供应业	214	0.77	21.18	1.71
建筑业	215	0.78	9.17	0.74
交通运输、仓储和邮政业	413	1.49	31.91	2.57
信息传输、计算机服务和软件业	993	3.58	26.99	2.18
批发和零售业	7 259	26.19	84.25	6.80
住宿和餐饮业	513	1.85	8.43	0.68
金融业	161	0.58	98.83	7.97
房地产业	466	1.68	268.82	21.68
租赁和商务服务业	3 518	12.69	83.82	6.76
科学研究、服务技术和地质勘查业	1 357	4.90	24.58	1.98
水利、环境和公共设施管理业	151	0.54	8.64	0.70
居民服务和其他服务业	212	0.76	18.84	1.52
教育	15	0.05	0.04	0.00

续表

行业名称	企业数	比重	实际使用外资金额	比重
卫生、社会保障和社会福利业	11	0.04	0.78	0.06
文化、教育和娱乐业	152	0.55	6.35	0.51

资料来源：中华人民共和国商务部《中国外资统计2012》。

与2010年相比，2011年实际使用外资金额增长最快的行业是金融业。2009年金融业吸收外资金额仅为4.56亿美元，2010年增加到11.23亿美元，2011年则猛增到98.83亿美元，相当于2010年的7.8倍。除金融业外，2011年文化、体育与娱乐业吸收外资增幅达到45.64%，交通运输、仓储和邮政业增幅达到42.20%，批发和零售业增幅为27.73%，科学研究、技术服务和地质勘查业增幅为24.96%。吸收外资金额下降的行业主要有教育，建筑业，卫生、社会保障和社会福利业，采矿业，住宿和餐饮业等。其中教育行业实际使用外资金额非常少，仅400万美元，从而造成数据上降幅最大。除教育外，建筑业吸收的外资由2010年的14.61亿美元降至2011年的9.17亿美元，降幅达到37.23%。

截至2011年吸收外资最多的行业依然是制造业，合同外资金额累计达到15 207.44亿美元，占外资流入累计总额的57.19%。房地产业累计吸收外资4 056.26亿美元，占外资流入累计总额的15.25%（参见表1－8）。

表1－8　　截至2011年外商直接投资行业结构

（单位：亿美元;%）

行业名称	企业数	比重	合同外资金额	比重
农、林、牧、渔业	21 127	2.86	562.69	2.12
采矿业	1 924	0.26	142.88	0.54
制造业	485 745	65.78	15 207.44	57.19
电力、燃气及水的生产和供应业	3 208	0.43	376.47	1.42
建筑业	12 541	1.70	481.63	1.81
交通运输、仓储和邮政业	9 657	1.31	696.13	2.62
信息传输、计算机服务和软件业	10 291	1.39	405.40	1.52
批发和零售业	63 868	8.65	1 112.90	4.19
住宿和餐饮业	6 606	0.89	184.81	0.69

续表

行业名称	企业数	比重	合同外资金额	比重
金融业	663	0.09	780.37	2.93
房地产业	50 846	6.89	4 056.26	15.25
租赁和商务服务业	40 442	5.48	1 398.04	5.26
科学研究、服务技术和地质勘查业	13 395	1.81	494.14	1.86
水利、环境和公共设施管理业	1 204	0.16	148.87	0.56
居民服务和其他服务业	12 260	1.66	340.86	1.28
教育	1 705	0.23	32.91	0.12
卫生、社会保障和社会福利业	1 331	0.18	67.58	0.25
文化、教育和娱乐业	1 640	0.22	101.88	0.38

资料来源：中华人民共和国商务部《中国外资统计 2012》。

1.5 外商直接投资产业结构

2011 年第三产业吸收的外商直接投资首次超过第二产业。如表 1－9 所示，2011 年第三产业新批设立企业 15 222 家，超过第二产业新批设立企业数(11 630 家)，实际使用外资金额为 662.27 亿美元，首次超过了第二产业(557.49 亿美元)，占比达到 53.42%。第三产业首次超过第二产业，主要原因在于房地产业和金融业吸收外资的快速增长。房地产业吸收外资金额相对于 2010 年增长了 12.07%，而金融业 2011 年吸收外资金额更出现爆炸式增长，达到 98.83 亿美元，相当于 2010 年的 7.8 倍。

表 1－9　　2011 年外商直接投资产业结构

(单位：亿美元;%)

行业名称	企业数	比重	实际使用外资金额	比重
第一产业	865	3.12	20.09	1.62
第二产业	11 630	41.96	557.49	44.96
第三产业	15 222	54.92	662.27	53.42

资料来源：中华人民共和国商务部《中国外资统计 2012》。

截至 2011 年吸收外资最多的产业仍然是第二产业，累计合同外资金额达到 16 208.42 亿美元，占比达到 60.95%；而第三产业吸收外资累计为 9 820.51 亿美元，占比为 36.93%；第一产业吸收外资累计为 562.69 亿美元，占比为 2.12%（参见表 1－10）。

表 1－10　　截至 2011 年外商直接投资产业结构

（单位：亿美元；%）

行业名称	企业数	比重%	合同外资金额	比重%
总计	738 464	100.00	26 591.62	100.00
第一产业	21 127	2.86	562.69	2.12
第二产业	503 418	68.17	16 208.42	60.95
第三产业	213 919	28.97	9 820.51	36.93

资料来源：中华人民共和国商务部《中国外资统计 2012》。

1.6 外商直接投资区域分布

2011 年外商直接投资区域分布仍然以东部地区为主，但中西部地区增长迅速。如表 1－11 所示，2011 年东部地区实际使用外资金额达到 966.04 亿美元，占当年全国实际使用外资总额的 77.92%；中部地区实际使用外资 78.36 亿美元，占比 6.32%；西部地区实际使用外资 115.71 亿美元，占比达到 9.33%；而包含了银行、证券、保险行业吸收外资数据的其他部门实际使用外资金额达到 79.74 亿美元，占比 6.43%。

与 2010 年相比，中西部吸收外资出现明显增长。2011 年中部和西部地区吸收外资金额相对 2010 年分别增长了 14.26% 和 28.25%，两个地区吸收外资金额占比分别上升 0.34 个百分点和 1.47 个百分点。这反映了近年来庞大的内需市场和不断改善的投资环境大大提升了中西部地区对外资的吸引力。

截至 2011 年东部地区实际使用外资金额累计达到 10 059.39 亿美元，占全国实际使用外资总额的 81.66%；中部地区累计实际使用外资金额 931.91 亿美元，占比 7.57%；西部地区累计实际使用外资金额 680.61 亿美元，占比 5.53%；有关部门累计实际使用外资金额 646.52 亿美元，占比 5.25%（参见表 1－12）。

表1-11　　2011年东部、中部、西部地区外商直接投资情况

（单位：亿美元;%）

区域名称	企业数	比重	实际使用外资金额	比重
东部地区	23 602	85.15	966.04	77.92
中部地区	2 727	9.84	78.36	6.32
西部地区	1 383	4.99	115.71	9.33
有关部门	5	0.02	79.74	6.43

注：东部地区：北京、天津、河北、辽宁、上海、江苏、浙江、福建、山东、广东、海南；中部地区：山西、吉林、黑龙江、安徽、江西、河南、湖北、湖南；西部地区：内蒙古、广西、四川、重庆、贵州、云南、陕西、甘肃、青海、宁夏、新疆、西藏；有关部门项下包含银行、证券、保险行业吸收外商直接投资数据。

资料来源：中华人民共和国商务部《中国外资统计2012》。

表1-12　　截至2011年东部、中部、西部地区外商直接投资情况

（单位：亿美元;%）

区域名称	企业数	比重	实际使用外资金额	比重
东部地区	615 876	83.40	10 059.39	81.66
中部地区	78 636	10.65	931.91	7.57
西部地区	43 841	5.94	680.61	5.53
有关部门	111	0.02	646.52	5.25

注：东部地区：北京、天津、河北、辽宁、上海、江苏、浙江、福建、山东、广东、海南；中部地区：山西、吉林、黑龙江、安徽、江西、河南、湖北、湖南；西部地区：内蒙古、广西、四川、重庆、贵州、云南、陕西、甘肃、青海、宁夏、新疆、西藏；有关部门项下包含银行、证券、保险行业吸收外商直接投资数据。

资料来源：中华人民共和国商务部《中国外资统计2012》。

1.7 外商投资企业进出口情况

2011年外商投资企业进出口总额为18 601.56亿美元，同比增长16.24%，占全国比重达到51.08%；出口总额9 953.30亿美元，同比增长15.43%，占全国比重52.42%；进口总额49.53亿美元，同比增长17.18%，占全国比重49.53%（参见表1-13）。整体来看，外商投资企业贡献了一半的中国进出口规模，成为中国对外贸易的中坚力量。

表 1－13　　2011 年外商投资企业进出口概况

（单位：亿美元；%）

进出口概况	全国		外商投资企业		
	金额	同比	金额	占全国比重	同比
进出口总额	36 419.35	22.5	18 601.56	51.08	16.24
出口总额	18 985.97	20.3	9 953.30	52.42	15.43
进口总额	17 460.42	24.9	8 648.26	49.53	17.18

资料来源：根据中华人民共和国商务部《中国外资统计 2012》整理。

从 2000—2011 年外商投资企业进口和出口金额变化情况看，除了 2009 年受 2008 年金融危机的影响而出现进口和出口金额双双下降外，其他年份外商投资企业的进出口金额均呈上升趋势（参见图 1－4）。2000—2011 年外商投资企业的进口和出口平均比重分别为 55.04% 和 54.50% 。从图 1－4 来看，2008 年以来外资企业进口和出口比重出现微幅下滑，但整体波动幅度并不大。

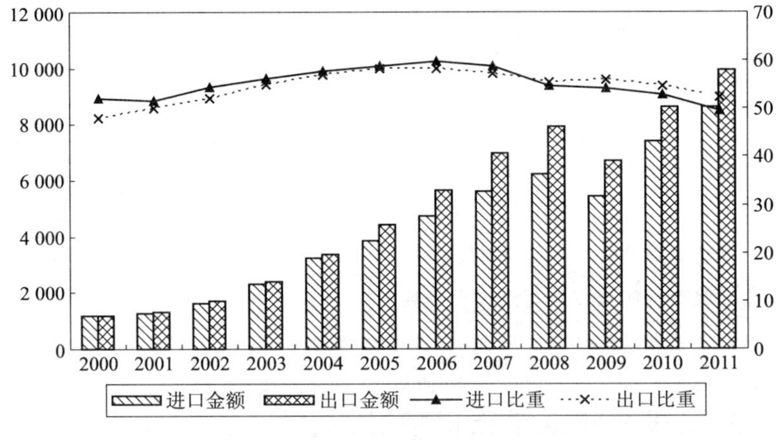

图 1－4　2000—2011 年外商投资企业进口和出口金额与比重变化情况（单位：亿美元；%）

资料来源：根据中华人民共和国商务部《中国外资统计 2012》整理。

（执笔：杨立强、李璐秀、潘洁）

第2部分

2011年外商直接投资政策导向

在经历金融危机洗礼后，世界经济结构进入调整期，全球技术创新进入酝酿期，中国经济结构加速演变，外商投资的功能发生越来越明显的变化，已经从弥补中国储蓄缺口和外汇缺口的“双缺口”功能转变为推动经济技术进步和经济结构转型升级。顺应利用外商投资功能的变化，2011 年中国吸引外商直接投资的政策也发生了一系列变化，其中最为重要的是国家对《外商投资产业指导目录》（以下简称《目录》）做了修订。中国目前已是全球第二大引资国，新《目录》紧紧围绕加快经济发展方式转变这一主线，重点强调提高利用外资水平，优化外资结构，推动科技创新、产业升级，对中国实施“十二五”规划，调整优化经济结构，在更高层次、更大范围参与国际合作和竞争发挥积极的促进作用。

2.1 2011 年《外商投资产业指导目录》概况

2011 年 12 月 24 日，国家发展和改革委员会、商务部公布了《外商投资产业指导目录（2011 年修订）》，并于 2012 年 1 月 31 日开始实行，2007 年发布的《外商投资产业指导目录（2007 年修订）》同时停止执行。新《目录》是根据《指导外商投资方向规定》（国务院令第 346 号），指导核准外商投资项目和外商投资企业的适用有关政策的依据。新《目录》总条目 473 条，分为鼓励类、限制类和禁止类三项，未列入的条目默认为允许，其中鼓励类 354 条、限制类 80 条、禁止类 39 条。

2011 年，我国推进外商投资管理体制改革，大幅下放了外商投资项目管理权限。新《目录》中总投资 3 亿美元以下的鼓励类、允许类项目，除《政府核准的投资项目目录》规定需由国务院有关部门核准之外，将由地方政府有关部门核准。此外，外商投资鼓励类项目可以享受相应的优惠政策，其中西部地区鼓励类项目减税按 15% 的税率征收企业所得税。

从内容上看，本次《目录》修订主要有以下特点：

第一，贯彻落实“十二五”规划《纲要》。国家有关部门紧紧围绕加快经济发展方式转变这一主线，按照《纲要》提出的政策导向、重点任务和重大举措开展《目录》修订工作。更加注重提高利用外资水平，鼓励引进先进技术和高素质人才。

第二，严格履行入世承诺。坚持对外开放基本国策，遵循 WTO 规则，凡是入世承诺开放的行业和领域，新《目录》不新设投资限制。在此基础上，实行更加积极主动的开放战略。

第三，加强与国内政策法规衔接。将2007年版《目录》实施以来国家出台的法律法规和政策中有关外商投资的内容列入新《目录》，形成统一、规范、透明的外商投资准入指导，提高投资自由化、便利化。

第四，促进产业结构优化升级。引导外资更多投向现代农业、高新技术、先进制造、新能源、现代服务业等领域，发展现代产业体系。通过服务业扩大开放，增强三次产业的协调性。鼓励跨国公司增加在华研发投入，设立研发中心，与内资企业开展研发合作，促进利用外资与增强我国自主创新能力相结合。着力推进节能减排，严格限制或禁止“两高一资”类外商投资项目。

2.2 2011年《外商投资产业指导目录》的主要变化

《目录》是我国指导外商直接投资的重要产业政策。自1995年首次颁布以来，根据经济发展和对外开放需要，每隔一段时间适时进行修订，本次是第5次修订。2011年修订的新《目录》与以往《目录》一样分为三类：鼓励类、限制类、禁止类，总条目473条。其中，鼓励类比原来增加3条共354条，占目录的比重74.8%；限制类比原来减少7条共80条，占目录的比重16.9%；禁止类比原来减少1条共39条，占目录的比重8.2%。同时，取消了部分领域对外资的股比限制，鼓励类和限制类中有股比要求的条目比原来减少11条。新《目录》的修订是以促进国民经济更好更快发展为目标，例如，为抑制部分行业产能过剩和盲目重复建设，将多晶硅、煤化工等条目从鼓励类删除；服务业增加了9项鼓励类条目，包括机动车充电站、创业投资企业、知识产权服务、海上石油污染清理技术服务、职业技能培训等；将外商投资医疗机构、金融租赁公司等条目从限制类中删除。

2.2.1 鼓励类条目变化

鼓励类与2007年《目录》相比，未变205项，占鼓励类目录比重57.9%；变化96项，占鼓励类目录比重27.1%；新增52项，占鼓励类目录比重14.7%；取消49项，占鼓励类目录比重13.8%。其中，制造业变动最大，变化86项，新增43项，取消47项。租赁和商务服务业，水利、环境和公共设施管理业，教育，卫生、社会保障和社会福利业以及文化、体育和娱乐业均未发生变化。

1. 农、林、牧、渔业鼓励类条目变化

与2007年《目录》相比，新《目录》在农、林、牧、渔业方面变化不大，有变化的条目共3项（其中改变2项，取消1项）：蔬菜（含食用菌、西甜瓜）、干鲜果品、茶叶无公害栽培技术及产品系列化开发、生产条目改变为绿色、有机蔬菜（含食用菌、西甜瓜）、干鲜果品、茶叶栽培技术开发及产品生产；橡胶、剑麻、咖啡种植条目改变为橡胶、油棕、剑麻、咖啡种植；中低产农田改造条目被取消。

2. 采矿业鼓励类条目变化

新《目录》在采矿业共有3项改变：物探、钻井、测井、录井、井下作业等石油勘探开发新技术的开发与应用（限于合作）条目改变为物探、钻井、测井、录井、井下作业等石油勘探开发新技术的开发与应用（限于合资、合作）；油页岩、油砂、重油、超重油等非常规石油资源勘探、开发（限于合作）条目改变为油页岩、油砂、重油、超重油等非常规石油资源勘探、开发（限于合资、合作）；海底可燃冰勘探、开发（限于合作）条目改变为页岩气、海底天然气水合物等非常规天然气资源勘探、开发（限于合资、合作）。从上述变化不难看出，条目内容虽改动不大，但均由原来的“限于合作”变为“限于投资、合作”，这对外商投资进一步拓展中国采矿业可谓重大利好。

3. 制造业鼓励类项目变化

新《目录》在制造业领域有较大改动，改变86项，新增43项，取消47项。其中，农副食品加工业改变1项；食品制造业改变2项；纺织业改变3项；烟草制造业取消2项；皮革、皮毛、羽毛（绒）及其制品业改变1项，新增1项；造纸及纸制品业改变1项；化学原料及化学制品制造业改变9项，取消7项；医药制造业改变3项，取消4项；化学纤维制造业改变4项，取消1项；塑料制品业改变1项；非金属矿物制品业改变9项，新增7项，取消4项；有色金属冶炼及压延加工业改变2项；金属制品业改变1项，新增1项；通用机械制造业改变8项，新增5项，取消2项；专用设备制造业改变19项，新增14项，取消8项；交通运输设备制造业改变7项，新增4项，取消5项；电器机械及器材制造业改变6项，新增4项，取消2项；通信设备、计算机及其他电子设备制造业改变5项，新增2项，取消5项；仪器仪表及文化、办公用机械制造业改变4项，新增3项，取消7项；工艺品及其他制造业新增1项。①

---

① 由于制造业变化较多，具体条目请参见附录1。

4. 电力、煤气及水的生产及供应行业鼓励类项目变化

新《目录》在电力、煤气及水的生产及供应业方面未作较大改动，共有两类变化，即2项改变和2项新增：海水利用（海水直接利用、海水淡化）、工业废水处理回收利用产业化条目改变为海水利用（海水直接利用、海水淡化），城市供水厂建设、经营条目改变为供水厂建设、经营，新增加再生水厂建设、运营以及机动车充电站、电池更换站建设、经营2项。

5. 交通运输、仓储和邮政业鼓励类条目变化

与2007年《目录》相比，新目录在交通运输、仓储和邮政业只有1项改变：运输业务相关的仓储设施建设、经营条目改变为自动化高架立体仓储设施、运输业务相关的仓储设施建设、经营。

2.2.2 限制类条目变化

限制类新《目录》与2007年《目录》相比，未变57项，占限制类目录比重72.5%；改变15项，占限制类目录比重18.7%；新增7项，占限制类目录比重8.7%；取消14项，占限制类目录比重17.5%。其中，制造业变动最大，共改变6项，新增5项，取消11项。农、林、牧、渔业，交通运输、仓储和邮政业，租赁和商务服务业，科学研究、技术服务和地质勘查业，水利、环境和公共设施管理业，卫生、社会保障和社会福利业，文化、体育和娱乐业，国家和我国缔结或者参加的国际条约规定限制的其他产业均未发生变化。

采矿业方面，共有2项改变：金刚石等贵重非金属矿的勘查、开采条目改变为金刚石、高铝耐火粘土、硅灰石、石墨等重要非金属矿的勘查、开采；磷矿开采、选矿条目改变为磷矿、锂矿和硫铁矿的开采、选矿，盐湖卤水资源的提炼。

制造业方面，新《目录》共改变6项，新增5项，取消11项。其中，印刷和记录媒介复制业中的出版物印刷（中方控股，包装装潢印刷除外）条目改变为出版物印刷（中方控股）。石油加工及炼焦业中新增1 000万吨/年以下常减压炼油、150万吨/年以下催化裂化、100万吨/年以下连续重整（含芳烃抽提）、150万吨/年以下加氢裂化生产条目以及年产800万吨及以下炼油厂建设、经营条目被取消。化学原料及化学制品制造业中的烧碱（氢氧化钠）、钾碱（氢氧化钾）生产条目改变为纯碱、烧碱以及规模以下或采用落后工艺的硫酸、硝酸、钾碱生产；氟氯烃或氢氟氯烃、四氟乙烯、氟化铝、氢氟酸生产条目改变为氟化氢

等低端氟氯烃或氟氯化合物生产；新增丁二烯橡胶（高顺式丁二烯橡胶除外）、乳液聚合丁苯橡胶、热塑性丁苯橡胶生产，乙炔法聚氯乙烯、规模以下乙烯和后加工产品生产，采用落后工艺、含有有害物质、规模以下颜料和涂料生产以及资源占用大、环境污染严重、采用落后工艺的无机盐生产4个条目；顺丁橡胶、乳液聚合丁苯橡胶、热塑性丁苯橡胶生产，甲烷氯化物（一氯甲烷除外）、电石法聚氯乙烯生产，硫酸法钛白粉、平炉法高锰酸钾生产以及钡盐、锶盐生产4个条目被取消。医药制造业中的国家计划免疫的疫苗（卡介苗和脊髓灰质炎疫苗除外）、菌苗类及抗毒素、类毒素类（白百破、麻疹、乙脑、流脑疫苗等）生产条目改变为纳入国家免疫规划的疫苗品种生产；非自毁式一次性注射器、输液器、输血器及血袋生产条目被取消。化学纤维制造业中的粘胶短纤维生产条目改变为粘胶纤维生产。橡胶制品业中的旧轮胎翻新（子午线轮胎除外）及低性能工业橡胶配件生产条目被取消。金属制品业中的集装箱生产条目被取消。专用设备制造业中的中低档B型超声显像仪制造条目被取消。交通运输设备制造业中的普通船舶（含分段）修理、设计与制造（中方控股）条目改变为船舶（含分段）的修理、设计与制造（中方控股）。通信设备、计算机及其他电子设备制造业中的税控收款机产品制造条目被取消。

电力、煤气及水的生产及供应业方面，西藏、新疆、海南等小电网范围内，单机容量30万千瓦及以下燃煤凝汽火电站、单机容量10万千瓦及以下燃煤凝汽抽汽两用机组热电联产电站的建设、经营条目改变为小电网范围内，单机容量30万千瓦及以下燃煤凝汽火电站、单机容量10万千瓦及以下燃煤凝汽抽汽两用机组热电联产电站的建设、经营；新增城市人口50万以上的城市燃气、热力和供排水管网的建设、经营条目。

批发和零售业方面，共改变3项，新增1项，取消1项。其中，直销、邮购、网上销售、特许经营、委托经营、商业管理等商业公司条目改变为直销、邮购、网上销售；粮食、棉花、植物油、食糖、药品、烟草、汽车、原油、农药、农膜、化肥的批发、零售、配送（设立超过30家分店、销售来自多个供应商的不同种类和品牌商品的连锁店由中方控股）条目改变为粮食收购，粮食、棉花、植物油、食糖、烟草、原油、农药、农膜、化肥的批发、零售、配送（设立超过30家分店、销售来自多个供应商的不同种类和品牌商品的连锁店由中方控股）；

音像制品（除电影外）的分销（限于合作、中方控股）条目改变为音像制品（除电影外）的分销（限于合作）；新增大型农产品批发市场建设、经营条目；商品拍卖条目被取消。

金融业方面，共改变1项。银行、金融租赁公司、财务公司、信托投资公司、货币经纪公司条目改变为银行、财务公司、信托公司、货币经纪公司。

房地产业方面，共改变1项。高档宾馆、别墅、高档写字楼和国际会展中心的建设、经营条目改变为高档宾馆、高档写字楼和国际会展中心的建设、经营。

教育方面，共改变1项。普通高中教育机构（限于合资、合作）条目改变为普通高中教育机构（限于合作）。

2.2.3 禁止类条目变化

新《目录》禁止类与2007年《目录》相比，未变35项，占禁止类目录比重87.5%；改变2项，占禁止类目录比重5.0%；新增1项，占禁止类目录比重2.5%；取消2项，占禁止类目录比重5.0%。

禁止类只改变2项，邮政公司条目改变为邮政公司、信件的国内快递业务。图书、报纸、期刊的出版、总发行和进口业务条目改变为图书、报纸、期刊的出版业务。新增小电网外，单机容量30万千瓦及以下燃煤凝汽火电站、单机容量10万千瓦及以下燃煤凝汽抽汽两用热电联产电站的建设、经营条目；西藏、新疆、海南等小电网外，单机容量30万千瓦及以下燃煤凝汽火电站、单机容量10万千瓦及以下燃煤凝汽抽汽两用热电联产电站的建设、经营以及录像放映公司条目被取消。禁止类其他条目均未发生变化。

2.3 2011年《外商投资产业指导目录》解读

中国对外开放正面临新形势、新要求。在利用外资方面，外商投资规模不断扩大，2011年中国实际利用外商直接投资1 160亿美元，继续位居世界第二位。但应该指出，中国利用外资也存在诸多挑战。从国内环境看，生产要素成本快速上升，资源环境约束加剧，产业转型升级任务紧迫。从国际环境看，国际金融危机引发全球经济结构深刻调整，各国围绕资金、技术、人才的竞争更加激烈。因此，新《目录》在进行调整时增加了鼓励类条目，同时限制类和禁止类条目有所减少。这对中国未来进一步吸引高水平外商直接投资，促进国内产业结构升级都有积极的影响。

2.3.1　扩大对外开放、促进制造业升级

新《目录》紧紧围绕加快经济发展方式转变这一主线，统筹国内发展和对外开放，重点强调优化外资结构，推动科技创新、产业升级。

为营造良好的投资环境，新《目录》增加了鼓励类条目，减少了限制类和禁止类条目。同时，取消部分领域对外资的股比限制，有股比要求的条目比原《目录》减少11条，这对鼓励外资以控股、收购方式进入中国市场有积极的促进作用。同时，新《目录》将高端制造业作为鼓励外商投资的重点领域，促进外商投资使用新技术、新工艺、新材料、新设备，改造和提升传统产业。如在纺织业领域，新《目录》提出了“多功能化的产业用纺织品生产”和“采用先进节能减排技术和装备的高档织物面料的织染及后整理加工”的要求，这对纺织业的产业提升指明了方向。

新《目录》在鼓励类中增加了纺织、化工、机械制造等领域新产品、新技术条目。同时，鼓励外商投资循环经济，鼓励类增加了废旧电器电子产品、机电设备、电池回收处理条目。考虑汽车产业健康发展的要求，新《目录》将汽车整车制造条目从鼓励类中删除，同时增加汽车动力电池专用生产设备的设计与制造以及新能源汽车关键零部件制造：能量型动力电池（能量密度≥110Wh/kg，循环寿命≥2 000次，外资比例不超过50%），电池正极材料（比容量≥150mAh/g，循环寿命2 000次不低于初始放电容量的80%），电池隔膜（厚度15－40μm，孔隙率40%－60%）；电池管理系统，电机管理系统，电动汽车电控集成；电动汽车驱动电机（峰值功率密度≥2.5kW/kg，高效区：65%工作区效率≥80%），车用DC/DC（输入电压100V－400V）等条目。另外，为抑制部分行业产能过剩和盲目重复建设，新目录将多晶硅、煤化工等条目从鼓励类删除。这些都对我国进一步扩大对外开放，优化国内引资环境，促进我国产业结构升级有积极的影响。

2.3.2　推动节能环保产业发展，构建资源节约型、环境友好型社会

节能环保领域的修订是本次《目录》的又一亮点。新《目录》增加建筑垃圾再生利用、废旧机电产品再制造设备制造、大气污染防治设备制造：耐高温及耐腐蚀滤料、低燃烧装置、烟气脱氮催化剂及脱氮成套装置、工业有机废气净化设备、柴油车排气净化装置、含重金属废气处理装置、环保检测仪器的新技术设

备制造：空气质量检测、水质检测、烟气在线检测仪器的新技术设备，应急处理所需仪器和成套系统发展新型微分光学多组分析系统，自校准、组合式、低漂移、联网遥测、遥控仪器及系统等条目。将废物利用、污水处理、环保仪器制造等产业的条目增加为鼓励类，同时将资源占用大、环境污染严重、采用落后工艺的无机盐生产以及采用落后工艺、含有有害物质、规模以下颜料和涂料生产等条目变为限制类，这对限制“两高一资”类外商直接投资进入我国市场、吸引高质量外资进入我国节能环保领域，促进我国建设资源节约型、环境友好型社会有积极的影响。

2.3.3 培育战略性新兴产业，促进服务业发展

根据新《目录》的要求，中国将鼓励外商投资节能环保、新一代信息技术、生物、高端装备制造、新能源、新材料、新能源汽车等战略性新兴产业，提升中国承接国际产业转移的层次和水平，培育国际合作和竞争新优势。新《目录》在节能环保等七大战略性新兴产业，取消了新能源发电设备条目的持股比例要求，显示了我国推动产业转型、拉动内需的决心。

为推动产业结构调整，新《目录》鼓励外商投资现代服务业，支持面向民生的服务业扩大利用外资，推进服务业开放进程，增加了 9 项服务业鼓励类条目，包括以承接服务外包方式从事的服务、创业投资企业、知识产权服务、海上石油污染清理技术服务、职业技能培训、家庭服务业等，服务业条目在鼓励类中的比重进一步增加。同时，将外商投资医疗机构、金融租赁公司等从限制类调整为允许类。

此次高端制造业、战略性新兴产业、服务业分别列入鼓励类外商投资的产业目录，而传统行业中的煤化工、多晶硅和汽车整车制造被从鼓励名录中删除。可以看出，我国在淘汰落后以及过剩产能方面将加大力度，而在如新兴产业和高端制造业领域，我国缺少技术以及资金方面的优势，未来也将成为技术、资本市场关注的热点。

2.3.4 差别化产业导向，促进区域协调发展

为推进新一轮西部大开发、全面振兴东北地区等老工业基地、大力促进中部地区崛起，新《目录》将继续实行差别化的产业导向政策。

此次修订中删除的部分鼓励类条目，将根据促进中西部地区承接产业转移、

发展中西部地区特色优势产业等原则，在修订《中西部地区外商投资优势产业目录》时予以考虑。

新《目录》的变化体现了“十二五”规划中“调结构、促升级、趋平衡”的发展思路，同时希望在一些传统领域如医疗、金融部门，进一步引入竞争来提高效率。新《目录》符合现今中国经济发展的迫切需要，即要促进产业升级，必须调整结构，外资引入必须具有更高的技术含量，并给予外资在企业中更多的发言权，外资才有动力进入这些行业。这显示出外资政策重点不再是看重数量，而是更加重视质量，以增量调整存量，以质量推进数量，进一步提高利用外资的绩效。在这个过程中，外资的主要作用将不再局限于推动我国经济发展，而是转变为配合我国技术升级与产业结构调整。未来，新兴产业、现代服务业、高端制造业将成为我国吸收外资新的增长点，这也是如何在新一轮招商选资中实施转型升级的关键所在。

（执笔：郑伟、刘洋、刘欣、杨立卓）

第 3 部分

2011 年外商直接投资结构变迁

2011年，我国实际利用外资再创新高，外资结构调整亮点颇多。第三产业利用外资首次超过第二产业，中西部利用外资增速快于东部地区，亚洲国家对华投资增长较快。外资经济在我国经济结构调整中发挥着日益重要的作用。但我们要看到，我国利用外资也存在诸多挑战：从国内看，国民经济发展进入新阶段，生产成本上升，外资享有的超国民待遇逐步取消等利用外资的条件正发生着变化；从外部环境看，国际金融危机引发全球经济结构深刻调整，各国对外投资趋于谨慎，对国际直接投资的争夺也更加激烈。这些变化对我国制定利用外资政策，引导外资结构优化，提高利用外资质量提出了新的要求。

3.1 2011年外商直接投资结构分析

3.1.1 外商投资产业结构现状

1. 第三产业吸收外资首次超过第二产业

金融危机发生后，全球服务业FDI份额，由2008年和2009年的48%，跌落至2010年的39%和2011年的40%。而我国2011年吸收外商投资产业结构却取得突破，第三产业实际使用外资金额首次超过第二产业。2011年第三产业实际使用外资662.27亿美元，占三大产业总利用外资的53.42%，比去年同期提高了5.17个百分点，首次达到50%并超过第二产业。第二产业实际使用外资557.49亿美元，占比44.96%，比去年下降了近6个百分点。第一产业实际使用外资20.09亿美元，比重仍很低，只有1.62%，还比去年同期下降了0.19个百分点。考察外商投资项目数可以发现，三次产业结构的变化趋势与实际利用外资金额的变化趋势相同，第三产业比重略有提高，第一、二产业略有下降。

表3-1　　2011年外商直接投资产业结构

（单位：亿美元；%）

产业名称	项目数	比重	去年同期	实际使用外资金额	比重	去年同期
总计	27 717	100	100	1 239.85	100	100
第一产业	865	3.12	3.39	20.09	1.62	1.81
第二产业	11 630	41.96	42.42	557.49	44.96	50.94
第三产业	15 222	54.92	54.19	662.27	53.42	47.25

资料来源：中华人民共和国商务部《中国外资统计2012》。

2. 第二产业中制造业仍占主体地位，采矿业和建筑业吸收外资均有大幅下降

2011 年，在中国第二产业吸收外资中，虽制造业仍占绝对主要地位，实际使用外资 521 亿美元，占比 42.02%，但与去年同期相比下降了 1.20 个百分点，同比也仅增长 5.06%，低于中国实际使用外资总额的增长速度。制造业设立外资企业数同比增长也略低于总体增长。同时，第二产业中的采矿业和建筑业的利用外资出现明显下降。采矿业实际使用外资额 6.13 亿美元，同比下降了 10.38%；建筑业实际使用外资 9.17，同比下降了 37.23%。相比 2010 年这两个行业利用外资的高速增长，2011 年其下降趋势明显。需要注意的是采掘业（采矿、采石与石油开采）作为全球 2011 年 FDI 项目增长贡献最大的 5 个项目之一，在中国却明显下降。电力、燃气及水的生产和供应业 2011 年利用外资基本与 2010 年持平，实际使用外资 21.18 亿美元，占比 1.71%。

表 3－2　　2011 年全国利用外资行业结构

（单位：亿美元；%）

行业	项目（企业）个数				实际使用外资金额			
	本年累计	上年同期	同比	占比	本年累计	上年同期	同比	占比
总计	27 717	27 420	1.08	100	1 239.9	1 147.34	8.07	100
农、林、牧、渔业	865	929	－6.89	3.12	20.09	19.12	5.07	1.62
采矿业	87	92	－5.43	0.31	6.13	6.84	－10.38	0.49
制造业	11 114	11 047	0.61	40.10	521	495.91	5.06	42.02
电力、燃气及水的生产和供应业	214	210	1.90	0.77	21.18	21.25	－0.33	1.71
建筑业	215	276	－22.10	0.78	9.17	14.61	－37.23	0.74
交通运输、仓储和邮政业	413	396	4.29	1.49	31.91	22.44	42.20	2.57
信息传输、计算机服务和软件业	993	1 046	－5.07	3.58	26.99	24.87	8.52	2.18
批发和零售业	7 259	6 786	6.97	26.19	84.25	65.96	27.73	6.8

续表

行业	项目（企业）个数				实际使用外资金额			
	本年累计	上年同期	同比	占比	本年累计	上年同期	同比	占比
住宿和餐饮业	513	579	-11.40	1.85	8.43	9.35	-9.84	0.68
金融业	161	99	62.63	0.58	98.83	101.22	-2.36	7.97
房地产业	466	689	-32.37	1.68	268.82	239.86	12.07	21.68
租赁和商务服务业	3 518	3 418	2.93	12.69	83.82	71.30	17.56	6.76
科学研究、技术服务和地质勘查业	1 357	1 299	4.46	4.90	24.58	19.67	24.96	1.98
水利、环境和公共设施管理业	151	143	5.59	0.54	8.64	9.09	-4.95	0.7
居民服务和其他服务业	212	217	-2.30	0.76	18.84	20.53	-8.23	1.52
教育	15	12	25.00	0.05	0.04	0.08	-50.00	0
卫生、社会保障和社会福利业	11	12	-8.33	0.04	0.78	0.90	-13.33	0.06
文化、体育和娱乐业	152	168	-9.52	0.55	6.35	4.36	45.64	0.51
公共管理和社会组织		2						

资料来源：中华人民共和国商务部《中国外资统计2012》。

3. 服务业利用外资增长较快，多个行业涨幅明显

2011年中国服务业利用外资增长较快，多数行业都有增长，以文化、体育和娱乐业、交通运输业、批发和零售业、科学研究、技术服务和地质勘查业的涨幅最为明显。2011年文化、体育和娱乐业实际使用外资6.35亿美元，同比增长45.64%，增长了近一半；交通运输、仓储和邮政业实际使用外资31.91亿美元，同比增长42.20%；批发和零售业实际使用外资84.25亿美元，同比增长

27.73%；科学研究、技术服务和地址勘查业实际使用外资24.58亿美元，同比增长24.96%。在第三产业利用外资中房地产业的比重最大，2011年实际使用外资268.82亿美元，占比21.68%，较2010年下降了1个百分点，同比增长12.07%，增速较2010年也下降了。利用外资比重较大的还有金融业，2011年实际使用外资98.83亿美元，占比7.79%，同比下降了2.36%。与2010年比，实际使用外资金额下降的还有教育、卫生、体育和娱乐业、住宿和餐饮业、居民服务和其他服务业等，但多占比重较小，下降金额可忽略不计。

3.1.2 外商投资区域结构现状

1. 中国吸收外资存量的地区分布仍呈现出非常明显的非均衡性

外商投资绝大部分集中在东部地区，中部和西部地区所占份额很少。截止到2011年，东部地区累计批准外商投资项目数和实际利用外资金额分别为615 876个和10 059.39亿美元，所占比重分别为83.4%和82.52%；中部地区累计批准外商投资项目数和实际利用外资金额分别为78 636个和931.91亿美元，所占比重分别为10.65%和7.9 %；西部地区累计批准外商投资项目数和实际利用外资金额分别为43 841个和680.61亿美元，所占比重分别为5.94%和4.78%。2011年中西部地区吸收外资增速略有加快，但所占份额仍远远低于东部地区。

表3-3　　截至2011年东部、中部、西部地区外商直接投资情况

（单位：亿美元;%）

行业名称	项目数	比重	实际使用外资金额	比重
总计	738 464	100	12 318.43	100
东部地区	615 876	83.4	10 059.39	82.52
中部地区	78 636	10.65	931.91	7.9
西部地区	43 841	5.94	680.61	4.78
有关部门	111	0.02	646.52	4.8

资料来源：中华人民共和国商务部《中国外资统计2012》。

2. 2011年中西部地区实际使用外资增速快于东部地区

虽总体上我国利用外资仍绝对以东部地区为主，但中西部地区利用外资增长较快。2011 年，东部地区新设立外商投资企业 23 602 家，实际使用外资金额 966.04 亿美元，同比分别增加 2.65% 和 7.51%；中部地区新设立外商投资企业 2 727 家，同比下降 10.77%，实际使用外资金额 78.36 亿美元，同比增加 14.26%；西部地区新设立外商投资企业 1 383 家，实际使用外资金额 115.71 亿美元，同比分别增加 1.84% 和 28.25%，实际使用外资额增速快于全国增速 20 个百分点。东、中、西部地区实际利用外资占全国的比重分别为 77.92%、6.32% 和 9.33%，分别比往年同期降低 0.4 个百分点、增加 0.34 个百分点和增加 1.47 个百分点。虽三个地区利用外资比重差距较大，但也开始呈现出中西部赶超之势。

表 3－4　　2011 年东部、中部、西部外商直接投资情况

（单位：亿美元;%）

	新设企业数	增速	比重	实际使用外资金额	增速	比重	去年同期比重
总计	27 717	1.08	100.00	1 239.85	8.06	100.00	
东部地区	23 602	2.65	85.15	966.04	7.51	77.92	78.32
中部地区	2 727	－10.77	9.84	78.36	14.26	6.32	5.98
西部地区	1 383	1.84	4.99	115.71	28.25	9.33	7.86
有关部门	5	－64.29	0.02	79.74	－11.39	6.43	7.84

资料来源：中华人民共和国商务部《中国外资统计 2012》。

3.1.3 外商投资来源结构现状

1. 外资来源总体更加集中

外商对华直接投资来源地遍布全球，世界上 200 多个国家和地区已经开展了对华直接投资。但从实际投入外资金额来看，中国的外资主要源于少数的国家和地区。2011 年对华直接投资排名前五位的国家或地区占中国利用外资总量的 76.79%，前十位国家或地区占 84.86%，前十五位国家或地区占 88.02%。与 2010 年相比较，外资来源集中度增加了，特别是前五位国家或地区比重提高了 4 个百分点，超过四分之三的外资金额来自于这五个国家和地区，仅我国香港地区一地就占投资总额的一半以上。

表 3－5　　2011 年对华直接投资前十五位国家/地区

（单位：万美元；%）

国家/地区	2011 年实际投入外资金额	2011 年比重	2010 年实际投入外资金额	2010 年比重	2011 年同比
中国香港地区	7 050 016	56.86	6 056 677	52.79	16.4
英属维尔京群岛	972 495	7.84	1 044 734	9.11	－6.91
日本	632 963	5.11	408 372	3.56	55
新加坡	609 681	4.92	542 820	4.73	12.32
韩国	255 107	2.06	269 217	2.35	－5.24
美国	236 932	1.91	301 734	2.63	－21.48
开曼群岛	224 196	1.81	249 880	2.18	－10.28
中国台湾地区	218 343	1.76	247 574	2.16	－11.81
萨摩亚	207 623	1.67	177 333	1.55	17.08
毛里求斯	113 921	0.92	92 884	0.81	22.65
德国	112 896	0.91	88 840	0.77	27.08
法国	76 853	0.62	123 820	1.08	－37.93
荷兰	76 137	0.61	91 449	0.8	－16.74
中国澳门地区	68 043	0.55	65 524	0.57	3.84
英国	58 152	0.47	71 032	0.62	－18.13
亚洲十国/地区	8 895 893	71.57	7 646 241	66.64	16.34
欧盟主要国家	520 028	4.19	548 359	4.78	－5.17
北美	283 764	2.29	365 219	3.18	－22.3
前五位国家或地区	9 520 262	76.79	8 321 820	72.54	14.4
前十位国家或地区	10 521 277	84.86	9 391 225	81.87	12.03
前十五位国家或地区	10 913 358	88.02	9 831 890	85.71	11
总计	12 398 500	100	11 473 424	100	8.06

资料来源：中华人民共和国商务部《中国外资统计 2012》。

2. 亚洲十国/地区对华投资增长较快

亚洲国家或地区始终是中国利用外资的主要来源地。2011 年，亚洲十国和地区（中国香港地区、中国澳门地区、中国台湾地区、日本、菲律宾、泰国、马来西亚、新加坡、印尼、韩国）实际投入外资金额 889.59 亿美元，同比增长 16.34%，占全国吸收外资总量的 71.57%，与 2010 年相比增加了近 5 个百分点。中国香港地区继续保持最大的外资来源区域地位。2011 年，中国香港地区对内地实际投资 705.00 亿美元，同比增长 16.40%，占全国总量的 56.86%，比重较 2010 年提高 4 个百分点，是第 5 年上升。同时我们应注意，中国香港地区对华的投资增长是在其 FDI 输出总体下降 14.5% 的情况下发生的。2011 年日本重新崛起为第二大投资国，对华投资也有较大幅度增长。日元升值与母国经济虚弱的增长前景促使日本跨国公司到海外寻求机遇。日本企业看好中国市场与投资环境，加大对华转移生产和研发部门的力度。2011 年日本对华投资实现 55% 的大幅增长，达到 63.30 亿美元。新加坡对华投资仍表现活跃，实现了较大幅度的增长。2011 年新加坡实际使用外资金额 609.68 亿美元，增长了 12.32%。

3. 欧美对华投资有所下降

2011 年发达国家的 FDI 流出量大幅攀升，达到 1.24 万亿美元，增长 25%。但与全球发达国家对外投资增加相反，发达国家对中国的投资是下降的。美国对华实际投入外资额同比下降 21.48%，由 30.17 亿美元下降到 23.69 亿美元，所占比重也下降了 0.72 个百分点。2011 年欧盟主要国家实际对华直接投资 52.00 亿美元，同比下降 5.17%，所占比重也由 2010 年 4.78% 下降到 4.19%。

3.2 中国利用外资内部条件和外部环境的变化

3.2.1 内部条件的变化

1. 国民经济发展进入新阶段，对外商投资提出更高要求

2011 年中国 GDP 达到 73 011 亿美元，实际增长 9.2%，连续两年成为世界第二大经济体。10 年间，中国实际 GDP 保持了平均超过 10% 的高速增长，令世界瞩目。在保持经济总量稳步增长的同时，人均 GDP 也在快速增加。2011 年中国人均 GDP5 342 美元，是 2001 年的 5 倍多。发展理论认为人均 GDP4 000 美元至 6 000 美元的国家正处于工业化中期。同时，我国的人均国民总收入也实现了同步快速增长，2011 年上升至 7 476 美元。按照世界银行的划分标准，我国已经由低收入国家跃升至世界中等偏上收入国家行列。经济总量的加速扩张大大缩小了我国与世界主要发达国家的差距。根据国际货币基金

组织统计，2011 年我国经济总量占世界经济的比重为 10.477%。经济规模虽与世界排名第一的美国相比尚有较大差距，但已是日本的 1.24 倍，德国的 2.04 倍，法国的 2.11 倍。

东道国宏观经济环境已是国际直接投资流动的最主要决定因素。一国经济走势往往与吸收外资趋势相一致。经济发展缓慢，国内投资不足，利润不高，自然无法保持对 FDI 的吸引。相反，经济发展迅速，经济活跃，全世界的资金都会趋之若鹜。中国经济持续的高速增长是吸引外资的最重要因素。连续 30 年的高增长早已使中国经济的“双缺口”消失，投资环境也大为改善。在中国经济实力由弱变强的过程中，市场规模还在逐步扩大，形成对市场驱动型外商投资持续的吸引力的同时，对外商投资也必然提出了更高的要求，促进技术进步、结构升级和制度变迁已是必然的要求。

2. 生产成本上升，制约外资流入

中国的生产成本已经出现全面上涨的趋势，对中国的利用外资也产生了深远的影响。

（1）人民币升值

自 2005 年 7 月 21 日开始宣布实行汇率改革后，截止到 2011 年底，人民币对美元累计升值幅度超过 30%。在外汇储备居高不下、贸易顺差持续高涨的条件下，人民币对其他主要币种的升值压力也很大。人民币大幅升值，出口产品价格自然上升。在经济全球化时代，出口价格上升还会造成其他非出口产品成本的上升，从而影响国内企业生产成本和价格。人民币升值，出口企业利润空间受到压缩，利润率下降，一些外资企业特别是利用中国作为出口加工平台的外向型投资企业受到影响，可能或撤离中国市场，或选择国内其他低成本区域投资，以降低成本上升压力。

（2）劳动力成本上升

根据国家统计局的数据，2011 年外出农民工月均收入 2 049 元，而 2008 年这一数据是 1 340 元，三年增长了 52.91%。《德勤中国竞争力调查报告 2011》显示，大部分东南亚国家和地区的人力成本约为中国的 50%。从制造业从业人员平均工资来看，越南是每月大约 1 000 元，印度大概是 600 元，而中国东部沿海地区已经达到了 2 500 元至 3 000 元。中国工人的平均工资水平仍处于上升通道，这在一定程度上降低了中国在劳动密集型产业领域的竞争优势。[①] 改革开放三十年来，我国经济已获得了飞速的发展。既想保持经济快速发展又要劳动力价格长期不上升是不现实的，永久保持劳动力低成本优势是不可能的。未来我国劳动力价格的长期走势应该是向上的。

（3）土地成本上涨

针对我国土地严重短缺的现状，我国建立了相当严厉的土地管理政策和管理措施。国家新的土地调控政策实施后，征地补偿安置费、新增建设用地有偿使用费大幅提高。国家还统一制定颁布了各地工业用地最低价格标准，再加上我国经济增长快速，房地产项目与工业园区对建设用地强烈需求的拉动作用，土地市场供求关系日趋紧张，价格不断攀升。根据国土资源部统计，以 2000 年为基期，2011 年全国重点监测城市平均综合地价指数为 193，较基期上涨了 93%。各用途地价指数变化趋势基本一致，且连续增长，其中商服地价指数为 202，比基期上涨了 1.02 倍；住宅地价指数最高，为 224，较基期上涨了 1.24 倍；工业用地地价指数为 157，较基期上涨了 57%。同时，我国对外资土地优惠政策也进行了调整。自 2007 年 1 月 1 日起，外商投资企业、外国企业被确定为土地使用税的纳税义务人，开始缴纳土地使用税。土地成本的上升必将对外资企业投资特别是新建投资产生影响。

（4）原材料、燃料、动力价格上涨

作为世界制造中心，中国在经济持续高速增长、生产加工能力不断扩大的背景下，对能源、原材料、矿产品、水资源等的需求越来越多，但是石油、矿石等能源和原材料的增产又受到各种条件的限制，难以充分、及时地满足需求，资源压力日益凸显。从长期趋势看，资源类产品价格可能会持续上涨，并且由于资源类产品价格上涨传导到下游的加工制造业领域，制造业成本也出现上涨的趋势。2001 年至 2011 年的十年间，中国生产者购进价格指数增长了 66.32%。其中，燃料、动力类上涨 119.40%，翻了一番还多；黑色金属材料类上涨 69.27%，有色金属材料类上涨 122.39%。

成本上升可能会阻碍一部分利用中国劳动力、土地等各方面成本优势的成本

① 路虹．中国引资着力破逆势．国际商报［N］．2012 年 4 月 18 日．

驱动型外资的流入，也可能导致很多外商投资向成本更低廉的国家或地区转移。生产成本低廉的越南、墨西哥等国开始实行优惠政策，大力吸引外资。有学者认为墨西哥、越南等国可能会成为取代中国的下一个制造业基地，尽管这种说法还言之过早，但我们对面临的挑战要有清醒的认识。

3. 外资享受的超国民待遇逐步取消

所谓超国民待遇，是指外国人在某些方面不仅享有与本国国民同等的待遇，还享有高于本国国民的权利，是一种对外国人的优惠待遇。从 20 世纪 80 年代初期开始，我国为了发展经济，吸收外国资金，利用其带来的先进技术和管理经验，曾给予外资企业诸多高于本国企业的优惠政策，如：税收优惠政策、进出口权限政策、用汇优惠政策、土地优惠政策、注册资本认缴时限放宽等。在改革开放初期，我国资金短缺，吸收 FDI 的投资环境较差，因此通过实行优惠政策来吸引外资是完全必要的。事实上，这些外资优惠政策对我国吸收外资具有重要的作用，使中国在利用外资的国际竞争中处于相对有利地位。但随着改革开放的深入，我国经济实力日益增强，投资环境持续改善，通过给予外资超国民待遇的形式吸引外资开始产生负面效应。对外资的倾斜间接损害了内资企业的利益，使其在竞争中处于劣势，制约了内资企业特别是民营企业的发展。为获得外资企业享有的超国民待遇，国内企业化身“假外资”的现象大量涌现，也产生了很多的消极影响。加入 WTO 后，随着国民待遇原则的全面实施，对超国民待遇的质疑不断增强，我国开始逐步取消对外商投资企业所实行的超国民待遇。

2007 年 3 月 16 日，十届人大五次会议通过了《中华人民共和国企业所得税法》，新税法从 2008 年 1 月 1 日起开始施行。新税法规定，外资企业将不再享有比国内企业低十几个百分点的优惠税率，与内资企业一样要缴纳统一的 25% 的所得税。此外，外资企业单独享受的税前扣除优惠、生产性企业再投资退税优惠、纳税义务发生时间上的优惠等，今后也将与内资企业统一。分治十余年之久的企业所得税法终获统一，在国家层面上外资在华享受的最主要超国民待遇已经基本消失，这标志着我国利用外资政策进入了一个新的历史阶段，逐步取消外资企业的超国民待遇成为发展趋势。

取消外资企业的超国民待遇，可能在短期内对中国吸收外资数量造成一定的影响，但从长期看对中国的利用外资是有益的。一是有利于消除外商投资结构的扭曲、制约外资惯用的避税手段、缓解“假外资”现象等中国利用外资长期存在的问题；二是将推动地方政府由依赖优惠政策吸引外资转向通过优化行政服务、规范市场环境来提升投资环境，更有助于增强对外资的长期吸引力；三是让民营企业、国有企业和外资企业都在同一起跑线上平等竞争，对提高内资企业竞争力，促进国民经济的协调发展更为有利。总之，逐步取消外资企业的超国民待遇，将使中国的利用外资真正从重数量转向重质量上来。

4. 对外资的需求从“来者不拒”到“有所选择”

改革开放30年后，资金匮乏已经不是我国的主要矛盾，“转方式、调结构”已成为我国经济发展面临的重大课题。为了适应中国经济发展的需要，吸引外资政策由引资规模为主逐步转向以引资质量为主，在产业结构、区域布局、创新利用外资方式等方面出台了一系列引导政策。2010年4月，中国国务院发布了《关于进一步做好利用外资工作的若干意见》，对优化利用外资结构、引导外资向中西部转移、促进利用外资方式多样化、深化外商投资管理体制改革、营造良好的投资环境等方面做了具体部署；2011年9月，发布了《关于促进战略性新兴产业国际化发展的指导意见》，鼓励外商投资战略性新兴产业；2011年12月，发布了《外商投资产业指导目录（2011年修订）》，增加了鼓励类条目，减少了限制类和禁止类条目；2012年，国家有关部门正抓紧修订《中西部地区外商投资优势产业目录》，进一步引导外资流向中西部地区。中国加强对外资的引导，有选择地利用外资，这对那些劳动密集型或“两高一资”的外资企业可能会带来一定影响，但对那些拥有高新技术、产品附加值高的外资企业来说是一个发展机遇。

3.2.2 外部环境的变化

1. 全球经济情况不容乐观，各国对外投资趋于谨慎

金融危机后，世界经济一直在艰难中前行，复苏乏力。2012年7月，国际货币基金组织（IMF）发布了关于全球经济形势的《世界经济展望》报告，该报告将2012年、2013年的全球经济预测增长率分别下调为3.5%和3.9%，其中发达经济体2012年增速为1.4%，新兴和发展中经济体降为5.6%。2011年欧洲主权债务危机不断扩散，已经波及欧元区核心国家，且短期内很难解决，严重拖累了欧洲经济发展步伐，并将对世界经济复苏进一步产生不利影响。西方发达国家新

一轮经济周期增长点的行业短期内可能很难显现，因而这些国家经济结构调整和复苏还将经历一段较长的艰辛历程。联合国贸发会议在 2012 年 1 月发布的《全球投资趋势监测报告》中指出，2011 年全球国际直接投资恢复到 1.5 万亿美元，仍低于 2008 年的水平，预计 2012 年国际直接投资可能小幅增长但仍面临风险和不确定性。包括中国在内的大型新兴经济体总体上仍对国际资本保持吸引力，但投资者对其经济增长放缓、内需减弱等风险和负面因素的认识加强，对外投资也会趋于谨慎。① 同时，国内的高失业率引发一系列担忧，即 FDI 流出可能会导致就业出口，削弱国内工业基础等。有些国家还采取 FDI 流出限制以及外商投资遣返激励等政策措施。世界经济的持续低迷必将导致各国对华投资热情下降，成为制约我国吸收外资的一大因素。

2. 国际引资竞争加剧，加大中国吸引外资的压力

在中国生产成本不断上升，利用外资政策转向国民待遇的过程中，其他发展中国家开始加强利用外资。特别是中国周边发展中国家作为低成本产地的区位优势增强，在一定程度上对中国吸引外资形成竞争力。根据 2012 年联合国贸发会议的世界投资前景调查（WIPS），印度尼西亚和泰国等东南亚经济体的排名上升显著。2011 年，流入东亚和东南亚地区的 FDI 增长了 14%，达到 3 360 亿美元。该区域占全球流入总量的比例已经从全球金融危机爆发前的 12% 提高到 22%。印度尼西亚、马来西亚、泰国、印度吸引外资实现了同比 27.6% 到 48.2% 不等的增幅，成为亚洲地区发展中国家吸引外资的增长点。同时，在国内经济不景气的情况下，部分发达国家急需资金回国。如美国实行“再工业化”战略，吸引境外投资企业回美国本土投资，美国积极加入全球争夺国际直接投资的行列，虽然其效果还不显著，但对于国际直接投资的流向或多或少会产生影响。

3.3 优化外商直接投资结构

3.3.1 引导外资投向促进产业结构升级

利用外资产业结构的不合理与非均衡发展，可能会加剧产业结构的失衡。我国应根据产业结构升级的目标，抓住国际产业转移的机遇，制定科学的产业引导

① 席帕．中国引资 稳步前行．中国外资［J］．2012 年第 6 期．

政策，引导外资投向有利于我国产业结构升级的产业部门。

1. 继续加强现代服务业利用外资

服务业领域的外资与制造业外资相比具有项目规模小、投资金额少，但附加值高、引资效应大的特点。现阶段外商对我国第三产业的直接投资主要集中在房地产、批发和零售、租赁和商务服务、交通运输等部门，金融业、科学研究、技术服务、地质勘查、信息传输、教育等部门比重很低，而这些服务部门特别是知识型服务部门对我国经济的发展具有重要的意义。我们在承接服务业国际转移过程中要主动出击，进一步加大现代服务业开放力度：一是继续鼓励外资投向于传统的劳动密集型服务业，如零售业、餐饮业等，支持以现代经营理念和经营方式来改造传统服务业；二是积极引导外资向科学研究、金融服务、教育、文化等知识密集型服务业投资；三是要大力承接国际服务外包业务，抓住受国际金融危机影响，跨国公司更注重节约运营成本的机遇；四是重点培育生产性服务业承接国际产业转移，加快现代物流、工业设计、软件服务、信息服务等新兴业态引进优质外资，促进服务业和整体产业结构的优化升级。

2. 鼓励外商投资于高端制造业

尽管中国制造业发展迅速，可仍处于加工、装配等比较低端的位置，高端制造业的发展明显滞后。改革开放30多年来，以劳动密集型制造业为主的外商投资对中国的经济增长、城镇化发展和解决就业都作出了巨大的贡献。大量的熟练工人和高技术人才，以及完备的产业基础正成为中国新的综合优势。同时，随着中国经济的快速发展和转向内需拉动，中国消费者对中高端产品的需求正在不断增长，这也吸引着外资高端制造业加快投资。[①] 鼓励外商投资于高端制造业，应制定较严格的技术标准，对于真正的高端制造业，继续给予政策倾斜；要不断根据行业技术水平的动态变化，动态调整《外商投资产业指导目录》；促进外商投资使用新技术、新工艺、新材料、新设备，改造和提升传统制造业；限制外资向附加值较低的一般加工制造业和重化工业的转移，不再鼓励外商对国内产能过剩行业的投资，提高外资进入与资源节约和环境保护相关行业的门槛。

① 张娜．外资高端制造业正向中国转移．中国经济日报［N］．2012年9月6日．

3. 引导外资投向战略性新兴产业

战略性新兴产业具有知识技术密集、物质资源消耗小、成长潜力大、综合效益好等特征，是中国实现可持续发展的必然选择。从2010年开始国家有关部门陆续发布了《国务院关于加快培育和发展战略性新兴产业的决定》、《促进战略性新兴产业国际化发展的指导意见》，2012年7月9日，国务院又颁布了《“十二五”国家战略性新兴产业发展规划》，提出了七大战略性新兴产业的重点发展方向和主要任务。鼓励外商投资进入战略性新兴产业，不仅是在资金上，更能在技术上、管理上、经验上有效促进我国产业升级，有利于产业结构调整，加快经济转型。引导外资投向战略性新兴产业，一是要加大战略性新兴产业利用外资的政策倾斜力度，尽快制定具体的扶持政策；二是要鼓励跨国公司在中国设立研发中心，支持其在战略性新兴产业方面与中国公司展开技术合作、技术攻关；三是要鼓励战略性新兴产业跨国公司在中国技术创新，增强配套能力，延伸产业链。

4. 利用外资加快基础设施建设

提供高质量的基础设施是经济和社会发展的先决条件。我国未来对基础设施的投资需求仍存在着巨大的资金缺口。随着国际资本流动加快，吸收外资成为一国进行基础设施建设的重要资金来源。与其他国家相比，我国基础设施行业吸收的外资还比较少，远不能满足经济发展对基础设施建设的巨大需求。在今后利用外资的工作中，我们要积极鼓励外商投资于交通、电力、通信、能源等基础设施行业。需要注意的是基础设施投资是典型的资本密集型兼复合型投资，在带来大量资金的同时，还可能包含技术的外溢，这就对我国的吸收能力提出了要求。此外，还要注意基础设施产业安全问题。基础设施行业本质上是自然垄断的行业，如供水行业，要注意防止跨国公司的进入导致国家垄断变为外国公司的垄断。注意外资的进入还可能降低公共产品的可获得性和提高服务价格，引起国家经济安全方面的争议。

3.3.2 改善外商投资区域结构促进我国区域经济均衡发展

长期以来的外商直接投资区域分布差异强化了我国区域经济发展的不平衡。随着经济全球化的日益加快，市场化和国际化的深入发展，外商直接投资在区域经济差距扩大中所起的作用将越来越大，要在短期内促使外商直接投资向中西部地区转移绝非易事，但如果听之任之，必将导致区域经济失衡的进一步恶化，不利于我国经济的可持续发展。此次国际金融危机使我国东部沿海地区深受影响，过去的成本低、政策倾斜等优势也不再显著，中西部地区受危机的影响相对较小，加上由于经济相对落后，低成本的优势开始凸显，使得吸引外资到中西部去存在可能。因此，我国必须采取有力措施加快中西部地区的改革开放，积极改善投资环境，引导外资投向中西部地区，促进区域经济的均衡发展。

1. 加大对中西部地区利用外资的政策倾斜

从实践上，利用外资初期，我国对东部沿海地区实行倾斜政策，吸引了大量的外商直接投资，对沿海地区的经济增长起到了促进作用，这是倾斜政策积极作用的最好证明。国家已经出台了一系列措施扩大中西部地区的引资力度，但中西部的外商投资并没有明显增加。考虑到东部与中西部地区投资环境的差异因素，国家应对中西部地区的外商投资给予更为优惠的政策条件，以弥补中西部地区先天不足与后天劣势。从国际经验来看，所有国家在吸引投资者去不发达地区投资时，政策上都体现出税收、土地使用等方面的优惠，以及一些相应的投资鼓励、补贴和奖励，而且地理位置越偏僻、经济发展越落后的地区，政府提供的政策就越优惠。如美国的西部开发、日本的北海道开发及俄罗斯的西伯利亚开发，均体现出对落后地区的政策倾斜。

对中西部地区的外资优惠政策应与产业倾斜政策相结合。在金融、通信、法律等敏感服务业领域，中西部地区可率先对外资开放；优先安排农业、水利、交通、能源、原材料等行业吸引外资，以改善中西部地区的投资环境；在2011年修订的《外商投资产业指导目录》中删除的部分鼓励类条目，将根据促进中西部地区承接产业转移、发展中西部地区特色优势产业等原则，在修订《中西部地区外商投资优势产业目录》时予以考虑。

需要注意的是，东部地区的外资经济已经对区域经济增长形成了比较良性的互动，东部地区的经济发展又是支撑我国国民收入持续增长的保障，对中西部外资优惠政策的倾斜不能走以前区域发展战略的老路——以牺牲其他地区经济增长来实现。要注意协调各地区利用外资政策，避免恶性竞争，损害地方经济的长远利益。

2. 改善中西部地区的投资环境

第一，要加快政府职能转变，把管理型政府转变为服务型政府，让企业独立参与市场竞争。科学规范各类许可、审批、登记，进一步减少、压缩审批事项，解决效率低下问题。政府要讲信用，认真履行政府在招商引资时承诺的政策与措施，树立中西部地区政府的诚信形象。第二，要加强交通、通信等基础设施建设。中西部各省份要加快推进本地区交通网络对接，构建便捷通畅、安全高效的现代化综合交通运输体系；借鉴上海等地的经验，在重要交通枢纽城市建设区域性综合物流园区，提升物流效率、降低物流成本；加强通关建设，消除各种壁垒，提高贸易投资便利化程度，优化通关环境，降低行政和交易成本。第三，要提升产业配套能力。政府要充分认识到推动产业配套的必要性和紧迫性，完善区域产业配套规划。培养区域产业配套基地，通过给予优惠政策，鼓励配套企业向龙头企业所在地发展。还要重视中介服务、人员培训等外部环境的配套。第四，要加大人才培养和引进力度。通过出国学习、高校教育、职业培训等多种途径培养高、中、低多层次人才。通过营造良好的人文环境、有效的人才引进政策和合理薪酬分配机制留住人才。

3. 发挥中心城市的聚集效应

中西部地区经济发展水平虽总体上落后于东部，但在地区内已经形成了许多中心城市。其中的中心开放城市重庆、西安、武汉、成都、长沙、郑州等地与其他地区相比经济实力雄厚且发展较快，基础设施日趋完善、资本供给充足、人力资源丰富、技术实力强。中西部地区利用FDI可采取逐步推进的策略，以中心城市为聚集点，打造优势产业，形成产业集群，“以点带面”向周边地区扩散。

充分发挥中心城市的聚集效应，首先中心城市要有明确的发展定位。中西部各中心城市要根据国家对中西部地区区域发展的功能定位，结合各自的比较优势，确定经济发展目标。其次大力发展城市园区经济，使工业园区成为城市经济的增长点。充分利用工业园区的产业集聚、基础设施相对完善、政策优惠、管理体制高效等优势，使其成为利用外资承接产业转移的重要载体。还有，通过对区域资源进行合理配置，打造城市群，形成中西部经济的增长带。城市群要以产业分工为基础，中心城市以高新技术产业为主，周边城市作为传统产业和加工基地，构建阶梯分布的产业集群。

4. 中西部地区加强与东部地区合作，承接产业转移

东部沿海地区的成本正在不断上升，投资于传统制造业的外资企业利润空间

受到压缩，成本的变动必然引起生产策略的调整，便有向成本低处转移的需求。东部地区可以利用这次产业调整的时机，加快培育高级生产要素，承接现代服务业和高端制造业的转移。同时，可以利用东部与中西部地区长期以来形成的密切经济联系，东部地区政府为劳动力密集型外资企业向中西部转移牵线搭桥，利用国内经济联系为跨国公司制造业产业集群整体向中西部转移创造便利条件，使中西部地区在与越南、泰国等其他国家或地区进行吸引外商直接投资的竞争中获胜。

3.3.3 优化外商投资来源结构吸引优质外资

在引资过程中我们很难针对外资来源选择利用外资，但我们可以通过制定针对性的引资政策、改善投资环境、打造产业集群等方式来吸引目标外资来源，优化外资来源结构。

1. 根据外资来源结构特点制定引资政策

受地缘因素、历史因素的影响，我国不同来源外资都有自己的投资区域偏好，各省市外资来源结构也都表现出各自的特点。例如，山东省吸收外资以韩国为主，广东省外资以中国港澳台地区最多等。各地区若能根据外资来源结构特点制定引资政策，可能起到事半功倍的效果。

一是对现有外商加强沟通与政策协调。各地方政府要切实关心和保护投资者权益，采取多种形式，与外商保持密切沟通，就投资环境、相关优惠政策问题进行释疑解惑，并及时解决其在经营中遇到的困难，保持吸收某一外资来源的优势。

二是对优势外资来源进行深度调研。各地区可深入研究自己主要外资来源区位选择的影响因素，判断其是否看重政策法规、商务环境、经济发展水平、资源情况等投资因素，确定其主要的投资类型，如寻求市场型、寻求资源型、寻求效率型等。然后，投其所好，有针对性地制定引资政策，扩大吸引特定外资来源的优势。

三是把外资综合效应的评价，作为制定针对性政策的依据。不同外资来源的效应存在差异，并对中国经济产生深远影响。只重量、不重质的外资引进，将使我国的经济发展遭受重大的经济损失。各地区应根据自身经济发展的水平，考查主要外资来源的综合效应，最大限度地获得期望外资效应，防止政策制定的盲目性和片面性。

2. 改善投资环境吸引欧美发达国家投资

欧美投资占全球外国直接投资输出的60%至70%，而在我国来自欧美发达国家的外资比例并不高，2011年还呈下降趋势。通过改善投资环境，提高竞争力可吸引更多技术含量相对较高的欧美发达国家跨国公司的投资，优化外资结构。

一是建立统一可预见的法制环境。进一步完善外商投资企业的法律法规，通过法律规范外资企业的经营，保障外商的合法权益。针对我国外资立法层次较多、分散、零乱的现状，加强对外商投资地方性法规的清理工作，使其保持一致。同时要特别注重保持外商投资政策法律的相对稳定性、连续性、可预期性和可操作性，为跨国公司在中国的长期投资创造良好的法制环境。此外，建立竞争性的法制化市场体系也是吸引大型跨国公司的重要因素。继续完善知识产权保护的法律法规，认真贯彻执行反垄断法，加强环保立法等，保障符合市场发展规律的竞争机制。

二是为外商投资企业提供完善、高效率的配套服务。建设完善的公共基础设施，创造透明、便利、公平的环境，提供优质、高效的公共服务。继续深化外资审批体制改革，促进投资便利化，调整外资审批内容、简化审批程序、最大限度缩小审批范围、增强审批透明度。

三是进一步开放国内市场，引导外资投向。欧美跨国公司多把开拓我国国内市场作为经营策略的首选，特别是国际金融危机后，许多跨国公司在全球业务出现亏损的同时，中国市场却成为大型跨国公司的业务增长点和利润中心。根据2012年联合国贸发会议的世界投资前景调查（WIPS），中国继续在投资者FDI理想目的地中位居榜首。我国可结合利用外资促进自主创新、产业升级、区域协调发展的战略目标，鼓励外资投向高端制造业、高新技术产业、现代服务业、战略性新兴产业，鼓励跨国公司在华设立地区总部等各类功能性机构，加强对中西部地区利用外资的政策支持，通过开放市场等手段引导东部地区劳动密集型外资向中西部地区转移。

3. 有针对性地打造产业集群从而获得外资来源国聚集效应

外商倾向于选择相同来源国企业聚集的地区进行投资。在信息缺失的情况下，外资企业数量多、聚集程度高说明当地的投资环境存在一定的优越性，适合外资企业生存发展，从而产生所谓的“示范效应”。与决策者属于同一来源地的外资企业聚集状况更具参考价值，相同国别外资企业的某些共同特征使其更具可比性，示范效应也更突出。所以打造产业集群，是吸收外商直接投资的有效手段。

一些国家的跨国公司在本国的生产过程中与国内的众多关联厂商形成了长期稳定的合作关系，企业的生产运作具有高度的相互依赖性，核心跨国公司的对外直接投资会促使其他关联企业做出同样的决策。这相当于将母国的生产流程整体转移至东道国的某一区域，从而产生显著的来源国聚集效应。广东东莞电子信息产业发展经验可以为我们提供借鉴。从20世纪80年代末开始，中国台湾地区电子产业厂商开始试探性在东莞投资办厂。早期投资者成功的示范效应进一步吸引了更多的台资企业进入该地区，台湾著名的电子企业台达、光宝、微星、技嘉等都在此地投资设厂，并将在台湾的配套网络整体复制过来。东莞电子信息产业集群规模逐渐扩大，北大方正、华冠科技等国内知名电子信息企业也纷纷落户，东莞已发展成为全球重要的计算机零部件基地和国际性电子信息产品生产基地。我国的大中城市较多，可依托各自要素禀赋优势，打造特色产业集群。

（执笔：太平）

第 4 部分

2011 年外商直接投资与进出口贸易、国际收支

2008 年全球金融危机以来，我国主要贸易伙伴经济低迷，进口需求下滑，我国所面临的国际贸易环境也日益恶化。此外，受人民币升值，国内土地、劳动力、原材料等成本上升等因素的影响，我国以劳动密集型加工贸易为主的外商投资企业的利润空间大幅收窄。2011 年，随着对外贸易转型升级的不断推进，我国对外贸易的结构、区域布局等逐步优化，国际收支状况也有所改善，而外商投资企业作为我国对外贸易的中坚力量，在这一过程中扮演着重要角色。

4.1　外商直接投资与我国进出口贸易

4.1.1　外商直接投资与我国进出口贸易规模

1. 外商直接投资与我国出口贸易规模

2011 年 1—12 月，我国外贸进出口再创历史新高，达到 36 420.6 亿美元，但增幅有所下调，同比增长 22.5%，低于 2010 年（34.7%）12 个百分点，其中出口额为 18 986.0 亿美元，同比增长 20.3%，进口额为 17 434.6 亿美元，同比增长 24.9%，增幅均不及 2010 年水平；同期，我国实际使用外商直接投资金额达到 1 239.9 亿美元，同比增长 17.26%（2010 年为 17.44%）。

2000—2011 年我国出口额与实际利用外资流量及存量数据详见表 4－1 和图 4－1。显而易见，我国 FDI 流入存量与出口额增长态势仍趋一致。也就是说，FDI 流入仍在我国出口贸易中发挥着重要作用。

表 4－1　　2000—2011 年我国出口额与实际利用外资流量及存量

（金额单位：亿美元）

年份	全国出口额	实际利用外资金额	累计实际利用外资金额
2000	2 492.0	407.2	3 483.5
2001	2 661.0	468.8	3 952.3
2002	3 255.7	527.4	4 479.7
2003	4 383.7	535.1	5 014.8
2004	5 933.7	606.3	5 621.1
2005	7 620.0	724.1	6 345.1
2006	9 690.7	694.7	7 039.8

续表

年份	全国出口额	实际利用外资金额	累计实际利用外资金额
2007	12 180. 2	826. 6	7 866. 4
2008	14 285. 5	924. 0	8 790. 3
2009	12 016. 6	900. 3	9 690. 7
2010	15 779. 3	1 057. 4	10 748. 0
2011	18 986. 0	1 239. 9	11 987. 9

资料来源：根据商务部外资和外贸统计数据整理计算。

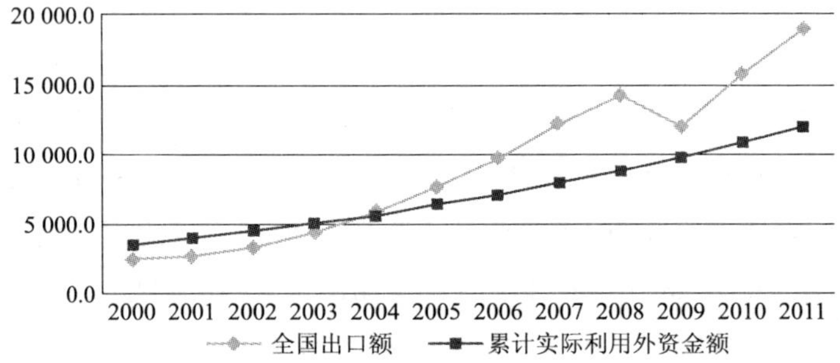

图 4-1　2000—2011 年我国出口额与 FDI 实际流入累计额

2011 年我国出口企业性质见表 4-2。在该年 18 986. 0 亿美元的出口总值当中，国有企业出口额为 2 672. 2 亿美元，占全国出口总值的 14. 07%（2010 年为 14. 85%），外商投资企业出口额为 9 953. 3 亿美元，占全国出口总值的 52. 42%（2010 年为 54. 65%），其他企业出口额为 6 360. 5 亿美元，占全国出口总值的 33. 50%（2010 年为 30. 5%）。显然，2011 年我国一半以上的出口仍然主要是由外商投资企业完成（见图 4-2）。

纵向对比 2000 年以来的同类指标可以看出（见表 4-3），外商投资企业出口占我国总出口的比重从 2001 年突破 50%，此后不断上升，2004—2007 年达到 57%—58%，2008 年以来比重略有回落，如 2008—2009 年，外商投资企业出口占全国出口的比重都维持在 55% 左右，但 2011 年该比重进一步降至 52. 42%。这说明，“入世”以来，尽管外资在我国出口贸易中发挥的作用越来越大，但其出口在全国的占比近年来仍有微幅下降。

上述现象的出现，与我国近年来积极推进对外贸易转型升级密不可分。2007年7月，国家商务部、海关总署联合发布公告，严格限制“两高一资”产品出口；2012年1月，国家发改委、商务部公布新的《外商投资产业指导目录(2011年修订)》，进一步明确了国家希望外资逐渐向高附加值产业转移的导向。此外，随着人民币升值以及国内劳工成本的上涨，部分外商投资企业的出口产品竞争力下降。各种因素综合作用，对于外商投资企业的大量加工贸易出口无疑具有限制作用，因此，我国外商投资企业出口占全国总出口的比重自2008年以来逐步下调，应该说是我国转变外贸增长方式、提高外资质量过程中的一个必然现象。

表4－2　　2011年我国出口企业性质分类

（单位：亿美元;%）

出口	金额	同比变化	所占比重
总值	18 986.0	20.3	100
其中：国有企业	2 672.2	14.1	14.07
外商投资企业	9 953.3	15.4	52.42
其他企业	6 360.5	32.2	33.50

资料来源：海关总署。

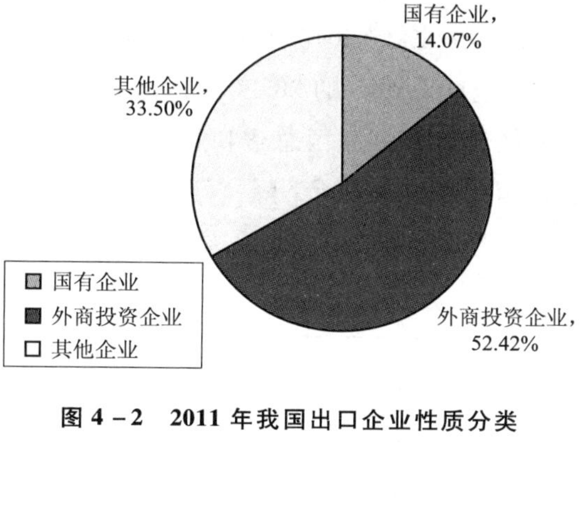

图4－2　2011年我国出口企业性质分类

表 4－3　　2000—2011 年外商投资企业出口占全国总出口比重

（金额单位：亿美元;%）

年份	进出口			出口		
	全国	外商投资企业	比重	全国	外商投资企业	比重
2000	4 743.08	2 367.14	49.91	2 492.12	1 194.41	47.93
2001	5 097.68	2 590.98	50.83	2 661.55	1 332.35	50.06
2002	6 207.85	3 302.23	53.19	3 255.69	1 699.37	52.2
2003	8 512.1	4 722.55	55.48	4 383.74	2 403.41	54.83
2004	11 547.93	6 631.63	57.43	5 933.68	3 386.06	57.07
2005	14 221.18	8 317.22	58.48	7 619.99	4 442.09	58.29
2006	17 606.86	10 364.44	58.87	9 690.73	5 638.28	58.18
2007	21 744.35	12 568.52	57.8	12 181.51	6 958.98	57.13
2008	25 616.32	14 105.76	55.08	14 285.46	7 906.2	55.35
2009	22 072.66	12 174.37	55.16	12 016.63	6 722.3	55.94
2010	29 727.6	16 003.1	53.83	15 779.3	8 623.1	54.65
2011	36 420.6	18 601.6	51.07	18 986.0	9 953.3	52.42

资料来源：中华人民共和国商务部《中国外资统计 2012》；海关总署。

2. 外商直接投资与我国进口贸易规模

2011 年我国进口企业性质见表 4－4 和图 4－3。在 2011 年全国进口总值的 17 434.6 亿美元中，外商投资企业进口额为 8 648.3 亿美元，在全国进口总额中所占比重跌破 50%，降为 49.6%（2010 年为 52.91%）；其次是国有企业，进口额为 4 934.0 亿美元，占全国总进口的 28.30%，比重略有上调；最后是其他企业，进口额为 3 852.3 亿美元，占全国总进口的 22.10%（2010 年为 19.3%）。虽然外商投资企业进口额所占比重有所下降，但仍然远高于其他企业。

表 4－4　　2011 年我国进口企业性质分类

（单位：亿美元;%）

进　口	金额	同比变化	所占比重
总值	17 434.6	24.9	100
其中：国有企业	4 934.0	27.1	28.30

续表

进　口	金额	同比变化	所占比重
外商投资企业	8 648.3	17.1	49.60
其他企业	3 852.3	42.9	22.10

资料来源：根据商务部外贸统计数据整理计算。

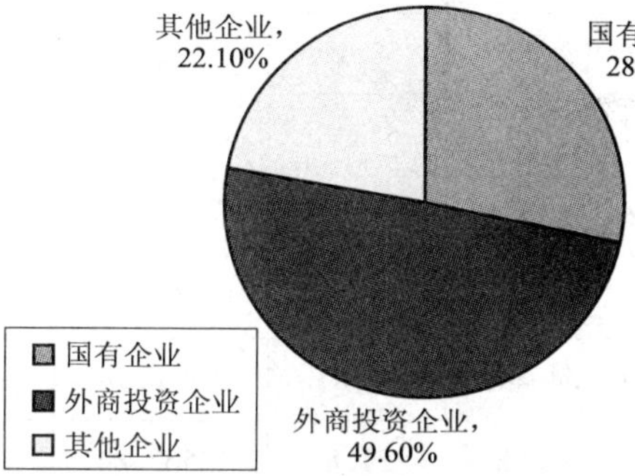

图4-3　2011年我国进口企业性质分类

表4-5进一步说明，改革开放特别是2001年以来，外商投资企业逐步成为我国进出口贸易的主体。2001—2011年，外商投资企业的进出口始终占居我国进出口总额的50%—58%左右，可以说，多年来我国进出口贸易规模的扩大，很大程度上归功于外商投资企业。

纵观2000—2011年外商投资企业进口占全国进口总额的比重数据（见表4-5），我们发现2004—2007年，我国外商投资企业进口比重接近60%，之后有所下降，2011年的比重降为不足50%。

我国外商投资企业主要以加工贸易为主，全球金融危机以来，世界经济形势低迷，我国主要贸易伙伴经济增长动能不足，国际需求下滑。再加上国内外贸相关政策的调整和成本上涨因素的影响，我国出口产品竞争力下降。加工贸易以“大进大出”为主要特点，在外商投资企业出口下滑的同时，直接影响到其对原材料进口等的需求，导致当前外商投资企业进口比重与出口比重都在微幅下降。

表 4－5　　2000—2011 年外商投资企业进出口情况及其占全国比重

（金额单位：亿美元；%）

年份	进出口			进口		
	全国	外资企业	比重	全国	外资企业	比重
2000	4 743.08	2 367.14	49.91	2 250.97	1 172.23	52.08
2001	5 097.68	2 590.98	50.83	2 436.13	1 258.63	51.7
2002	6 207.85	3 302.23	53.19	2 952.16	1 602.86	54.29
2003	8 512.1	4 722.55	55.48	4 128.36	2 319.14	56.18
2004	11 547.93	6 631.63	57.43	5 614.24	3 245.57	57.81
2005	14 221.18	8 317.22	58.48	6 601.19	3 875.13	58.7
2006	17 606.86	10 364.44	58.87	7 916.14	4 726.16	59.7
2007	21 744.35	12 568.52	57.8	9 562.84	5 609.54	58.66
2008	25 616.32	14 105.76	55.07	11 330.86	6 199.56	54.71
2009	22 072.66	12 174.37	55.16	10 056.03	5 452.07	54.22
2010	29 727.62	16 003.07	53.83	13 948.3	7 380.01	52.91
2011	36 420.6	18 601.6	51.07	17 434.6	8 648.3	49.60

资料来源：根据中华人民共和国商务部外贸统计数据和《中国外资统计 2012》整理计算。

综上，虽然外商直接投资企业进出口在我国对外贸易中起着举足轻重的作用，但我国外商直接投资企业进、出口额所占比重自 2006 年以来呈现出逐渐下滑的态势（见图 4－5）。与此同时，我们也应该注意到，2000—2008 年，我国外商直接投资企业进出口占比要高于其出口占比，但 2008 年以后，这一情况发生了逆转。同样是在 2008 年，我国加工贸易出口占比跌破 50%，降为 47.26%（见表 4－6）。笔者认为，出现这种情况主要是由加工贸易“大进大出”的特点造成的。2008 年之前，我国加工贸易出口占比大于一般贸易出口占比，而大部分的加工贸易又是由外商直接投资企业完成的，其他国内企业主要从事一般贸易，所以外商直接投资企业的进口需求较大，占比较高。2008

年以后，国内劳工、环境、资源能源的矛盾日益突出，加工贸易出口与一般贸易出口逐步趋向平衡，部分外资企业也开始向一般贸易转型，最终造成其出口占比反超进口占比的情况。总体而言，近年来，我国外商直接投资企业进、出口占比基本维持在50%左右。

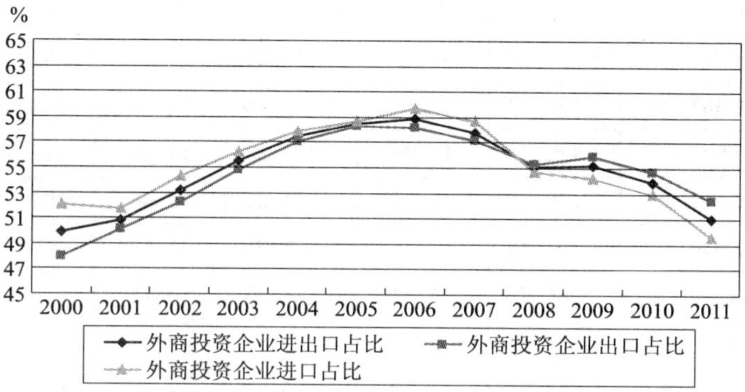

图4－4 2000—2011年我国外商直接投资企业进出口占比情况

4.1.2 外商直接投资与我国对外贸易转型升级

1. FDI促进我国贸易方式结构均衡发展

20世纪90年代以来，加工贸易一直是我国进出口贸易的主要方式。我国的大部分加工贸易企业凭借微弱的劳动力成本优势加工、组装和生产低技术含量、低附加值和高污染的产品，缺乏核心竞争力，也没有自己的品牌和营销渠道。虽然从某一特定的历史时期来看，大力发展加工贸易有助于我国对外贸易规模的扩张，但从长期来看，过分依赖加工贸易并不利于我国对外贸易的可持续发展。近年来，随着我国逐步转变粗放型外贸增长方式，积极推进对外贸易转型升级，加工贸易在我国进出口贸易所占的比重正逐渐下降。

出口方面：多年来，加工贸易出口在我国外贸出口总值中所占的比重持续保持50%以上，2001—2005年甚至达到55%左右（见图4－5）。一般贸易出口占比基本在42%上下浮动，总体保持上升态势。2011年，一般贸易出口占比实现反超，比加工贸易出口占比高出4个多百分点。可见，2008年以来，我国出口长期以加工贸易为主要方式的局面已悄然转变，“一般贸易与加工贸易两种方式均衡发展”的格局已然形成。

表 4-6　　2001—2011 年我国出口分贸易方式

（单位：亿美元;%）

年份	出口总额	一般贸易出口		加工贸易出口		其他贸易出口	
		金额	比重	金额	比重	金额	比重
2001	2 660.98	1 118.81	42.05	1 474.34	55.41	67.83	2.55
2002	3 255.96	1 361.87	41.83	1 799.27	55.26	94.82	2.91
2003	4 383.71	1 820.34	41.53	2 418.49	55.17	144.88	3.30
2004	5 933.69	2 436.35	41.06	3 279.88	55.28	217.45	3.66
2005	7 619.99	3 150.91	41.35	4 164.81	54.66	304.27	3.99
2006	9 690.73	4 163.18	42.96	5 103.75	52.67	423.8	4.37
2007	12 180.15	5 385.76	44.22	6 176.56	50.71	617.83	5.07
2008	14 285.46	6 625.84	46.38	6 751.83	47.26	907.79	6.35
2009	12 016.63	5 298.33	44.09	5 869.81	48.85	848.49	7.06
2010	15 779.3	7 207.30	45.68	7 403.30	46.92	1 168.70	7.41
2011	18 986.0	9 171.24	48.31	8 354.16	44.00	1 460.6	7.69

资料来源：根据商务部外贸统计数据整理计算。

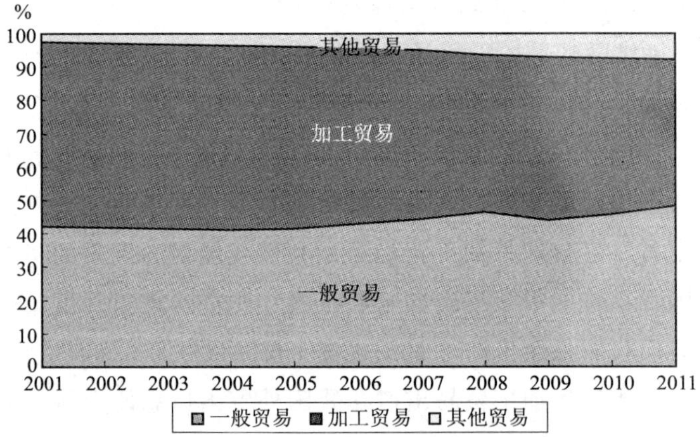

图 4-5　2001—2011 年我国出口贸易方式变化

进口方面：与出口情形相似，近几年加工贸易在我国进口贸易方式中所占的比重也在下降，而一般贸易方式所占的比重在逐渐上升（见表 4-7 和图 4-6）。2005—2006 年，我国一般贸易进口占比 42% 左右，加工贸易进口占比 41% 左右，二者相对平衡，但2007年以来，加工贸易进口比重不断下降，2007年为38.54%，2011年降至26.95%；一般贸易进口比重趋于上升，2007年为44.85%，2011年维持涨势达到57.78%。

因此，加工贸易所占比重下降、一般贸易所占比重上升，是近年来我国进出口贸易方式变化的主要特征。截至2011年，一般贸易和加工贸易两种方式在我国出口贸易中的比重趋于均衡，而在我国进口贸易中，一般贸易已超过加工贸易，成为我国进口贸易的主要方式。

表4－7　　2005—2011年我国进口分贸易方式

（单位：亿美元;%）

年份	进口总值	一般贸易进口		加工贸易进口	
		金额	比重	金额	比重
2005	6 601.19	2 797.2	42.37	2 740.3	41.51
2006	7 916.14	3 331.8	42.09	3 214.9	40.61
2007	9 562.84	4 286.5	44.85	3 684.00	38.54
2010	13 948.3	7 679.8	55.06	4 174.3	29.93
2011	17 434.6	10 074.6	57.78	4 698.0	26.95

资料来源：根据商务部各年外贸统计数据整理计算。

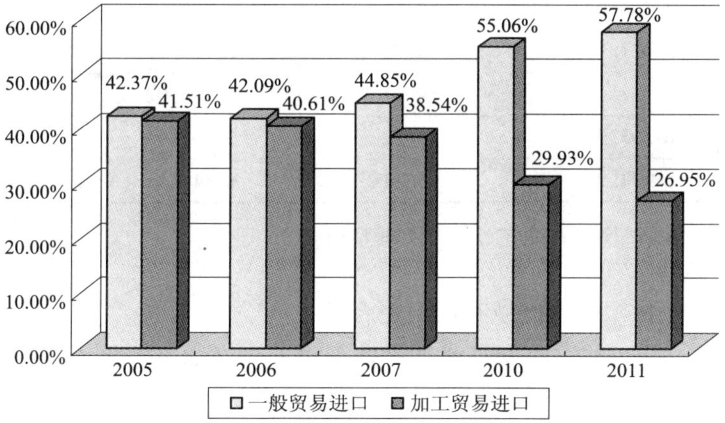

图4－6　2005—2011年我国进口分贸易方式

在我国加工贸易发展历程中，外商投资企业体现出了一种绝对优势。表4－8是2005—2011年我国外商投资企业加工贸易进出口情况统计。从中可知，2005—2011年，无论是出口还是进口，外商投资企业的加工贸易在全国加工贸易中所占的比重都高达80%以上，这充分说明：我国绝大多数的加工贸易其实主要是由外商投资企业完成；作为我国加工贸易的主导力量，如果说外商投资企业对于我国持续多年的以加工贸易为主的贸易发展格局的形成至关重要，那么外商投资企业对近年来我国外贸方式的均衡发展也发挥着积极的作用。调查研究显示，自2008年金融危机以来，国内众多外资企业纷纷改变过去单纯加工制造的经营模式，通过创新自主品牌、建立营销渠道，开始走转型升级之路①。

鉴于外商投资企业在我国加工贸易发展中所占据的特殊地位，外资企业的转型升级在一定程度上也带动着我国众多本土加工贸易企业开始寻求可持续发展的路径。

表4－8　2005—2011年外商投资企业加工贸易进出口额及占全国比重

（金额：亿美元;%）

年份	加工贸易出口		加工贸易进口	
	外商投资企业	占全国比重	外商投资企业	占全国比重
2005	3 466.29	83.23	2 312.46	84.39
2006	4 311.63	84.48	2 743.87	85.59
2007	5 214.62	84.43	3 096.65	84.06
2008	5 721.95	84.75	3 184.09	84.15
2009	4 937.02	84.11	2 708.02	84.01
2010	6 205.38	83.82	3 504.01	83.94
2011	6 993.25	83.71	3 849.52	81.94

资料来源：根据商务部外资统计各年数据整理。

2. FDI推动我国外贸区域布局更趋合理

得益于良好的投资环境和低廉的劳动力成本，东部沿海省市长期以来都是我

① 李映民，李纯．东莞外资企业走转型升级之路，自建品牌开拓内销．中国新闻网［z］．2012年9月18日．

国吸收外商直接投资的中心地带。然而，近年来随着我国“西部大开发”战略和“中部崛起”战略的逐步推进，以及中西部省市投资环境的逐步改善，外商直接投资严重向东部倾斜的情况正逐步发生变化。

与外商直接投资的区域布局类似，东部沿海省市也一直是我国对外贸易进出口的中坚力量。2005年，仅广东省的进出口额就占据了全国进出口总额的30.1%，而四川、重庆等西部省市所占比重大多不足1%（见表4－9）。近几年来，随着外商直接投资逐步向中西部转移，我国对外贸易区域布局也逐步发生了变化。2005—2011年，广东、上海进出口额占比分别下降了5.0个和1.1个百分点，与此同时，四川、重庆、山西等中西部地区的占比均不同程度出现上调（见图4－7）。

表4－9　　各地区进出口总额占比情况

（单位:%）

地区	2005年	2006年	2007年	2008年	2009年	2010年	2011年
北京	8.83	8.98	8.88	10.60	9.73	10.15	10.70
天津	3.75	3.66	3.29	3.14	2.89	2.76	2.84
河北	1.13	1.05	1.17	1.50	1.34	1.41	1.47
山西↑	0.39	0.38	0.53	0.56	0.39	0.42	0.40
内蒙古	0.34	0.34	0.36	0.35	0.31	0.29	0.33
辽宁	2.88	2.75	2.74	2.83	2.85	2.71	2.64
吉林	0.46	0.45	0.47	0.52	0.53	0.57	0.61
黑龙江	0.67	0.73	0.80	0.90	0.74	0.86	1.06
上海↓	13.10	12.92	13.01	12.56	12.58	12.41	12.01
江苏	16.03	16.13	16.08	15.30	15.34	15.66	14.82
浙江	7.55	7.90	8.14	8.24	8.50	8.53	8.50
安徽	0.64	0.70	0.73	0.79	0.71	0.82	0.86
福建	3.83	3.56	3.42	3.31	3.61	3.66	3.94
江西	0.29	0.35	0.43	0.53	0.58	0.73	0.86
山东	5.40	5.41	5.63	6.18	6.30	6.36	6.48
河南	0.54	0.56	0.59	0.68	0.61	0.60	0.90
湖北	0.64	0.67	0.68	0.81	0.78	0.87	0.92

续表

地区	2005 年	2006 年	2007 年	2008 年	2009 年	2010 年	2011 年
湖南	0.42	0.42	0.45	0.49	0.46	0.49	0.52
广东↓	30.10	29.95	29.18	26.72	27.68	26.39	25.08
广西	0.36	0.38	0.43	0.52	0.65	0.60	0.64
海南	0.18	0.16	0.16	0.18	0.22	0.29	0.35
重庆↑	0.30	0.31	0.34	0.37	0.35	0.42	0.80
四川↑	0.56	0.63	0.66	0.86	1.09	1.10	1.31
贵州	0.10	0.09	0.10	0.13	0.10	0.11	0.13
云南	0.33	0.35	0.40	0.37	0.36	0.45	0.44
西藏	0.01	0.02	0.02	0.03	0.02	0.03	0.04
陕西	0.32	0.30	0.32	0.32	0.38	0.41	0.40
甘肃↑	0.18	0.22	0.25	0.24	0.18	0.25	0.24
青海	0.03	0.04	0.03	0.03	0.03	0.03	0.03
宁夏	0.07	0.08	0.07	0.07	0.05	0.07	0.06
新疆	0.56	0.52	0.63	0.87	0.63	0.58	0.63

资料来源：根据中国统计年鉴及中经网统计数据计算汇总。

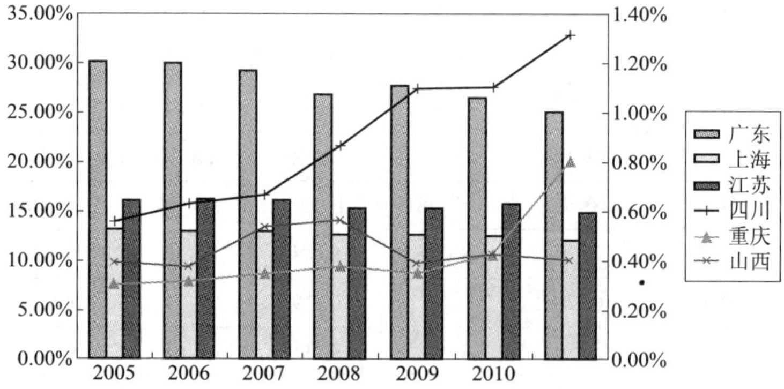

图 4-7　我国部分省市进出口占比情况

从出口占比来看，由于东部沿海省市累计吸收外商直接投资占比较高，已经形成了一定的固定产能，所以部分省市的出口占比仍存有上浮空间。但与此同时，我们也应注意到诸如广东、上海等外贸大省的出口额所占比重已经开始出现下滑迹象。特别是广东省的出口占比由 2005 年的 31.26% 降至 2011 年的 28.02%，降幅达 3 个多百分点（见表 4-10 和图 4-8）。而四川、广西、云南、重庆等中西部省市出口所占比重虽然相对较低，但也逐渐进入上升通道。以四川省为例，2005 年，四川省出口占比仅为 0.62%，到 2011 年已经上升到 1.53%。

表 4-10　　各地区出口总额占比情况

（单位:%）

地区	2005 年	2006 年	2007 年	2008 年	2009 年	2010 年	2011 年
北京	4.05	3.92	4.02	4.02	4.03	3.51	3.11
天津	3.59	3.46	3.13	2.94	2.49	2.38	2.34
河北	1.43	1.32	1.40	1.68	1.31	1.43	1.50
山西	0.46	0.43	0.54	0.65	0.24	0.30	0.29
内蒙古	0.23	0.22	0.24	0.25	0.19	0.21	0.25
辽宁	3.08	2.92	2.90	2.94	2.78	2.73	2.69
吉林	0.32	0.31	0.32	0.33	0.26	0.28	0.26
黑龙江	0.80	0.87	1.01	1.17	0.84	1.03	0.93
上海↓	11.91	11.72	11.81	11.82	11.80	11.45	11.04
江苏	16.14	16.56	16.72	16.64	16.58	17.15	16.47
浙江	10.08	10.41	10.53	10.78	11.07	11.44	11.40
安徽	0.68	0.71	0.72	0.79	0.74	0.79	0.90
福建	4.57	4.26	4.10	3.98	4.44	4.53	4.89
江西	0.32	0.39	0.45	0.54	0.61	0.85	1.15
山东	6.05	6.05	6.17	6.51	6.62	6.61	6.62
河南	0.67	0.68	0.69	0.75	0.61	0.67	1.01
湖北	0.58	0.65	0.67	0.82	0.83	0.92	1.03
湖南	0.49	0.53	0.54	0.59	0.46	0.50	0.52
广东↓	31.26	31.16	30.33	28.35	29.87	28.72	28.02
广西↑	0.38	0.37	0.42	0.51	0.70	0.61	0.66

续表

地区	2005 年	2006 年	2007 年	2008 年	2009 年	2010 年	2011 年
海南	0.13	0.14	0.11	0.11	0.11	0.15	0.13
重庆↑	0.33	0.35	0.37	0.40	0.36	0.47	1.04
四川↑	0.62	0.68	0.71	0.92	1.18	1.19	1.53
贵州↑	0.11	0.11	0.12	0.13	0.11	0.12	0.16
云南↑	0.35	0.35	0.39	0.35	0.38	0.48	0.50
西藏	0.02	0.02	0.03	0.05	0.03	0.05	0.06
陕西	0.40	0.37	0.38	0.38	0.33	0.39	0.37
甘肃	0.14	0.16	0.14	0.11	0.06	0.10	0.11
青海	0.04	0.06	0.03	0.03	0.02	0.03	0.03
宁夏	0.09	0.10	0.09	0.09	0.06	0.07	0.08
新疆↑	0.66	0.74	0.94	1.35	0.91	0.82	0.89

资料来源：根据中国统计年鉴及中经网统计数据计算汇总。

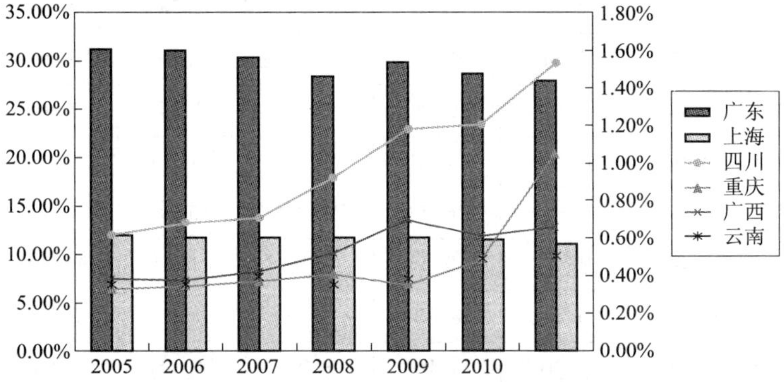

图 4－8　我国部分省市进出口占比情况

此外，具体从部分省市外商投资企业的进、出口情况来看（见图 4－9 和图 4－10），中西部省市外商投资企业的进、出口增速表现同样优于东部沿海省市。从出口增速来看（见图 4－9），2011 年，重庆、四川的出口增速遥遥领先，特别是重庆市的出口增速一度达到 300% 以上（2011 年 11 月）。从进口增速来看（见图 4－10），情况与出口增速类似。2006 年以来，四川和重庆等中西部省市的进口增速在多数年份要快于东南沿海地区的进口增速。这也从一个侧面说明了我国加工贸易正逐步向中西部地区转移，在拉动当地出口增长的同时也在提高其进口水平。

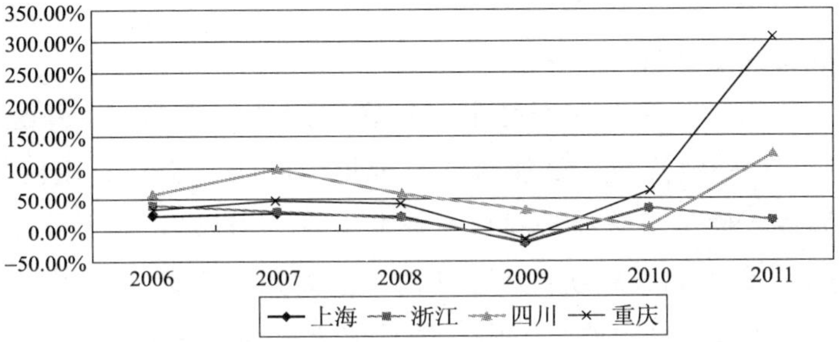

图4－9 2006—2011年部分省市外商投资企业出口增速情况

数据来源：中宏数据库。

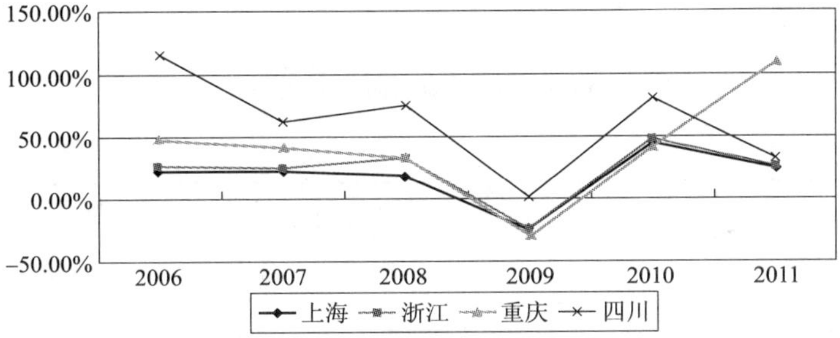

图4－10 2006—2011年部分省市外商投资企业进口增速情况

数据来源：中宏数据库。

综上分析，我国外贸区域布局与外资区域布局存在明显的正相关性，我国外资区域布局的逐步优化对于推动我国外贸区域合理布局发挥着重要作用。外商直接投资向中西部地区布局也反应出我国加工贸易逐步向中西部地区转移的趋势。2012年4月，惠普、富士康将年产3 000万台打印机的生产基地项目落户重庆①，这不仅为当地创造了大量就业机会，同时也将发挥产业集聚效应，吸引其他代工厂跟进投资，推动当地外贸发展。

① 程维．惠普富士康在重庆投资“加码”：建设打印机基地．第一财经日报［N］．2012年4月18日．

4.2 外商直接投资与我国国际收支

4.2.1 中国国际收支的结构变迁

1. 国际收支主要状况

2011年，我国克服国内外不稳定、不确定因素的影响，涉外经济继续保持健康发展势头。对外经济交往更加活跃，全年国际收支交易总规模较2010年增长22%。国际收支继续保持经常项目与资本项目“双顺差”，其中，经常项目顺差2017亿美元，资本和金融项目顺差2 211亿美元（见表4－11）。国际收支状况进一步改善，经常项目顺差与国内生产总值之比为2.8%，较2010年下降1.2个百分点；国际收支总顺差4 228亿美元，下降19%。跨境资本流动波动较大，由前三季度资本净流入同比增长62%，转为第四季度净流出290亿美元；交易形成的外汇储备增加额由前三季度同比多增888亿美元，转为全年少增847亿美元。

表4－11　　2011年中国国际收支平衡表

（单位：亿美元）

项　目	行次	差额	贷方	借方
一、经常项目	1	2 017	22 868	20 851
A. 货物和服务	2	1 883	20 867	18 983
a. 货物	3	2 435	19 038	16 603
b. 服务	4	－552	1 828	2 381
1. 运输	5	－449	356	804
2. 旅游	6	－241	485	726
3. 通讯服务	7	5	17	12
4. 建筑服务	8	110	147	37
5. 保险服务	9	－167	30	197
6. 金融服务	10	1	8	7
7. 计算机和信息服务	11	83	122	38

续表

项　　目	行次	差额	贷方	借方
8. 专有权利使用费和特许费	12	-140	7	147
9. 咨询	13	98	284	186
10. 广告、宣传	14	12	40	28
11. 电影、音像	15	-3	1	4
12. 其他商业服务	16	140	323	183
13. 别处未提及的政府服务	17	-3	8	11
B. 收益	18	-119	1 446	1 565
1. 职工报酬	19	150	166	16
2. 投资收益	20	-268	1 280	1 549
C. 经常转移	21	253	556	303
1. 各级政府	22	-26	0	26
2. 其他部门	23	278	556	277
二、资本和金融项目	24	2 211	13 982	11 772
A. 资本项目	25	54	56	2
B. 金融项目	26	2 156	13 926	11 770
1. 直接投资	27	1 704	2 717	1 012
1.1 我国在外直接投资	28	-497	174	671
1.2 外国在华直接投资	29	2 201	2 543	341
2. 证券投资	30	196	519	323
2.1 资产	31	62	255	192
2.1.1 股本证券	32	11	112	101
2.1.2 债务证券	33	51	143	91
2.1.2.1（中）长期债券	34	50	137	88
2.1.2.2 货币市场工具	35	2	5	4
2.2 负债	36	134	265	131
2.2.1 股本证券	37	53	152	99

续表

项　　目	行次	差额	贷方	借方
2.2.2 债务证券	38	81	113	32
2.2.2.1（中）长期债券	39	30	61	32
2.2.2.2 货币市场工具	40	51	51	0
3. 其他投资	41	255	10 690	10 435
3.1 资产	42	-1 668	1 088	2 756
3.1.1 贸易信贷	43	-710	0	710
长期	44	-14	0	14
短期	45	-695	0	695
3.1.2 贷款	46	-453	61	513
长期	47	-433	8	441
短期	48	-20	53	73
3.1.3 货币和存款	49	-987	501	1 489
3.1.4 其他资产	50	482	526	44
长期	51	0	0	0
短期	52	482	526	44
3.2 负债	53	1 923	9 602	7 679
3.2.1 贸易信贷	54	380	454	74
长期	55	6	8	1
短期	56	374	447	73
3.2.2 贷款	57	1 051	7 343	6 292
长期	58	130	538	408
短期	59	920	6 805	5 884
3.2.3 货币和存款	60	483	1 719	1 237
3.2.4 其他负债	61	10	86	76
长期	62	-15	24	39
短期	63	24	61	37

续表

项　　目	行次	差额	贷方	借方
三、储备资产	64	-3 878	10	3 888
3.1 货币黄金	65	0	0	0
3.2 特别提款权	66	5	5	0
3.3 在基金组织的储备头寸	67	-34	6	40
3.4 外汇	68	-3 848	0	3 848
3.5 其他债权	69	0	0	0
四、净误差与遗漏	70	-350	0	350

注：1. 本表计数采用四舍五入原则；

2. 本表2011年数据由各季度数据累加而成。

国际收支平衡表中资本和金融项目下的外国在华直接投资可以直接反映外资流入的状况，其贷方表示外国投资者在我国设立外商投资企业的投资，包括股本金、收益再投资和其他资本；借方表示外商企业的撤资和清算资金汇出我国。2011年，外国来华直接投资流入及净流入均有所下降，其中，我国来华直接投资流入2 543亿美元，较上年减少4%；净流入2 201亿美元，较上年减少10%，但仍居历史高位（见图4-11）。

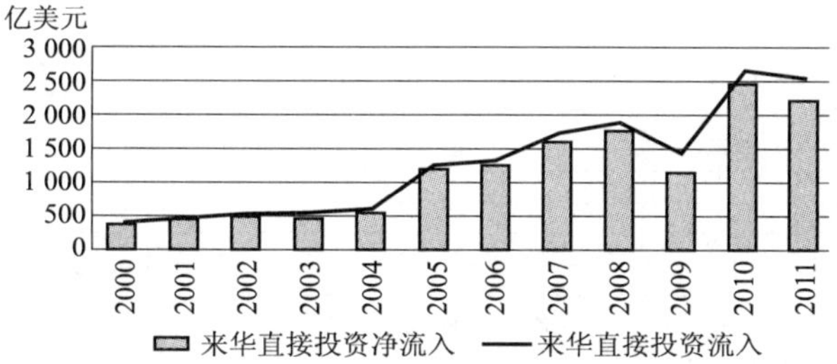

图4-11　2000—2011年我国来华直接投资流入及净流入情况

数据来源：国家外汇管理局。

2. 国际收支发展特征

（1）国际收支失衡的基本态势未变

国际收支双顺差是国际经济失衡的重要表现，双顺差表明失衡状况还在延续。在国际上，人们在讨论中国国际收支不平衡问题时只看到中国有大量贸易顺差、经常项目顺差，而忽略了中国的资本和金融项目顺差。

2008 年金融危机后，中国贸易顺差、经常账户大规模顺差格局基本结束。比较优势所支撑的加工贸易仍将持续为中国贡献贸易顺差，但自 2009 年一般贸易出现 20 亿美元净逆差之后，2010 年、2011 年一般贸易已经各实现了贸易逆差 460 亿美元、876 亿美元。一般贸易逆差的持续累积，将持续拉低中国贸易顺差规模。不仅于此，随着大量 FDI 存量余额在中国所获得收益的渐次汇出，收益项下的净逆差将持续拉低中国经常账户的总顺差水平。这一转折已经实现，甚至不排除中国将出现总体经常账户的净逆差。近年来，中国的资本和金融项目顺差占国际收支总差额的比重不断扩大，从 2008 年的 10.1%，扩大到 2011 年的 52.3%。这增加了国内的通胀压力，也直接增大了投机泡沫。在许多年份中，中国外汇储备增加的主要来源并不是经常项目顺差，而是资本项目顺差。2012 年，预计我国国际收支仍总体保持顺差格局，但顺差规模将继续稳步回落，短期波动可能加大。

（2）经常项目收支状况进一步改善

2011 年，我国经常项目顺差较上年下降 15%，与 GDP 之比为 2.8%，较 2010 年下降 1.2 个百分点（见图 4－12）。2011 年一季度我国出现了六年以来首次季度贸易逆差，逆差超过 10 亿美元。而经常项目顺差占 GDP 的比重也有望进一步回落，这表明我国经济增长正在从外需拉动转向内外需均衡拉动，国际收支状况改善。

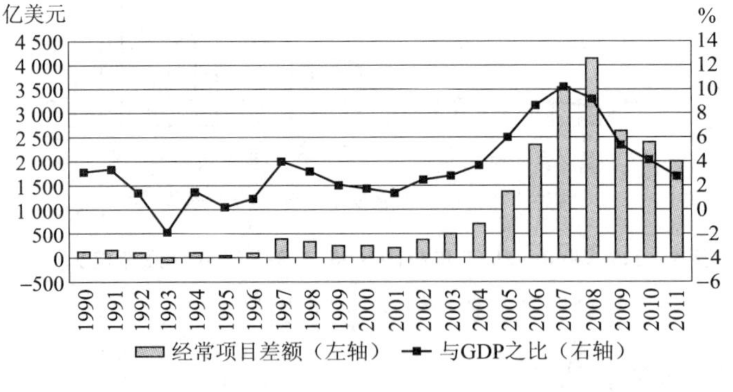

图 4－12　1990—2011 年经常项目差额及其与 GDP 之比

数据来源：海关总署，国家统计局。

2008年以来，我国经常项目顺差与GDP之比逐步降至国际公认的合理区间。欧盟2011年12月出台了旨在提高经济财政一体化程度的“六项规则”，其中一项预警指标是经常项目逆差与GDP之比不应超过4%，顺差占比不应超过6%。

经常项目收支是中国对外经济交往的主要形式，也是国际收支顺差、外汇储备增长的主要来源（见表4－12和图4－12）。经常项目大额顺差是中国2005年以来才有的现象，以前是顺差和逆差交替出现且规模及占比均不大（见图4－12）。2008年以来，受周期和结构性因素的共同影响，中国经常项目顺差规模及其占GDP之比逐年下降，现已回落到国际认可的合理水平。但由于资本流出渠道不足，相关政策支持尚不到位，民间对外投资特别是金融投资水平较低，无法完全消化经常项目顺差，客观上造成国际收支“双顺差”、外汇储备继续较快增长。

表4－12　　2005—2011年国际收支顺差结构

（单位：亿美元;%）

项　　目	2005年	2006年	2007年	2008年	2009年	2010年	2011年
国际收支总差额	2 351	2 854	4 491	4 587	4 420	5 247	4 228
经常项目差额	1 341	2 327	3 540	4 124	2 611	2 378	2 017
占国际收支总差额比重	57.0	81.5	78.8	89.9	59.1	45.3	47.7
与GDP之比	5.9	8.6	10.1	9.1	5.2	4.0	2.8
资本和金融项目差额	1 010	526	951	463	1 808	2 869	2 211
占国际收支总差额比重	43.0	18.4	21.2	10.1	40.9	54.7	52.3
与GDP之比	4.5	1.9	2.7	1.0	3.6	4.8	3.0

数据来源：国家外汇管理局，国家统计局。

（3）跨境资本波动较大

2011年，资本和金融项目交易规模2.58万亿美元，占我国国际收支总规模的37%（见图4－13）；经常项目交易规模4.37万亿美元，占我国国际收支交易总规模的63%，与资本和金融项目交易规模占比相差26个百分点，差距较2001年缩小了32个百分点。2011年，资本和金融项目顺差占国际收支总顺差的52%，连续第二年超过经常项目顺差成为外汇储备增加的主要来源（见表4－12）。

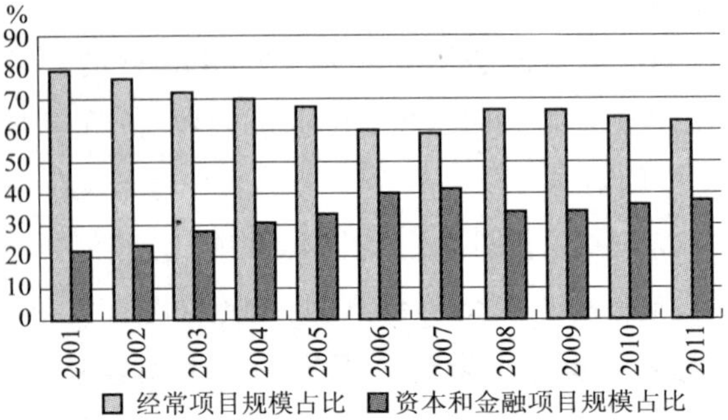

图 4－13　2001—2011 年经常项目与资本和金融项目交易规模占比

数据来源：海关总署，国家统计局。

2011 年前三季度，国际通行口径的跨境资本净流入 2 500 亿美元，较 2010 年同期增长 62%。第四季度，在美欧主权债务危机影响下，国际资本避险情绪加重，跨境资金净流入套利倾向减弱，资本和金融项目转为净流出 290 亿美元。全年，我国资本和金融项目顺差 2 211 亿美元，较上年减少 23%，与同期 GDP 之比为 3.0%，比 2010 年下降 1.8 个百分点（见表 4－12）。2011 年，我国交易引起的外汇储备由前三季度同比多增 888 亿美元转为全年少增 847 亿美元。[①]

4.2.2　外商直接投资对国际收支“双顺差”的影响

1. 外商直接投资是导致国际收支“双顺差”的主要原因

外商投资企业主导了我国 55% 左右的对外贸易，其中 60% 以上为加工贸易。外商投资企业在我国形成强大制造能力，大量出口具有比较优势的劳动密集型产品和中低端的高新技术产品，使我国出口规模持续膨胀。2011 年，外商投资企业进出口总额 18 601.7 亿美元，占我国外贸总额的 51.1%。

20 世纪 90 年代中期以来，加工贸易占据我国外贸的“半壁江山”，其中 80% 以上为外商直接投资经营。由于加工贸易的存在，我国从日、韩等周边国家和地区大量进口加工装配用的原材料和零部件，加工为成品或半成品后出口到欧美等国家和地区，造成了原来属于周边国家和地区对欧美的贸易顺差“转移”到我国内地。所以，外商投资企业通过加工贸易给我国“制造”和“转来”了

① 资料来源：《2011 年中国国际收支报告》。

大量的贸易顺差。

同时，加工贸易赚取的是出口和进口之间的增值部分，这决定了加工贸易必然出现顺差。随着加工贸易在中国贸易中所占份额的不断上升，中国经常项目盈余必然持续增长。2011年，我国出口贸易总额为18 986亿美元，加工贸易出口额为8 354亿美元，占出口总额的44%，其中加工贸易出口约80%来自外商投资企业。

外商投资企业不仅取得了加工贸易利润的较大份额，还通过转移定价等方式获益，我国只得到很小比例的工缴费收入。同时，随着外商直接投资高位增长，对贸易顺差的贡献不断增大。我国形成了以外资企业为主的加工贸易基地，且供应链不断延长，附加值不断提高。外国直接投资企业在我国的生产和销售大幅增加，其产品部分替代了中国的进口，减少我国进口项目和经常项目顺差增加。可见，中国的双顺差是直接与外商直接投资和加工贸易相关的。

外商直接投资的挤出效应也是造成中国出现大量双顺差的重要原因。一方面，国内外投资回报率差异较大，一般跨国公司在华投资的回报率是22%，而中国购买美国国债，收益是3% –4%，因此发达国家的资金更愿意进入中国；另一方面，我国有大量的引资优惠政策，而这些优惠条件往往被外资企业得到，使得外商投资项目的回报率进一步提高。

此外，由于主要发达国家经济前景堪忧，国际资本纷纷逃离美元资产，逃离欧元资产，逃离日元资产，中国稳定的宏观经济环境和人民币升值预期会吸引国际资本不断进入中国。

2. 外商直接投资影响国际收支的路径

(1) FDI对经常账户顺差的影响

FDI对经常账户的影响较为复杂。从国际收支平衡表来看，外资对经常项目的影响主要涉及贸易收支、投资收益借方和专有权利使用费和特许费三个项目，其中投资收益借方主要记载外资的利润、利息和股息收益；专有权利使用费和特许费借方主要记载外商投资企业在使用专利、版权、商标、特许权等无形资产时需向母公司支付费用，它们对经常项目产生的是逆差效应，因此，外资对经常项目顺差的影响主要是通过FDI的贸易效应，尤其是货物贸易效应体现出来的。

外商直接投资对东道国贸易收支的影响，可以分为直接效应和间接效应两个方面。所谓直接效应是指外商投资企业自身进出口对东道国进出口总量、进口、出口、净出口，乃至贸易结构、贸易条件所产生的影响。所谓间接效应是指由于外商直接投资的流入所导致的东道国当地企业对外贸易额的变化。

a. 直接效应

如前所述，2002 年以后，中国的对外贸易一直保持较高的增长速度，进出口总额从 2002 年的 6 207.85 亿美元，增加到 2011 年的 36 420.59 亿美元，平均每年增长 22.71%；出口额和进口额分别从 2002 年的 3 255.69 亿美元和 2 952.16 亿美元，增加到 2011 年的 18 986.0 亿美元和 17 434.59 亿美元，平均每年增长 22.70% 和 22.79%，其中，外商投资企业的进出口总额从 2002 年的 3 302.23 亿美元，增加到 2011 年的 18 601.56 亿美元，平均每年增长 22.33%，占全国进出口贸易总额的比重从 2002 年的 53.19%，微降至 2011 年的 51.07 %，其中出口和进口分别从 2002 年的 1 699.37 亿美元和 1 602.86 亿美元上升到 2011 年的 9 953.30 亿美元和 8 648.26 亿元，平均每年增长 22.91% 和 21.74%，占全国进口和出口的比重 2002 年为 54.29% 和 52.20%，到 2011 年的 49.60% 和 52.42%。

从海关统计数据看，外商直接投资对我国贸易顺差的贡献是显著的。1986 年，外商投资企业贸易逆差 18.21 亿美元，2011 年，外商投资企业创造贸易顺差 1 305.04 亿美元。这是由于在外资进入的初期，外国直接投资企业还不具备出口与生产能力，而同时又需要大量从母公司进口中间产品、资本及劳务，而 FDI 对我国的出口带动作用还没有体现出来，所以外资进入的初期对贸易差额的影响总体上是负面的。但随着 FDI 对出口带动作用逐步显现，对出口贸易的促进作用逐步超过对进口贸易的带动效应，从而导致贸易顺差的不断扩大。

b. 间接效应

外商投资的间接贸易效应很难通过数据直接加以计算。FDI 的间接效应主要表现在 FDI 对国际贸易产生的进口替代效应和技术溢出效应会进一步促进内资企业的对外贸易。

外商投资企业面向国内市场生产，替代了部分进口需求。随着外资企业规模的不断扩大和数量的迅速增加，其国内销售额也迅速增加，而外资企业多属于进口替代型企业，其在国内销售的迅速增加必然对我国进口产生一定的替代，扩大了我国对外贸易的顺差。钢材、汽车及零部件、机械设备、消费类电子产品、尿素等产品进出口态势已经发生了明显变化。

外商投资企业大举进入我国市场，与内资企业发生竞争与合作关系，产生了技术溢出效应，带动着内资企业技术、管理进步，许多内资企业加入到跨国公司的产业链条，推动了我国工业化进程。而我国在工业化加快发展中，技术进步和产业升级速度很快，不仅纺织、轻工、家电等具有比较优势的传统产业竞争力增强，信息通信等部分高新技术产品的竞争力也不断提升。不断扩张的生产能力，既为出口持续快速增长奠定了坚实的基础，出口规模扩大，也在一定程度上替代了进口，增加了贸易顺差。

（2）外商直接投资对资本和金融项目顺差的影响

资本和金融项目包括资本项目和金融项目两个子项目，由于我国资本项目未完全开放，所以FDI对资本和金融项目的影响主要体现在对金融项目的影响。而金融项目可分为直接投资、证券投资和其他投资项目。1992—2011年，直接投资项目长期保持顺差，成为资本项目长期顺差的主要来源。直接投资项目顺差主要来源于外商直接投资。1992—2011年，FDI净流入从112亿美元上升到2011年的2 201亿美元，FDI流入量增长幅度较大。而我国对外直接投资总体表现为规模较小，其增长速度缓慢，从1992的40亿美元增至2011年597亿美元，对资本和金融项目的影响有限（见表4－13）。总体看来，我国基本上属于一个资本要素的净流入国，FDI净流入的增加直接导致直接投资项目顺差不断扩大，FDI与直接投资项目呈同方向变动。可见，FDI净流入是直接投资项目长期持续顺差的基础，对资本项目长期顺差贡献巨大，对改善我国国际收支平衡也起到了重要的支撑作用。

表4－13　外商直接投资对我国资本项目的影响

（单位：亿美元）

年份	我国对外直接投资	外国在华直接投资	直接投资项目差额	资本和金额项目差额
1992	－40	112	72	－2.5
1993	－44	275	231	235
1994	－20	338	318	326

续表

年份	我国对外直接投资	外国在华直接投资	直接投资项目差额	资本和金额项目差额
1995	-20	358	338	387
1996	-21	402	381	400
1997	-26	442	417	210
1998	-26	438	411	-63
1999	-18	388	370	76
2000	-9	384	375	19
2001	-69	442	374	348
2002	-25	493	468	323
2003	1.5	471	472	527
2004	-18	549	531	1 107
2005	-113	1172	1059	1 010
2006	-212	1241	1029	526
2007	-170	1601	1431	951
2008	-535	1751	1217	463
2009	-439	1142	703	1 808
2010	-602	1851	1249	2 260
2011	-597	2201	1704	2 211

资料来源：根据外汇管理局公布的1992—2010年《中国国际收支平衡表》汇总。

具体分析，外商直接投资对我国国际收支资本和金融项目的影响主要有以下几个方面：

a. 外商直接投资的流入与撤退

外商直接投资的流入和撤出是对资本和金融项目的直接效应。在外商直接投资引入条件和环境不变的情况下，外商企业和东道国国内企业竞争力的对比决定了国际收支直接投资项目差额的大小。如果国内企业的竞争力较低，经济的发展需要引进资金和先进的管理经验，外商直接投资需要进入东道国资本市场。国内企业竞争力较低，其对外直接投资的规模就会相对较小。这样，外商直接投资就作为资本存量留存在东道国国内，形成资本和金融项目的顺差。如果东道国国内企业竞争力较强，即使有大量外商直接投资的流入，东道国企业也会进行对外直接投资。这样，资本和金融项目的顺差就不会太大。目前，中国国内企业无论是经营能力、资本实力还是盈利能力与世界500强企业都还有一定的差距。因此，资本和金融项目的顺差与本国国内企业的国际竞争能力有着紧密的联系。

1995年以前，外国在华投资项目的借方没有发生额或发生额为负。从1995年开始，部分外商直接投资企业开始从中国撤资。撤资的金额从1995年的16.72亿美元，增加到2011年的341亿美元，资金撤出达到一定规模。需要注意的是，处于朝阳产业中的外企发生撤资将动摇外国投资者的投资信心，降低外国投资者对我国投资潜力的评估水平。另一方面，我们必须认识到，随着我国经济结构的调整和产业结构的升级，技术含量低的夕阳产业出现撤资也是一种不可避免的现象。这些外资撤出以后，有利于外资“新鲜血液”的注入，极大地提高我国产业的竞争力；更符合我国近期的吸引外国直接投资的政策，提高我国的引资质量。资本外逃是投资者利用中国外汇市场和进出口管理的漏洞，撤出投资资本。这种撤资不仅会减少经常项目盈余，还会扰乱我国金融市场的正常秩序。

b. 利润转化为再投资

外商直接投资的利润分配主要有两个流向：一个是利润汇回投资国，体现在经常项目的投资收益项目，可以给经常项目带来负面效应；二是留在东道国用于再投资，体现在资本和金融项目直接投资收益再投资项目，可以给资本和金融项目带来正面效应。目前，外商直接投资企业的利润大多数没有汇出中国。由于外商直接投资企业生产初期需要追加投资，投资初期的利润量较少，人民币升值预期以及外商对中国市场发展的看好，外商将一部分利润用来再投资。利润再投资不是将利润完全留在东道国内，而是推迟了利润汇出的时间。利润再投资的比例越大，将来投资收益汇出的压力就越大。如果东道国的国内投资条件、政治环境、金融环境发生重大的变化，利润集中汇出的压力会加大。

c. 投资示范效应

外商直接投资企业对中国国内企业对外直接投资所起到的投资示范作用是一种间接影响。近几年，随着中国综合国力的增强，对外投资的步伐也进一步加快。由于中国企业“走出去”的时间短，缺乏一定的投资经验和管理运作能力。外商直接投资企业在对外直接投资的运作、企业的管理模式和比较优势的发挥等方面起到了积极的示范作用。中国对外直接投资质量和收益的提高又增加了投资收益的汇回，改善了中国的国际收支结构。

4.2.3　外商直接投资与资本外流

《2011 年跨境资金流动监测报告》指出，2011 年前三季度，资本和金融项目净流入 2 500 亿美元，相当于同期外汇储备增量的 67%，较 2010 年全年比例高 19 个百分点；第四季度中国罕见地出现资本与金融项目逆差 480 亿美元。可见，从 2011 年第四季度起，随着中国经济增长前景转淡与货币政策放松，导致短期资本持续流出中国。国家外汇管理局指出，未来支持中国国际收支平衡的基本因素依然存在，但由于国际经济金融环境空前复杂和严峻，中国跨境资金净流入规模可能减少，波动有所加大。

近来导致资本持续流出中国的原因主要有：一是全球经济复苏步伐放缓，一些主要的发达经济体如美国、欧盟增长乏力，企业投资决策更加谨慎，全球跨国投资减少；二是中国经济增速放缓，增长前景面临不确定性；三是中国政府迄今为止两次下调存贷款基准利率，压缩了人民币与外币的利差；四是中国经常账户顺差的缩小意味着人民币汇率的低估程度明显减轻，从而导致单边人民币升值预期的消失甚至逆转；五是中国的资产价格表现不尽如人意，尤其是股市陷入了跌跌不休的怪圈。

资本持续流出已经并将继续对中国经济造成如下冲击：外汇占款增量下降意味着过去 10 年中最典型的基础货币发放渠道有所转变，央行过去面临巨大的冲销压力，而现在则面临如何向中国池子里补充流动性的压力，目前央行频繁使用逆回购手段，而未来将更多地借助于下调法定存款准备金率；资本持续流出可能加剧部分行业中的企业融资压力，使得这些企业面临融资成本上升甚至资金链断裂的风险；资本持续流出意味着中国将面临经常账户盈余缩小与资本账户余额为负的现象，从而加剧人民币面临的贬值压力；资本持续流出也可能导致国内资产价格，尤其是股票市场价格进一步低迷。

跨境资金净流入放缓，甚至暂时流出符合政策调控目标，显示出减顺差、促平衡的政策现成效。这有利于实现国际收支平衡，增强宏观调控的有效性，有利于化解人民币汇率升值预期，缓解人民币汇率重估和贸易保护主义的国际压力。

然而，中国政府不必对当前的资本外流过分担忧。一方面，我们有足够多的应对资本大规模外流的手段。与印度、巴西、印度尼西亚、越南等新兴市场经济体不同，中国尚未全面开放资本账户，而且可以在非常时期临时收紧资本账户管制。过去中国央行通过发行央票与提高法定存款准备金积蓄了足够的流动性，未来可以逐渐释放这些流动性来应对国内流动性短缺的局面。另一方面，适度的资本外流对我们进一步完善利率、汇率的形成机制其实是好事。过去，我们反对利率市场化的理由是，基准利率上升可能导致大规模热钱流入，现在这一担忧明显缓解。在市场上存在人民币单边升值预期的前提下，人民币汇率很难出现真正的双向波动。而目前随着人民币汇率运动预期的分化甚至逆转，央行应该顺势而为，让人民币对主要货币汇率真正动起来。如果市场供求关系作用下人民币面临贬值压力，不妨让人民币对美元贬值。中国央行应该利用好资本外流的时间窗口，加快人民币汇率中间价形成机制的改革。此外，由于 QE3 与 OMT（直接货币交易）的实施很可能使得欧债危机暂时趋于稳定，全球机构投资者的风险偏好将再度加强，短期国际资本很可能重新由美欧流向新兴市场国家。[①]

（执笔：庄芮、张晓静、白光裕、方领）

① 张明．短期资本外流不必过分担忧．东方早报［N］．2012 年 8 月 28 日．

第5部分

2011年外商直接投资与就业

2011年以来，东部沿海外商直接投资撤离风险上升，“民工荒”再度凸显，“民工荒”与“涨薪潮”并存，据此国内很多学者断言中国的“刘易斯拐点”已到来，“人口红利”正在消失。就业问题已成为宏观经济运行中的突出矛盾。外商直接投资是吸收劳动力就业的重要渠道之一，如何全面评价利用外商直接投资对我国就业的影响，尤其是沿海外商直接投资撤离对农民工就业的影响，正确认识“民工荒”真实原因，研判未来农民工就业形势，关系我国长远经济发展和对外开放战略、外商直接投资政策的选择。

5.1 外商直接投资的就业效应

对外开放33年来，外商直接投资已经成为吸收劳动力就业的重要途径，大量从土地上解放出来的农民进入加工贸易等外商直接投资领域就业，外商直接投资缓解了我国传统农业部门与现代工业部门并存的二元经济结构转化中的就业矛盾，同时，外商直接投资也为城镇劳动力就业提供了更加广阔的门路。外商直接投资企业是我国解决就业问题的重要渠道之一，截至2011年，外商直接投资企业直接就业的人员超过4 500万人，约占全国城镇劳动力的13%。

根据投资与就业相互关系原理，建立外商直接投资企业，往往存在三种就业效应：第一，扩大就业，即外商直接投资既可以带来直接就业，也可以产生间接就业效应。就业是投资的函数，外商直接投资增加，本身会直接吸收劳动力就业；通过投资乘数效应，外商直接投资带动的其他领域和企业就业，为东道国供货商创造出新的工作，可以间接增加就业。第二，转移就业。外商通过组建合资、合作企业，购并内资企业，使原来在内资企业就业的劳动力转变为在外商直接投资企业就业。第三，挤出就业，即外资企业与内资企业产生竞争关系，使内资企业缩小生产规模，或退出市场，企业职工失业，外商直接投资挤出了内资企业原有的就业。

当然，外商直接投资所能吸纳的劳动力数量，并不简单地取决于投资规模本身，而取决于资本有机构成，即取决于投资总额中用于购买劳动力部分的比重。随着资本积累的增长，单个资本增大，劳动生产率在竞争中提高，从而资本有机构成不断提高，资本对劳动力的需求相对地有时甚至是绝对地减少。投资和产出增加，但就业不一定增加，甚至减少，出现奥肯定律悖论，恰恰说明在资本有机构成提高过程中投资、产出增加对就业的影响是复杂的。一般来说，在外商直接投资企业的资本有机构成较低的情况下，外商直接投资的直接就业贡献较大；而资本有机构成较高的情况下，外商直接投资的直接就业贡献则较小。

5.1.1 资本有机构成较低情况下外商直接投资对就业的影响

在资本有机构成较低且相对稳定的条件下，外商直接投资用于购买机器、设备等生产资料的比重低，用于购买劳动力的比重高，外商直接投资企业中就业人数会随投资增加而增长。

在我国对外开放初期，吸收外商直接投资，组建外商直接投资企业，由于企业的资本有机构成较低，外商直接投资的就业贡献较大。

第一，外商对华投资初期，企业的资本有机构成较低，与当时中国市场短缺程度严重，企业之间的竞争尚未充分展开，外商直接投资后无须采用最先进技术来提高劳动生产率，就可轻易扩大市场占有率，有着直接的关系。在外商直接投资企业资本有机构成较低的情况下，投资中用于购买劳动力的可变资本所占比重较大，外商直接投资企业对劳动力的需求比例高，就业贡献也较大。

第二，外商对华投资初期，主要分布在劳动密集型产业中，使得外商直接投资企业平均的资本有机构成不高。这与外商直接投资的目的相关。当时外商主要是出于对外转移缺乏比较优势的产业，利用中国低廉的劳动力，取得成本优势，获得高额利润的目的，而在我国举办中外合资企业的。由于外商直接投资企业的目的和行业分布决定了其资本有机构成不高，从而对就业贡献较大。

第三，外商直接投资企业中的中方从业人员，并非都属于外商直接投资对我国的就业贡献，其中很大一部分就业属于“转移就业”，而非“创造就业”。众所周知，外商直接投资组建的中外合资、合作企业，主要是中方以旧有企业厂房、地皮等作价，同外商直接投资联合，对旧企业改造而成的，并非完全新建企业。因而，中外合资、合作企业的中方从业人员，大部分是从中外合营前的国有企业就业职工中转移而来的，并不是新增加了那么多就业职工。当然，这并不是说“转移就业”不重要，如果没有外商的合资、合作，也许这批国有企业失去市场生存能力，而被市场淘汰，企业中的就业工人便转变为失业人口。

5.1.2 外商直接投资的资本有机构成提高对就业的影响

外商直接投资企业的资本有机构成不变且较低，只是一种短期现象，从发展的角度看，外商直接投资企业的资本有机构成同样具有提高的趋势。

首先，中国市场的短缺程度并非固定不变的。随着改革开放的发展，短缺逐渐成为历史，买方市场已经形成，到1997年全国95%以上的商品已经出现饱和或过剩，供不应求的商品主要集中在新开发产品上；到1998年中国总体上的短缺经济已经结束，取而代之的市场上的普遍过剩，卖方市场彻底转变为买方市场，卖者的竞争加剧。在生产者竞争日趋激烈的条件下，外国投资者要想占领中国市场，并提高其产品的市场占有率，就不能再依赖较低的技术水平，必然要谋求技术进步，提高劳动生产率。其结果是资本有机构成逐步提高。

其次，外商直接投资企业资本有机构成提高，不仅表现为新增投资的构成提高，而且表现在原有投资的构成提高上。在电子、机械、汽车、纺织等行业，这种表现都是突出的。外商直接投资初期，所采用的技术水平与国际先进技术相比，存在较大差距；中方利用外商直接投资的主要目的也在于弥补建设资金不足。但随着外商直接投资增加，外商直接投资企业间的竞争、外商直接投资企业与内资企业间的竞争逐渐加剧，中方利用外商直接投资中对技术水平的要求提高，外商直接投资企业开始转变投资策略，越来越注重技术进步对企业生存的意义，并在购并中利用先进技术改造旧的企业，在扩大投资中提高产品的技术含量。

再次，在外商直接投资购并内资企业的行业分布上，虽然劳动密集型产业的投资占较大比重，但资本、技术密集型产业的购并投资快速增加，特别是在中国"入世"之后加入经济全球化步伐进一步加快，外商直接投资环境明显改善，并趋于规范，国际上一批有名的大型跨国公司纷纷登陆中国。这与外商直接投资目的发生变化有关。跨国公司来华投资已不单纯是为了利用中国廉价劳动力，更重要的目的在于实现其全球战略，把中国市场作为其全球战略的重要组成部分。据不完全统计，到2011年，世界500家最大的跨国公司中，已有约490家在我国投资。跨国公司在华设立的研发中心、地区总部等功能性机构已经达到1 600余家。这些跨国公司的投资，多分布于资本、技术密集型行业，资本有机构成较高。

最后，中国对外开放具有渐进性特点，外商直接投资领域也是渐进式放宽的，某些劳动密集型的行业、中国相对落后的行业如服务业开放较晚，这使得外商直接投资在不同部门资本有机构成差异较大，社会平均的资本有机构成变化并非直线上升，有些年份甚至出现下降，因而这些年份外商直接投资总量的增长率反而低于可变资本增长率，在工资水平保持稳定的情况下，从业职工增长率快于投资增长率。但是，从发展的趋势来看，随着外商直接投资扩大，外商直接投资企业的资本有机构成提高，所吸纳的中方从业人员数量不断增加，而增长幅度却大体呈下降态势，外商直接投资的增长幅度也大体上快于对劳动力需求的增长速度。

由于外商直接投资必然带来资本有机构成的提高，对就业的影响就十分复杂。就中外合资企业本身而言，合资后企业的资本有机构成提高，如果企业经营规模不变或缩小，都会导致企业自身吸收的就业规模缩小，产生挤出就业的效应，造成失业。但这种情况很少见，一般中外合资后，企业的经营规模都会扩大。

从就业总体规模上看，当外商直接投资增长速度低于资本有机构成的提高速度，外商直接投资则会导致直接就业数量减少，就业规模缩小，甚至产生就业挤出效应，造成其他内资企业职工失业；而当外商直接投资增长速度高于资本有机构成提高的速度，外商直接投资就会带来直接就业规模的扩大。从中国的实践来看，在资本研究构成提高过程中，外商直接投资往往伴随着两种相反的趋势：一方面外商直接投资吸收的就业职工数量增大；另一方面，吸收就业的增长速度下降。

5.1.3　外商直接投资在推动内资企业资本有机构成提高中对就业的影响

首先，在外商直接投资增加的过程中，与内资企业的竞争逐渐激烈，必然推动内资企业乃至整个社会资本有机构成提高。

我国对外开放初期，外商直接投资的重点局限在第二产业的少数领域，国家对其产品内销有原则上的限制条件。但随着对外开放的发展，外商直接投资领域逐渐放宽，外商直接投资分布于除少数关系国家经济安全的、包括第一、二、三产业在内的广阔领域，并且根据 WTO 的要求，放宽乃至取消了对外商直接投资企业产品内销的限制，外资企业与内资企业产品在中国市场上的竞争日趋激烈，迫使内资企业改变观念，学会同外商直接投资企业竞争，并主要通过改进技术、提高劳动生产率赢得市场竞争。在内资企业提高劳动生产率中，资本有机构成不断提高。

在中外合资过程中，内资企业资本有机构成提高，首先是从调整经济结构、加快老企业技术改造入手的。如电子工业、纺织工业、机械工业和化工工业、食品加工工业、餐饮业等，都存在着类似的情况，外商直接投资企业在这些行业的崛起，同内资企业展开了激烈竞争。许多内资企业由于技术落后、管理不善等原因，产品质次价高，售后服务差，缺乏市场竞争力，被迫降低了原有市场份额，或者退出市场；而另一些内资企业则在发现自身存在的问题后，加快了生产、投资方向的调整，加快技术改造步伐，提高劳动生产率，有的甚至寻求合资经营道路，主动利用外资购并、嫁接改造老企业，转变为外商直接投资企业，重新占领了市场。不管中间的过程如何，生存下来的企业的资本有机构成大都不同程度地相应提高，一批新的电子、纺织、机械、化工、食品加工、餐饮企业蓬勃发展起来。这样，旧有的内资企业资本有机构成提高，企业对劳动力的需求必然绝对减少，一批原有就业职工成为企业冗员，被迫下岗。目前，国有企业大量职工下岗，既有其长期积累下来的人浮于事问题，也与外商直接投资企业参与市场竞争、使国有企业资本有机构成提高有关。

总之，在外商直接投资增加的过程中，与内资企业的激烈竞争所推动的内资企业乃至整个社会资本有机构成提高，在短期内，会出现内资企业停产、倒闭，原有企业技术革新加快，很可能排挤出大量失业人口；在长期中，追加资本吸收的就业工人越来越少，但由于外商直接投资的规模更快增长，工人队伍会相应扩大。

此外，内资企业资本有机构成提高，还表现在追加资本的有机构成提高上。老企业在扩大再生产过程中，相应考虑到同外商直接投资等带来的市场竞争格局的变化，追加资本就不能在旧的技术水平下复制古董，而是从一开始就选择使用较先进的技术设备，与老企业相比，追加资本的有机构成要高。另外，新建投资项目也必须考虑到社会已有同类企业（包括外商直接投资企业）资本有机构成状况，保持较高的资本有机构成。否则，就会出现企业刚一投产就没有市场竞争力、企业被迫破产的现象。

内资企业追加资本的有机构成提高，是社会经济技术进步的表现，但这同时使追加投资吸纳的新增劳动力数量相对减少，投资扩张对解决下岗职工再就业的作用减弱，要想吸收同样数量的职工就业，就必须有更大规模的投资。

5.1.4 外商直接投资在拉动国民经济增长中对就业的影响

在分析外商直接投资对我国就业的贡献时，还要考虑其对我国经济发展的拉动作用。由于存在投资乘数和加速原理，外商直接投资可以引致国民收入和国内投资加倍增长，从而在增加国民收入总量中增加就业机会，即创造间接就业。

一般来说，一方面，投资对国民收入具有乘数作用，投资的增长会引起国民收入加倍增长。随着国民收入的增长，社会总需求增加，国民经济在需求拉动下得到发展，就业机会相应增加。外商直接投资同样具有乘数作用，会创造间接就业机会。但是，由于外商直接投资企业对投资品的需求一部分面向国际市场，这使投资乘数大大缩小，从而创造的间接就业机会远低于国内投资。另外，考虑到外商直接投资企业与内资企业的分工协作关系相对松散，企业间的关联较弱，外商直接投资的乘数效应小，而且在外资投资中推动着社会资本有机构成逐步提高，我们对外资投资创造间接就业的贡献不能估计太高。

另一方面，国民收入增长对投资规模会产生反作用，促使投资加速增长。外商直接投资在促进国民收入增长中，必然导致国内投资规模加速扩大。而投资规模扩大又会提供新的就业机会。这一点已被外商在华投资的实践所证明。如一些外商直接投资企业职工较高的收入使他们有能力维持高消费，而较高的消费层次又引起高档消费品的开发和投资增加，投资增加则产生新的劳动力需求。但是，在加速系数既定的条件下，投资加速增长对劳动力需求的影响却可以极不相同。这取决于投资的资本有机构成。因为劳动力需求是由投资中可变资本的数量决定的，而不是由总的投资规模决定的。随着国民收入提高和国民经济发展，资本有机构成实际上也在不断提高，因而，投资增长引致劳动力需求的数量在相对减少。

5.1.5 基本结论

归纳上述内容，可以得出以下基本结论：

外商直接投资对于我国就业的影响在不同的阶段是不同的。在对外开放初期，外商直接投资以建立中外合资企业、合作企业为主，加之中国市场到处是短缺，企业之间的竞争并未充分展开，外商直接投资对就业的影响主要表现在创造就业和转移就业上，很少发生挤出就业，而且当时外商直接投资企业的资本有机构成较低，外商直接投资对就业的贡献较大。以1997年为分水岭，以前的外商直接投资企业中，以合资企业占主体，1997年外商独资企业首次超过合资企业，占据了多数（1997年，我国设立的外商直接投资企业中，中外合资企业9 046家，外商独资企业9 604家）。此后，外商独资企业的比重逐步上升。不仅如此，原来中外合资企业中，纷纷出现转变为外商独资企业的现象。与此同时，中国市场短缺局面得以缓解，卖方市场转变为买方市场，中、外资企业之间的竞争趋于激烈，外商直接投资创造就业、挤出就业和转移就业并存。由于企业竞争过程中不仅外商直接投资本身的技术水平呈上升趋势，大批跨国公司进入中国市场，外资企业的资本有机构成在提高，而且中资企业的资本有机构成也在上升，外商直接投资创造直接就业数量增加的同时，直接就业的贡献相对下降。

但是，考虑到投资乘数和加速原理，外商直接投资可以引致国民收入和国内投资加倍增长，其对我国就业存在的间接影响不可忽视。以百事公司为例，对华投资10年累计投资便达到10亿多美元，成立了40多家合资、合作和独资企业及项目，为中国创造了1万人以上的直接就业机会，而创造的间接就业机会就达到15万人以上。

在我国目前失业率较高的情况下，制定外商直接投资政策时，必须充分考虑到其对就业的短期影响和长期贡献，不仅应该注重吸引资本技术密集型的大型跨国公司投资，为我国的经济技术进步服务，而且应该积极吸引劳动密集型企业特别是加工贸易投资，注重选择那些外商直接投资产业关联度高、就业乘数效应明显、资本有机构成相对较低、对就业贡献大的产业和企业，鼓励其投资，为降低我国失业率服务。

5.2 沿海外商直接投资撤离对就业的影响

5.2.1 沿海外商直接投资撤离风险上升

目前，沿海中小企业在劳动力成本、土地成本、原材料成本、环境成本、水电费用等经营成本全面上升，以及人民币汇率升值的压力下，投资回报率下降，关闭、转移趋势明显。其中，劳动密集型外商直接投资企业占据很高比重。加之世界经济持续低迷，欧美债务危机短期无法解决，世界经济下行风险增加，发达国家量化宽松政策以及欧元区等国家货币贬值，跨国公司调整投资结构意向攀升；而且国内经济结构转型升级，经济增速下降，实体经济的市场环境发生变化，一些外商直接投资企业资金链紧张甚至断裂，以劳动密集型外商直接投资为主的珠江三角洲等沿海地区外商直接投资撤离趋势显现，撤离中国市场的风险上升。

我国沿海地区吸收外商直接投资占全国85%以上，沿海尤其是东南沿海地区形成了以劳动密集型加工贸易为主体的外商直接投资结构。这些外商直接投资受劳动力成本变化的影响较大，同时，对房地产成本、环境成本、原材料和能源价格、汇率等极为敏感。随着经济的发展，沿海地区的人均收入水平和劳工成本逐步提高，其上涨速度明显快于东南亚国家和地区；加之房地产等综合经营成本上升、收益下降，该区域劳动密集型外商直接投资撤离的长期趋势不可逆转。我们不能因为短期外商直接投资撤离趋缓，甚至回流，就忽视长期走势。

2011年以来，我国实际吸收外商直接投资增速下降。在外资流入减少和出口下降的影响下，外商直接投资企业的就业需求下降，我国的劳动力市场和就业不可避免受到冲击，尤其是珠江三角洲等沿海地区中小型企业。2008年1－9月，广东省倒闭的1.5万户中小型企业，主要分布在服装、纺织、电子原件、塑料制品等加工制造业和劳动密集型企业。从2012年3月起，继美国消费品巨头佳顿、卡特彼勒、耳机生产商Sleek Audio、玩具生产商Wham－O等世界五百强企业将部分产品从中国代工企业撤走后，福特汽车公司又将1.2万个工作岗位从中国和墨西哥迁回美国；与此同时，星巴克也把其陶瓷杯制造从中国撤回到美国中西部。继2009年耐克关闭在中国唯一一家鞋类生产工厂之后，另一家体育用品巨头阿迪达斯决定将在今年年底前关闭其在华唯一一家直属工厂，或将迁往东南亚。在劳动密集型外资企业中，农民工的就业比例非常高。外商直接投资企业的撤离，我国农民工和低技能劳动力就业最容易遭受冲击。

虽然外商直接投资的目的都是为了获得高利润，但按照获得高利润的方式，又可将外商直接投资分为市场寻求型、政策寻求型、资源寻求型、技术寻求型、成本寻求型。根据国内外投资条件的变化，可以预期：随着扩大内需政策逐步落实见效，市场寻求型外商直接投资撤离基本限于市场竞争力脆弱的企业，大举撤离的可能性较小，相反，倒会随全球外商直接投资恢复增长而增加；政策寻求型外商直接投资会因为我国统一内外资企业待遇和政策而大举撤离，这是符合我国经济总体利益的；资源寻求型和技术寻求型外商直接投资受国内经济条件变化影响较小，会保持相对稳态；成本寻求型外商直接投资会在我国成本全面上升过程中调整投资区位，存在大量撤离可能。

5.2.2 沿海外商直接投资撤离将加剧农民工就业难题

外商直接投资大量撤离，虽然会减少由外商直接投资增加带来的一些矛盾，但却会对我国经济发展造成极为不利的影响，甚至会严重阻碍我国经济的正常发展。

1. 我国沿海地区外商直接投资撤离压力增大

在发生“劳工荒”的同时，我国沿海劳动密集型外商直接投资出现了大量撤离现象。尤其是，劳动密集型外商直接投资中小企业在劳动力、土地、原材料、环境、水电费用等经营成本全面上升，以及人民币汇率升值的压力下，关闭、转移趋势明显。尽管金融危机暂时打断了外商直接投资撤离的势头，但受新兴市场和周边国家争夺国际直接投资竞争的影响，以及国内投资成本上升的压力，沿海劳动密集型外商直接投资谋求区位转移的挑战不断增大。

2. 外商直接投资撤离将带来大量农民工失业问题

对外开放33年来，外商直接投资已经成为我国解决就业问题的重要渠道之一。根据外商直接投资企业联合年检数据测算，外资直接就业人数呈现出逐年上升的趋势。2002年末在外商直接投资企业中的直接就业人员超过2 350万人，2011年大约为4 500万人左右。如果加上间接就业人数，目前外商直接投资企业吸纳的劳动力人数超过5 900万，约占全国城镇劳动力总量的16%。如果外商直接投资10%从我国市场撤离海外，不考虑外资企业的就业结构，也会减少590万劳动力就业。其负面影响将非常突出。由于农民工中大多数属于简单劳动力，劳动技能单一、层次较低，很难被资本及技术密集型产业所吸收，服务业大量吸收新增劳动力的作用也有限，这就意味着失业人口将大幅上升，从而增加社会不稳定因素，反过来影响经济和社会发展。

3. 外商直接投资撤离还将造成宏观经济波动

外资经济已经成为我国经济的重要组成部分，外资撤离将对我国宏观经济带来不利的影响。以外商直接投资企业撤离10%计算，除了就业损失之外，还将使我国出口减少860亿美元以上，出口增速降低7.16个百分点，使全国税收总额每年减少 1 600 亿元以上。同时，外商直接投资还具有明显的技术溢出效应，外商直接投资大量撤离会影响我国技术进步和产业升级。总之，外商直接投资撤离我国，必然导致社会经济增长速度减缓，经济波动加剧。

5.3 如何看待沿海地区农民工就业问题

近年来我国沿海地区频繁出现“民工荒”现象，“民工荒”与“涨薪潮”并存，2012 年“民工荒”再度凸显，“民工荒”正从以往的东部沿海向全国蔓延，而且持续时间更长，区域性、结构性工荒已经常态化。国内很多学者断言：中国的“刘易斯拐点”已到来，即正在从劳动力无限供给向劳动力短缺时代转变，中国长期以来高速增长所依赖的“人口红利”正在逐步消失，即将进入一个劳动力短缺所导致的低速经济增长和经济结构被倒逼调整的阶段。并据此进一步提出：我国劳动密集型制造业面临拐点，应该调整利用外资政策，限制劳动密集型产业特别是加工贸易领域的外商直接投资。

到底该如何认识这场前所未有的“民工荒”现象，这关乎我国长远的经济发展和对外开放战略、外商直接投资政策的选择。

5.3.1 “刘易斯拐点”并未出现

为什么一些沿海地区劳动密集型制造业会发生“民工荒”？“刘易斯拐点说”不能成立？

我国是一个典型的二元经济国家，不仅存在着产业上的二元经济结构，发达的现代产业部门与落后的传统产业部门并存，而且存在着区域上的二元经济结构，发达的沿海地区和中心城市与落后的中西部、边远地区并存。这种二元经济结构的特点决定了我国工业化的进程的复杂性和长期性。在大量农村闲置劳动力从土地上转移出来、被非农产业部门消化完毕之前，产业上的二元结构不会发生根本改变。农村闲置劳动力的转移过程绝非短期就能完成的任务，我国农村 4.9 亿劳动力，18 亿亩耕地，农业种植业中充其量需要 1.8 亿劳动力，而农村非农产业稳定吸收了约 7 千万劳动力就业，进城务工劳动力 1.6 亿左右，我国每年约 600 万—700 万农村劳动力转移出来进入非农产业，加之每年新成长起来的劳动力，非农产业要消化 8 千万左右农村剩余劳动力，在经济平稳正常运行条件下，至少还需要 10—15 年的时间。

我国城镇登记失业率虽然看起来不高，2011年为4.1%，近5年来，稳定在4.0% –4.6%之间，但是，城镇中还有大量未登记的失业劳动力，以及国有企业下岗未就业职工。沿海的“民工荒”与大量正处于寻找就业机会的失业者并存。我国在很长的一段时间内仍将处于劳动力的供给大于需求的阶段。在农村剩余劳动力被非农产业吸收转移完毕前，“刘易斯拐点”不会真正出现。

5.3.2 “民工荒”的真实原因

沿海地区出现“劳工荒”，根本原因在于：为应对全球金融危机冲击，缓解外需下滑影响，中央曾出台一系列扩大内需的对策，实行积极的财政政策和适度宽松的货币政策，加大政府投资力度，农民工就业机会增加。特别是政府增加4万亿投资计划，以及中西部地区倾斜政策，这一揽子刺激性投资政策创造出大量新的就业岗位，尤其是吸纳了大量农民工就业，许多农民工在内地找到了就业机会，开始从东部向中西部转移，从而相对减少了珠三角和长三角东部沿海地区的劳动力供给数量，产生东部沿海地区“劳工荒”。

1. 沿海地区出现“民工荒”的主要原因是应对金融危机中国家扩大内需的刺激

近年来，我国沿海地区频繁出现“劳工荒”，其根本原因在于国家扩大内需政策以及向中西部地区倾斜的投资政策。为应对全球金融危机冲击，缓解外需下滑影响，中央出台了一系列的扩大内需政策，包括实行积极的财政政策和适度宽松的货币政策并加大政府投资力度，这一揽子刺激性宏观经济政策创造了大量新的就业岗位，吸纳了大批农民工就业。特别是，政府增加的4万亿投资计划实施向中西部地区倾斜的政策，这使得许多农民工在内地找到了就业机会，开始从东部向中西部转移，从而相对减少了珠三角和长三角东部沿海地区的劳动力供给数量，产生东部沿海地区“民工荒”。

2. 4万亿投资计划带动近亿农民工就业

从4万亿投资刺激计划和银行、地方政府配套投资看，主要集中在基础设施、“三农”、民生工程领域，偏重于公路、铁路、机场、水电煤气等基础设施建设。这些建设大多属于劳动密集型，主要是吸纳农民工就业，不仅吸收了大量从珠三角和长三角退出的农民工就业，使2009年初出现的1 600多万失业返乡的农民工重新找到就业机会，而且还吸纳了更多新农民工就业，使很多没有外出打工的农民也加入到这次投资计划的建设中来。根据中国社会科学院人口与劳动经济研究所发布的《人口与劳动绿皮书（2009）》测算，4万亿投资计划约拉动9 239万人就业，其中，农村基础设施建设和农业就业数量为3 805万人，建筑业为1 674万人，制造业为1 176万人。

3. 农民工就业地区格局出现变化

以政府主导的投资活动，其劳动报酬以及保障程度比普通的民营企业更具吸引力，加之中西部开发加速，农民工外出流动格局发生了变化，大量农民工选择在具有后发优势的中西部地区务工，而放弃去沿海地区。国家统计局的数据显示，2011年，在东部地区务工的外出农民工为16 537万人，占全国外出农民工总数的65.4%，比上年降低1.5个百分点。相比之下，尽管在中西部地区务工的外出农民工总数相对较少，但增长较快，2011年在中部和西部地区务工的外出农民工人数分别增长17.6%和16.7%，在全国所占比例分别比上年提高8.1个和9.6个百分点。

4. 农村城市化提高农民工的收入预期

近年来沿海地区出现的“民工荒”，在一定程度上也是农民工在评估预期劳动收入和城市就业成本之后作出理性选择的结果，是外出就业的现实情况差于农民工的预期而出现的短期失衡，并非是农业剩余劳动力被工业部门持续吸收后的短缺。当初农民工进城务工的原因是基于农民工在城市从事各种务工劳动所获得的收入明显高于在农村农业生产收入，即农民工预期进城实际工资收入明显高于农民工在农村预期实际收入，城乡预期收入差异是农民工进城务工的动因。农村城市化，提高了农民收入，再加上最近几年农产品价格上调，以及政府实施对农业补贴优惠政策，加大对农业的支持力度，农民人均收入增长，2011年农民人均收入增速超城镇居民收入。农民收入增长，与进城务工的农民工收入差距在缩小，尤其是沿海城市的生活成本大幅提高，导致农民工进城务工的预期收入提高，对工资待遇、劳动条件更为敏感，当农民工意识到预期收入下降，甚至低于成本时，他们不得不选择回去。

5.3.3 正确判断农民工就业形势

1. 农民工就业问题将在我国长期存在

在认识到此次“民工荒”的真实原因时，我们要清醒地看到，一方面，短期刺激政策结束后大量农民工需要重新就业。4万亿投资计划及配套投资大部分属于基础建设项目投资，这些项目的建设产生了大量的劳动力需求，稀释了长三角和珠三角东部沿海地区劳动力供给数量，在短期内实现农民工的大部分就业，但却是阶段性的就业，属于一次性就业，不是长期性就业。因为基础建设项目所吸收的就业与制造业的就业不同，制造业包括劳动密集型加工贸易领域的就业属于长期性就业，只要企业在运转，就长期需要劳动力就业；而基础建设项目所吸收的就业不同，一旦项目结束，就业岗位随之消失，便会释放出大量农民工需要重新寻找就业，许多农民工会重新失业。

另一方面，我国仍有大量农村剩余劳动力需要就业机会。在我国工业化过程远没有结束，相对落后的农村和传统农业与相对发达的城市和现代工业、服务业并存的典型二元经济结构加速演变的条件下，大量农村剩余劳动力需要转移出来，进入非农产业部门，我国劳动密集型产业仍然存在着巨大的发展潜力和空间。

2. 正视二元经济现实，我国仍然需要大力利用劳动密集型外资

正视中国二元经济现实，避免在工业化进程中好高骛远、急功近利。中国是一个典型的二元经济国家，不仅存在着产业上的二元经济结构，发达的现代产业部门与落后的传统产业部门并存，而且存在着区域上的二元经济结构，发达的沿海地区和中心城市与落后的中西部、边远地区并存。这种二元经济结构的特点决定了中国工业化进程的复杂性和长期性。在大量农村闲置劳动力从土地上转移出来、被非农产业部门吸纳完毕之前，产业上的二元结构不会发生根本改变。农村闲置劳动力的转移过程绝非短期就能完成的任务，至少还需要15年左右的时间。[①] 而农村劳动力转移的过程则与劳动密集型产业发展联系在一起。中国利用外资、发展劳动密集型产业，吸收了大量农村转移出来的劳动力，构成了独特的工业化道路。因此，中国劳动密集型制造业仍然存在着巨大的发展潜力和空间。那种认为中国以加工贸易为主要形式的劳动密集型制造业附加值低、在国际贸易中比较利益低，就简单排斥劳动密集型产业，排斥利用外资发展加工贸易的看法，是与中国国情不相符的。

① 张明．短期资本外流不必过分担忧．东方早报［N］．2012年8月28日．

过去三十多年的历史经验证明，我国利用外资、发展劳动密集型制造业，特别是承接全球转移产业，发展加工贸易，吸收了大量农村转移出来的劳动力就业，构成了我国独特的工业化道路，是一条成功的道路。我国当前沿海地区出现“劳工荒”的就业结构性矛盾与劳动力总体供给远远大于需求、失业压力巨大的总量不平衡矛盾并存，在这种现实条件下，吸收外商直接投资、发展劳动密集型制造业仍然是我国未来一段时间内必须高度重视的问题。正确判断农民工就业形势，积极利用劳动密集型外资。“劳工荒”现象并不意味着我国出现了“刘易斯拐点”，也不意味着我国已没有富余农村劳动力可以转移了，便调整利用外资政策，排斥加工贸易和劳动密集型制造业发展，而农民工中大多数属于简单劳动力，劳动技能单一、层次较低，无法被资本及技术密集型产业所吸收，这无异于把现有农村劳动力固化在农村，阻碍他们的转移，最终则意味着失业人口上升，增加社会不稳定因素，反过来影响经济和社会发展。因此，我国无须排斥加工贸易和劳动密集型外资制造业发展。

在我国工业化进程远没有结束，城乡二元经济结构加速演变的条件下，大量农村剩余劳动力需要转移出来，进入非农产业部门，我国劳动密集型产业仍然存在着巨大的发展潜力和空间。吸收外商直接投资、发展劳动密集型制造业仍然是我国未来一段时间内必须高度重视的问题。

3. 不能简单模仿日本和亚洲“四小龙”做法

在经济全球化和国际产业大转移过程中，20 世纪 60 年代以前，日本大量承接美国转移出来的劳动密集型制造业，发展外向型经济，在日本成长为世界制造中心后，劳动力成本上升，劳动密集型制造业国际竞争力下降，日本劳动密集型制造业开始大量转移到亚洲“四小龙”。20 世纪 60 年代到 80 年代，亚洲“四小龙”通过吸收日本等国家转移出来的劳动密集型制造业，加速发展外向型经济，创造了经济奇迹。但随着经济社会发展，亚洲“四小龙”劳动力等成本大幅上涨，劳动密集型制造业竞争力削弱，大量外移。20 世纪 80、90 年代以来，我国大量承接美国、日本、欧洲等发达国家以及亚洲“四小龙”转移出来的劳动密集型制造业，加速了工业化进程，创造了中国奇迹。日本、亚洲“四小龙”劳动密集型制造业外移后，都不同程度地出现经济增长放慢、失业压力增大等问题。如今，我国也面临当年日本、亚洲“四小龙”同样的困惑，由于劳动力成本上涨、人民币升值、房地产价格攀升等因素，沿海地区劳动密集型制造业外商直接投资大量撤离。但与日本、亚洲“四小龙”不同的是，他们国内、区内腹地狭小，劳动密集型制造业只能向外转移；我国腹地广阔，内需潜力大，沿海、内地发展差距大，工业化水平落差明显，内地与沿海相比，劳动力成本、房地产成本低，内地有条件吸收从沿海劳动密集型制造业撤离的外商直接投资，实现外商直接投资在国内的区域转移，避免日本、亚洲“四小龙”式困惑。

4. 我国广大的内地可以承接沿海劳动密集型外资转移

由于我国是典型的双重二元经济结构国家，不仅存在产业上的二元经济结构，而且存在区域上的二元结构。在沿海基本实现工业化的同时，内地正处于工业化初期阶段。当东南沿海地区经济发展起来，加工贸易等劳动密集型制造业的发展遇到巨大困难，沿海劳动密集型制造业的外商直接投资谋求外移时，内地劳动密集型制造业却存在巨大发展空间。产业能够在国内不同区域间转移，对于国内地理规模较小的发展中经济体来说是做不到的，这是大型发展中国家所具有的优势，中国内地可以成为吸收沿海劳动密集型制造业外商直接投资转移的区域。而且，沿海加工贸易等劳动密集型产业和外商直接投资已经出现向内地转移的势头，地方政府和企业对此也都表现出了浓厚的兴趣。然而这些转移缺乏统筹协调，存在各地恶性竞争的情况，需要国家统一规划，形成社会共识，减少纷争，加快产业转移步伐。

总之，正是在我国实施经济刺激政策后，农民工总体就业人数并没有减少反而增加的同时，就业的产业结构、区域结构、预期收入发生变化，表现为东部沿海地区从事加工贸易等劳动密集型制造业的农民工相对减少，一度出现招工难现象。目前，沿海地区出现的“民工荒”，只是就业结构性变化的表现，并非真正的劳动力供给短期，所谓中国出现“刘易斯拐点”只是假象，主要是在2008年实施积极财政政策和适度宽松货币政策后，基础设施建设和乡镇土地开发力度加大后，吸收了数以千万计农民工就业的产物。

5.4　利用外商直接投资促进就业的对策

近年来我国沿海地区频繁出现“劳工荒”现象，其主要原因是短期性扩大内需政策带来的就业区域结构、预期收入变化所致，在政策结束后农民工就业问题将重新凸显。在发生“劳工荒”的同时，沿海地区外商直接投资企业大量撤离我国，不仅恶化了农民工就业形势，而且加剧了经济波动，影响社会稳定。为避免沿海劳动密集型外商直接投资撤离我国，引发经济大幅度波动，应该明确将推动沿海外商直接投资内移上升为国家战略。在我国工业化进程远没有结束，城乡二元经济结构加速演变的条件下，我国劳动密集型产业仍然存在着巨大的发展潜力和空间。吸收外商直接投资、发展劳动密集型制造业仍然是我国未来一段时间内必须高度重视的问题，简单排斥劳动力密集型制造业发展是不明智的。应清醒认识到利用外资发展劳动密集型制造业的重要性，避免工业化中急功近利、好高骛远，排除承接沿海劳动密集型制造业外商直接投资的顾虑，制定出大胆吸收沿海外商直接投资转移的强有力的支持政策，积极促进沿海劳动密集型制造业外商直接投资内移。

1. 加强沿海与内地的经济合作

内地有关政府部门要加强与沿海的合作，用好外商长期在沿海经营形成的商业环境平台，把沿海作为内地联系海外市场的枢纽；内地还应该发挥劳动力、土地等价格相对较低的成本优势，打造适宜投资的区域环境，降低物流运输成本，提高产业配套能力和企业配套能力，增强对外商直接投资的吸引力，通过与沿海省、市、县结对子，促使沿海外商直接投资企业集中搬迁到内地，形成集群效应。

2. 明确由中部省份承接沿海外商直接投资转移

沿海劳动密集型制造业向外转移过程中，到底转移到哪里，与不同区域的成本差异直接相关。就国内的中部和西部对比，物流运输成本是外商直接投资转移所关注的重要因素，外商直接投资向西部转移，要承担更高的物流费用，且西部地区的产业配套能力和企业配套能力、市场环境和体制环境等均处于下风，在区域竞争中，西部综合成本不具备优势，劳动密集型制造业外商直接投资跨越中部地区直接向西部转移是不现实的。如果中国区域政策不明确，容易造成中部、西部相互竞争的局面，导致外资转移分散，难以形成集群效应，会降低外商直接投资内移效益，进而不可避免地导致一些外资选择南亚、东南亚等地区。这对中国是不利的。为此，顺应沿海劳动密集型制造业外商直接投资转移的趋势，明确由中部省份承接沿海劳动密集型制造业外商直接投资转移的区域政策，并制定相应的支持政策，才是正确方向。

3. 培育中部区域中心，形成承接沿海外商直接投资转移的集群效应

推动沿海劳动密集型制造业的外商直接投资向中部转移，关键在于形成聚集效应，降低外商直接投资转移成本。外商直接投资分散转移会造成过高的企业成本，因为分散在新区域的企业面临市场需求规模小，产业链不完整，区域企业整体配套能力不足，中间产品投入成本太高，社会管理费用和基础设施费用由少数企业承担，导致外部不经济。为此，促进沿海外商直接投资内移的政策不能“撒胡椒面”，而应该致力于培育中部区域中心，作为承接沿海劳动密集型制造业外商直接投资产业转移的核心区域。在区域中心实行倾斜政策，降低外商直接投资投资成本。目前，中央已经决定武汉城市圈、长（沙）株（洲）（湘）潭城市群等为国家资源节约型和环境友好型社会建设综合配套改革试验区，重庆为国家统筹城乡综合配套改革试验区，这些经济区域通过配套改革开放形成吸引沿海劳动密集型制造业外商直接投资转移的中心，可以产生产业聚集效应，减少单个企业转移的成本。在此基础上，政府还可以通过以下手段进一步降低外商直接投资转移成本：一是“筑巢引凤”，为转移来的外商直接投资企业搞好基础设施建设，降低外商直接投资迁移成本；二是“引凤筑巢”，为先期转移来的外商直接投资提供政策优惠，使之获得较高投资收益，吸引其他投资者进入；三是由政府组织大规模的集体迁移，避免单一企业迁移产生过高的成本。

4. 培育完整产业链，提高企业配套能力

中部能否吸引沿海劳动密集型制造业外移的外商直接投资，很大程度上取决于能否出现产业集群，形成相对完善的产业链。只有在主导产业出现集群现象的时候，配套产业才具有规模效应，才有动力向主导产业聚集区靠拢，形成完整的产业链；反过来，只有企业配套能力、产业配套能力强，投资软硬环境优良，才能吸引主导产业形成集群。因此，应明确投资转移的区位导向，引导外资转移到内地经济基础相对较好、产业配套能力强的地区，加大内地承接沿海产业转移基地建设力度，形成产业集群。

中部地区在创造良好投资环境、承接沿海劳动密集型制造业外商直接投资转移过程中，必须充分利用当地原有产业基础，在吸引主导产业进入的同时，注意吸引上下游配套产业，大力发展民营经济，利用民营经济与市场契合度高的特

点，迅速形成产业配套能力。

5. 努力降低外商直接投资投资成本，提高投资回报率

在沿海地区劳动密集型制造业外商直接投资转移中，加工贸易占有最大比重。只有降低中部地区加工贸易等的成本，才能吸引沿海外商直接投资内移。物流运输成本是加工贸易成本的重要组成部分，推动物流业发展，减少乃至取消道路收费，规范运输市场秩序，是降低物流运输成本的可选手段。劳动力成本是劳动密集型制造业经营成本的重要内容，中部地区必须努力消除劳动力流动的障碍，促进就业竞争，并增加政府在提高劳动者技能和就业能力方面的投入，保持劳动力成本的竞争优势。土地成本也是加工贸易成本的重要内容，中部地区政府应控制投资经营用地价格过快上涨。此外，大力改善基础设施，提供廉价的公共产品，加快体制改革，提高政府服务水平和效率，提高市场化程度，谋求金融创新，提高金融配套和金融支持能力，也有利于降低外商直接投资成本，提高外商直接投资回报率，增强对沿海劳动密集型制造业外商直接投资内移的吸引力。

6. 扩大内需，促使沿海劳动密集型制造业外商直接投资从成本寻求型向市场寻求型转化

如果沿海劳动密集型外商直接投资搬迁到内地生产，能够在国内销售，比起在内地生产、海外销售，可大大降低企业物流成本。这样，过去沿海成本寻求型外商直接投资就会转化为市场寻求型外商直接投资。而广阔的国内市场对外商直接投资具有无与伦比的吸引力。当然，为了避免外商直接投资企业争夺国内市场加剧产能过剩，调整国民收入分配结构，提高劳动者尤其是低收入人群在国民收入分配中的比重，有效增加劳动者收入，完善社会保障制度，改善人们对未来的预期以扩大内需，显得十分重要。

（执笔：李玉梅）

第 6 部分

2011 年外商直接投资与输入性通货膨胀

近年来，我国国内通货膨胀形势日益严峻，物价水平一直呈现上涨趋势，过高的通货膨胀水平对我国的经济结构转型、进出口贸易增长和国民福利改善都会造成不利的影响。造成我国通货膨胀形势不容乐观的原因有很多，除了国内产业发展不平衡，国民收入分配不均，国内市场供需失衡等国内原因外，国际范围内的经济不景气和物价水平上涨也是推动我国价格水平上升的原因。

金融危机发生以来，全球主要经济体相继采取多种形式的刺激政策，以试图早日走出金融危机的阴霾。但是过多的人为刺激使得目前复苏基础不稳的全球经济又陷入新的困境，国际市场内通货膨胀压力持续上升，国际大宗商品价格持续走高。国际范围内的物价上涨通过贸易和资本渠道向我国国内市场传递，加之我国自身存在的产业结构和收入分配方面的缺陷，使我国国内的通货膨胀形势较之于国外更为严峻。

作为全球第二大直接投资吸收国，我国国内经济各部门都同外资企业有着紧密的联系，各个产业的生产加工制造过程都有着外资企业的参与。外资企业的进入，一方面有助于我国经济保持高速的增长，但另一方面，外资企业作为通货膨胀传递的载体，对我国的物价水平也起到了推动作用。我国外资企业主要从事单一的初级加工制造业，通过从国外市场进口原材料或半成品，经过在国内的加工过程最终向国外输出工业制成品，这种“两头在外”的经营方式使得外资企业的经营过程不可避免地成为了国外通货膨胀向我国国内转移的载体。另外，外资企业利用我国丰富的劳动力优势，在全球范围内形成了我国出口工业制成品的价格优势，向国外市场大规模地出口产品。而贸易出口量的增加最终形成了我国数量庞大的外汇占款负担，并且由于缺乏对数额庞大的外汇储备进行有效处置的措施，贸易顺差的积累会进一步推高我国国内的货币供应量，加剧通货膨胀水平。

为了降低在吸引外资过程中所产生的负面效应，我国政府在对待外商直接投资的态度和吸引外资的方式上都应做出调整，改变以往过度追求外资吸收数量的考核方式，向注重提高吸引外资的质量的方向转变。同时应完善吸引外资的环境，加快外资与国企改革的结合，并充分利用后发优势，规避风险。通过对外商投资企业的合理利用，减轻我国国内市场受国际市场物价水平波动的影响，改善国内通货膨胀水平。

6.1 我国输入型通货膨胀现状分析

6.1.1 输入型通货膨胀的界定

通货膨胀，作为困扰人类经济社会许久的难题之一，一直以来都受到学界、政府和公众的广泛关注。目前学术界对通货膨胀最普遍的定义是：在一国或经济体内，因货币供给大于货币需求，从而导致货币贬值，进而引起一段时间内物价持续和普遍的上涨现象。表面上看，通货膨胀的导火索是货币的过度供给，但在不同的时期、不同的国家，导致通货膨胀发生的原因却不尽相同。

在当今全球化趋势不可逆转的背景下，各国之间的联系越来越紧密，每一个开放经济体都不可避免地受到外界因素的干扰，从而导致目前各国国内出现通货膨胀的起因越来越复杂。我们对通货膨胀起因的分析研究，也不能单单局限于由政府财政赤字引起的通货膨胀、需求拉动型通货膨胀，或者成本推进型通货膨胀这些普遍的通胀类型中，而应当把这个问题放到世界经济环境的大背景当中去研究。特别应引起注意的是，伴随着庞大的国际贸易和资本流动往来，当前通货膨胀出现了大规模的国际间相互扩散现象，很多国家的通货膨胀现象都可以定义为输入型通货膨胀。

输入型通货膨胀，又被称为斯堪的纳维亚小国型通货膨胀，是指在开放经济体中，因国际市场价格上涨和资本流入规模过大，导致进口商品价格上涨和国内货币供给增加，从而影响到国内市场，使得国内价格普遍、持续上涨的一种经济现象。从这个定义出发，我们界定一国内部的通货膨胀是否为输入型通货膨胀，需从以下几个方面考虑：

（1）国际市场是否存在通货膨胀现象。若国际市场范围内不存在通货膨胀现象，那么此时将国内的通货膨胀现象界定为输入型通货膨胀就缺乏足够的依据，只有当国际市场出现了商品价格普通上涨的现象时，我们才能够通过探究国际和国内市场的联系，判断国内产生的通货膨胀现象是否同国际市场内的商品价格上涨有关。

（2）本国对外开放程度及外贸依存度。对于任何一个国家而言，只有当其对外开放达到了一定的程度时，或者国内经济的外贸依存度过高时，该国的国内市场才有可能受到国际市场价格上涨的影响，进而在该国国内产生输入型通货膨胀。

（3）国内市场和产业对进口产品的依赖程度以及国际资本流动情况。如果该国长期大量进口的产品在国际市场上经历了持续的上涨，或该国的资本账户长期处于顺差状态，那么国际市场内的通货膨胀现象很有可能通过贸易或者资本渠道向国内市场扩散。

6.1.2 当前国际国内的通货膨胀形势

自金融危机发生以来，全球主要经济体为了刺激自身经济增长，加速复苏的步伐，相继采取了刺激性的货币政策措施，这些措施虽然在一定程度上对全球经济的恢复产生了促进作用，但也使得全球经济笼罩在了“通货膨胀幽灵”的阴影下。而作为全球最大的经济体，美国为了缓解其国内通胀压力，降低国内失业率，早日走出经济低迷的困境，推出了一系列货币宽松计划，在刺激本国经济增长的同时，将本国的通货膨胀向全球其他经济体扩散，这种以邻为壑的做法使得本已处于危机中的全球经济雪上加霜。

从国际形势方面分析，虽然目前各主要经济体的经济有所复苏，但复苏的基础不稳，同时欧元区又遭遇了严重的债务危机，使得全球经济复苏的变数增加，经济回稳的预期不足，而以美国为代表的各主要经济体则相继采取货币贬值的措施，试图刺激本国经济增长。种种不利的局面使得国际市场内通货膨胀压力持续上升，国际大宗商品价格持续走高。如图6－1所示，相对于2009年，目前国际市场上的非能源商品和能源商品的价格均处于非常高的水平，涨幅分别达到35.4%和56.1%，并保持继续上涨的趋势。这些基础商品作为工业生产的原材料

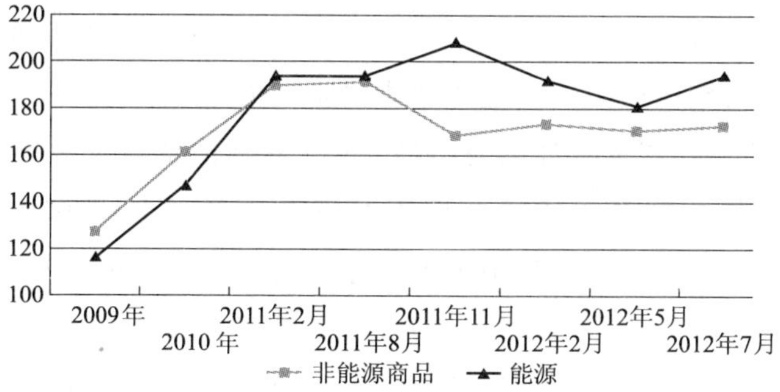

图6－1 国际市场商品价格指数变化（2009—2012年）

资料来源：IMF－elibrary统计数据。

和居民生活的必需品，其价格如果一直处于高位，会使得各国的进口商品价格水平上涨，进而影响国内部门的产品价格，从而导致各国物价的普遍上涨。

从图 6－2 中可以观测到，全球主要发达经济区域的 CPI 涨幅均在 6% 以上，而部分经济实力较差的国家的通货膨胀形势则更为严峻。持续的高水平通货膨胀，对各国生产、生活消费部门都形成了巨大的压力，同时也产生了普遍性的高通货膨胀预期，进而导致政府政策措施作用减弱，形成通货膨胀的恶性循环，使得当前全球范围内通货膨胀问题一直悬而不决。

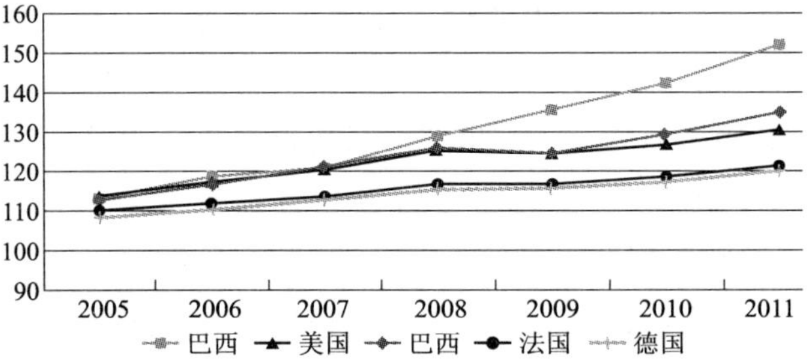

图 6－2　全球 CPI 波动情况（以 1990 年为基准年，价格为 100）

资料来源：IMF Data Warehouse。

从国内面临的经济形势分析，一方面，2008 年金融危机发生以后，我国贸易出口量出现了一定程度的下降，经济增速也有所放缓。为了促进我国经济迅速恢复，中央政府采取了多项扩张性的货币和财政政策，这些政策的实施确实对我国经济产生了刺激作用，但也导致目前我国流通领域形成了巨大的流动性过剩。加之国际游资在金融危机和欧债危机中纷纷流向我国以寻求安全的投资环境和稳定的投资收益，对国内产生了一定的通货膨胀压力。

如图 6－3 所示，国家统计局公布的 CPI（基准消费者价格指数）不断上涨，2007 年我国 CPI 涨幅创下自 1997 年以来的历史最高记录。2008 年以来，随着国际金融危机影响的逐渐加深，我国出现了经济增长速度放缓的不利局面。与此同时，CPI 同比涨幅也逐步走低。进入 2009 年，我国及时调整了宏观经济政策，实行积极的财政政策和适度宽松的货币政策，全面实施并不断完善应对国际金融危机的一揽子计划，较快扭转了经济增速明显下滑的局面，实现了国民经济总体回升向好。但与此同时，CPI 涨势一直持续到现在。另一方面，伴随着我国经济的

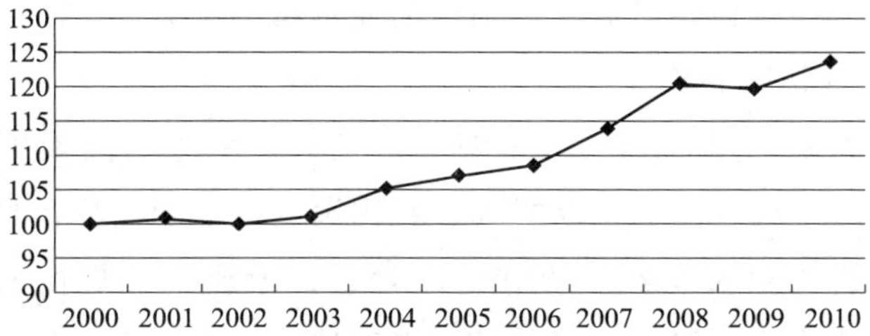

图 6－3　近年来我国 CPI 波动情况（2000—2011 年）

资料来源：中国统计局国家统计数据库价格年鉴。

飞速发展，我国劳动力价格也一直在上升，在目前通货膨胀形势十分严峻的背景下，我国国内产生了“物价—工资”双螺旋的通货膨胀现象。

6.2　输入型通货膨胀的特征及传导机理

长期以来，学术界普遍认为同其他类型的通货膨胀相比，输入型通货膨胀因其影响因素更为复杂和广泛，而有着更为独特的特征。

6.2.1　输入型通货膨胀的特征

1. 输入型通货膨胀的背景特征

在国际方面，信息产业泡沫破碎之后，全球经济多年来一直处于平稳增长的阶段，持续的经济增长积累了一定量的流动性过剩，国际市场范围内产生了一定程度的通货膨胀压力，能源、粮食，国际大宗商品价格均经历了大幅度增长。与此同时，开始于 2008 年的金融危机和目前的欧债危机使得美元、欧元等世界主要支付货币相继贬值，国际游动资金出于利益考虑，大量流入国际期货市场，使得国际市场能源、粮食，矿石等产品价格持续上涨。

在国内方面，自从我国 2001 年加入世界贸易组织以来，我国对外开放程度不断扩大，出口贸易量一直持续高速增长，我国经济发展的对外依存度也在逐年增加。目前，我国已成为全球第二大经济体，持有美元外汇储备量为全球最多，同时，我国经济的对外依存度高达 60%，尤以对美国的依存最为密切。在进口产品方面，我国的主要进口产品为生产原材料品，而这些大宗商品的国际市场价格波动频繁，难以预计。加上我国在国际市场价格体系中的话语权还不够，缺乏同经济实力相匹配的定价权，使得国际市场范围内商品价格的上涨通过贸易通道，向我国国内传导，最终形成我国国内的通货膨胀压力。

2. 输入型通货膨胀的传导特征

不同于其他类型的通货膨胀，影响输入型通货膨胀的因素更多的是来自国外。随着我国对外开放程度的不断扩大，我国国内市场同世界市场的联系也越来越紧密，我国的进出口贸易额一直在稳定增长，形成了大规模的外汇储备。同时，我国稳定的政局，良好的发展前景，丰富的劳动力要素等优势，吸引了大量国际游动资金的流入，最终形成了我国国际收支经常账户和资本账户的长期双顺差。我国的通货膨胀压力，也从过去主要通过贸易渠道传导，渐渐转变成为目前的通过贸易和资本双渠道同时传导。

3. 输入型通货膨胀的影响和治理特征

当今的经济全球化是一个双向过程，国际市场上价格上涨现象会传导进入国内，形成国内的通货膨胀压力；与此同时，国内的价格上涨现象，也会通过进出口贸易或资本外流等方式，进一步向整个世界范围扩散，使得全球通货膨胀形势进一步恶化，最终形成了“国际—国内”双螺旋相互影响的通货膨胀。因其错综复杂的成因和传导方式，目前针对输入型通货膨胀必须采取综合性的政策手段加以治理，而不是像以前那样单单依靠货币政策措施来抑制物价上涨速度。政府必须对国内通货膨胀的影响因素详细研究，采取财政政策和货币政策相结合的综合性政策措施。

6.2.2 输入型通货膨胀的传导机理

输入型通货膨胀的传导途径同其他类型的通货膨胀也有所不同。普通的通货膨胀，其根源是来自国内市场的供给失衡，往往是通过市场内部的生产不足或需求过剩等途径传导。而输入型通货膨胀的起源通常是来自国外市场，并且通过进口产品价格波动和资本大规模流动等途径向国内传递，如图 6 – 4 所示。

1. 进口产品渠道

一国从国外大量进口的原材料价格一旦出现上涨情况，首先将直接推动相关产品的价格上涨，导致国内居民生活成本的上升。同时，国内制造业出口部门的产品价格也会产生一定程度的上涨，从而失去了一定的价格优势，出口贸易量有所下降，导致经济增速减缓，又更进一步加剧了国内通货膨胀形势。如图 6 – 5 所示。

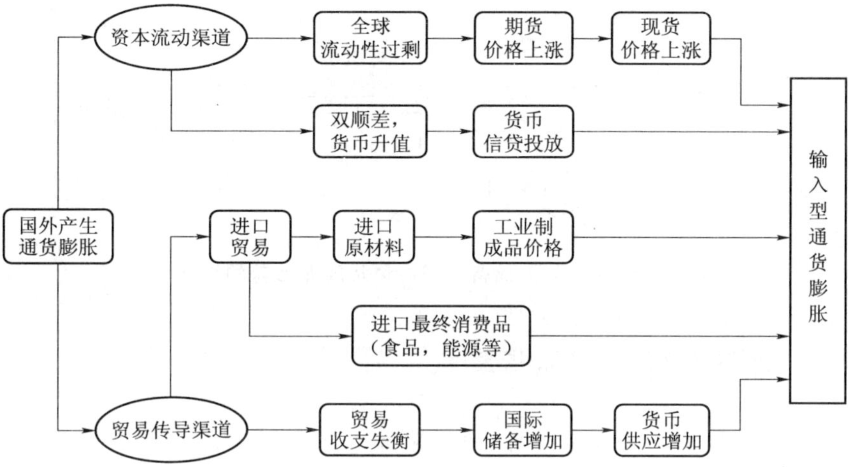

图6-4 输入型通货膨胀的传导途径

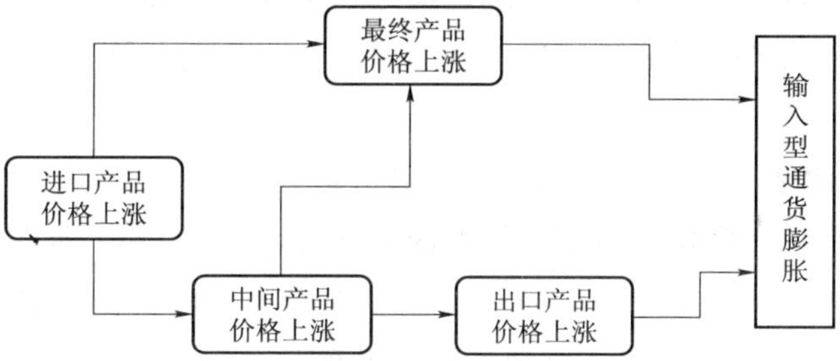

图6-5 进口产品的通货膨胀传递途径

2. 通过资本流动渠道

国外发生通货膨胀现象，其出口到国内的产品价格将会相应地上涨，并且国内出口产品的价格优势也将更为明显，进出口供需的变化导致国际贸易顺差进一步增加，国际收支长期处于顺差状态，多年来的出口创汇累积了大量的外汇。另一方面，出口贸易持续增长会营造良好的经济增长前景，并吸引大量国际游资的流入，使得该国外汇储备额有很大幅度的增长，最终导致国内的流动性过剩，并形成通货膨胀压力（参见图6-6）。

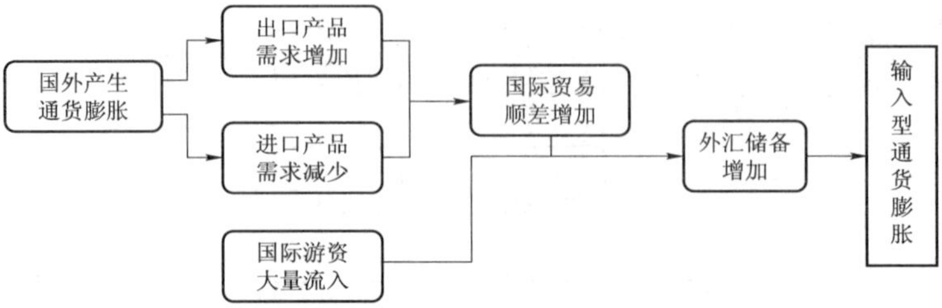

图 6－6　外汇储备对国内通货膨胀形势的影响

6.3　外资与输入型通货膨胀

6.3.1　中国是否存在输入型通货膨胀

目前关于我国国内的通货膨胀的成因，学术界众说纷纭，但普遍认为我国国内的通货膨胀受国外因素影响的成分很大。关于我国国内通货膨胀是否属于输入型通货膨胀的探讨，应当从当前国际市场是否存在持续性价格上涨现象，我国经济对外依存程度以及国外通货膨胀向我国国内传导的途径是否存在这三个方面进行分析。

图 6－7 描绘了我国主要进出口产品的价格指数波动，除 2009 年外，近几年国际市场初级产品价格均出现了大幅度的上涨现象。以 2011 年和 2007 年的数据为比较对象，食品价格上涨幅度为 40.5%，农业原材料价格上涨幅度为 34.7%，金属价格上涨幅度为 29.8%，原油价格上涨幅度为 46.4%。原因在于金融危机以来，全球经济复苏步伐缓慢，各大主要经济体均陷入经济不景气的困境中，大

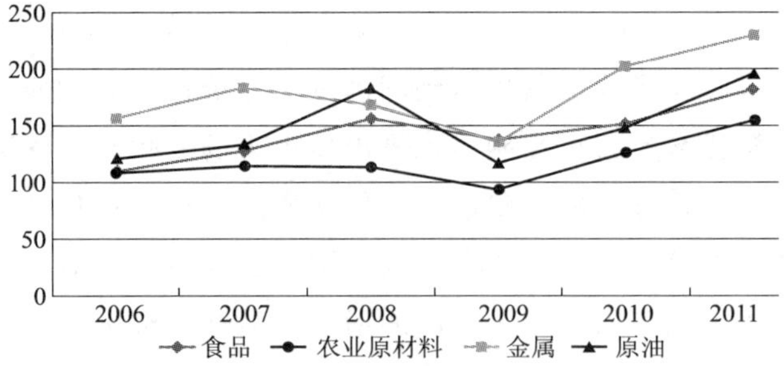

图 6－7　我国主要进口产品价格指数

资料来源：IMF－elibrary 统计数据。

量国际游资选择大宗商品交易作为避风港，并且以美国为首的主要发达经济体相继采取货币贬值的手段来刺激本国经济增长，使得以美元定价的国际食品、农业原材料、金属矿物，原油等初级产品价格基本保持上升趋势。

随着产业结构的调整以及基础技术的革新，我国进口的产品结构正在逐渐发生变化，如表6－1所示，初级产品在进口总额中的比重逐年增长，2011年初级产品进口额占我国所有产品进口额的33.5%，而与此同时，初级产品的出口在我国的出口份额比重一直处于下降的趋势，2011年初级产品出口额仅占我国出口总额的5.18%。

表6－1　　不同产品在我国进出口贸易中所占份额

贸易类型	年份 产品类型	2010年	2011年
进口产品	初级产品	30.99%	33.49%
	工业制成品	69.01%	66.51%
出口产品	初级产品	5.18%	5.81%
	工业制成品	94.82%	94.19%

资料来源：中国统计局历年进出口统计数据。

我国以出口贸易为导向型的经济增长模式和基本国情决定了我国经济对外依赖程度很高，而受制于国际市场导致的产品定价话语权不足的限制，使得我国在进出口贸易中只能被动地接受价格上涨影响。同时作为世界第一大工业制成品出口国，我国长期大量进口初级原材料，经过加工制造，最终转化为大量的工业制成品出口。但我国产业结构调整的缓慢及管理创新的落后，使得我国形成了对国际市场上原材料如矿石、原油，金属等初级产品进口和向国际市场出口工业制成品这两方面的过度依赖。正是这种对国际市场的过度依赖，使得我国在国际市场商品价格发生波动时，往往显得十分被动。国际市场范围内的价格上涨，最终会导致我国出口产品成本上涨，国内物价指数上升以及居民财富缩水。

从我国国际收支分析，我国长期的贸易顺差（图6－8所示）和资本账户顺差累积形成了数量庞大的外汇储备，由于我国缺乏完善的外汇管理机制，无法对外汇储备进行有效地处置。庞大的外汇储备加剧了国内的流动性过剩，使得我国通货膨胀形势进一步恶化。

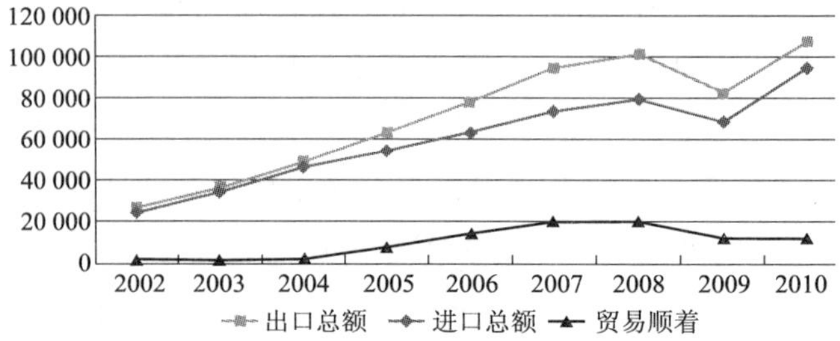

图 6－8　我国贸易顺差情况（亿元）

资料来源：中国商务部统计数据。

通货膨胀是当前中国经济的突出现象，通过以上分析表明，中国的物价总体上受到美国、欧盟的影响，并存在三条传导路径：价格传导、货币供给传导、总供求传导。因此遏制通胀不能仅靠国内的紧缩性货币政策，还要注意防范国际通货膨胀的输入性影响。

6.3.2　外商直接投资的通货膨胀效应

1. 外资推动输入型通胀的贸易渠道及影响

我国吸引的外商直接投资主要集中在制造业和服务行业，并且从事制造业和服务行业的劳动力人数占据我国劳动力总量的很大部分。外资企业依托其强大的经济实力，往往会通过高工资来吸引国内优秀人才，外企的高工资待遇会对其他企业产生示范效应，从而拉动全国平均工资水平，造成一定的生产成本上升，推动国内物价水平的上涨。

外商直接投资企业的国际性特点，决定了其极容易导致输入型通货膨胀：大部分外商直接投资企业都从事进出口加工行业，从国外市场进口工业原材料，通过在国内的生产基地的生产加工过程，最终向国外市场出口工业制成品。因此，国际市场范围内发生的通货膨胀现象，会通过外商直接投资企业的原材料进口渠道，传递到国内市场。一方面，国内市场物价水平将会产生一定程度的上升，另一方面，外资企业生产的出口产品价格也会相应上涨，进一步恶化国际市场通货膨胀形势，如此反复循环使得国内国外的通货膨胀现象互相影响。

自 2001 年我国加入 WTO 以来，外商直接投资企业参与的产品进出口量一直占到我国当年所有进出口产品总量的50%以上，并且所占比重基本保持逐年递增的趋势。2007年外资企业出口比重占我国总产品出口的56.9%，虽然受金融危机导致的全球需求不足的影响，2009—2010年的出口比重略有下降，但2011年仍达到了52.42%，可以说，我国进出口贸易额，在很大程度上是由外商直接投资企业所完成。

外商直接投资企业大量进口的食品、农业原材料、金属矿物，原油的价格基本保持上升趋势。从2001年到2007年食品价格上涨幅度为40.5%，农业原材料价格上涨幅度为34.7%，金属价格上涨幅度为29.8%，原油价格上涨幅度为46.4%。进口产品价格的大幅上涨，会通过多种渠道向下延伸影响到下游产业和相关行业：

（1）直接消费渠道：因为一部分进口产品其自身即为最终产品，如大豆、玉米等农产品，这些产品一旦进入国内消费领域后，会直接带动国内相关产品价格随之上涨。

（2）生产渠道：这是外商直接投资企业进口产品的价格上涨对国内价格波动传导的最主要渠道。国内企业为实现预期利润，将进口原材料价格上涨带来的额外经济负担通过提高产品价格，沿着产业链传导至国内下游企业和最终消费者。同时由于我国制造业产值占GDP的比重较高，而原材料成本相对于劳动力成本来说占总成本比重也较大，因此对进口原材料需求量大的企业的生产成本十分容易受国际市场产品价格上涨的影响，进而提高工业制成产品出厂价格和国内物价水平。

（3）预期效应：由于我国进口产品中资源和能源产品占据了较大份额，而这些产品均具有稀缺性，存在较为明显的供给瓶颈，一旦价格上涨预期形成，该预期在短期内就难以回落。因此当国际市场范围内的产品价格持续上涨后，人们便会预期未来产品价格还会进一步上涨，为减少经济损失，企业在各种交易、投资中会将价格上涨预期加入进去，从而引起现货产品价格水平也有所提高。

（4）联动渠道：当国际市场上的产品价格上涨时，国内商品供应商也会选择同步涨价，否则就会出现套利的空间。虽然相关的进出口限制等因素会在一定程度上抑制这种套利行为，但国内供应商仍有充分的盈利动机将价格与国际接轨。

（5）扩散效应：进口产品价格上涨的影响会扩散到其他部门，从而引起社会各部门产品价格的普遍上涨。为了维持当前的福利水平，工人或企业经营者会要求提高工资和其他福利待遇，从而提高生产成本和产品价格，导致国内出现成本推动型通货膨胀。

3. 外资推动输入型通胀的资本渠道及影响

我国国际收支资本账户长期处于顺差，积累了大量过剩的流动性。而造成资本账户长期处于顺差的原因可分为两类情况：一类是国际游资为了规避风险，追求高额利润而大量流向国内市场，另一类情况则是我国长期以来的出口贸易顺差所积累形成巨额外汇储备。巨额的外汇储备量对我国国内货币供应量形成了强大的推动力量，过剩的货币供应量则会导致我国物价上涨。针对前一类资本流动，可以通过加强资本管制等方式减轻危害，但对于因出口贸易顺差所造成的流动性过剩情况，则难以规避。

如图 6－9 所示，外商直接投资企业从事的进出口贸易活动所产生的顺差占我国进出口贸易顺差的比重很大，2007 年外资企业进出口差额占比全国进出口贸易顺差的 51.3%，2010 年该数据则上升到 68.2%，外资企业参与的贸易额在我国进出口贸易顺差中所占比重逐渐增大，可以认为，我国庞大的外汇储备规模，在很大程度上都是同外商直接投资企业从事的进出口贸易相关的。

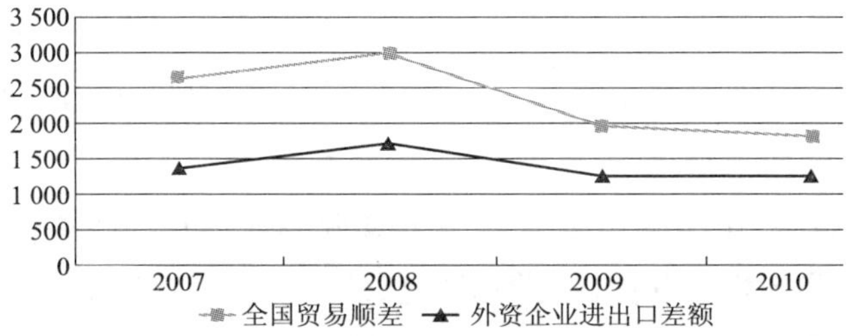

图 6－9　我国进出口贸易顺差变化

资料来源：《中国统计年鉴》（2011）。

我国长期以来一直在发展出口导向型企业，通过政策倾斜等方式大力鼓励出口，试图以出口贸易带动国内经济增长和产业结构调整。这种出口导向型的经济发展模式，导致我国国际贸易常年保持顺差，并且顺差规模一直在增大，如图 6－8 所示。而国际贸易顺差对国内总供给和总需求平衡的影响，则具有

“双倍”效应。一方面净出口的产生意味着本国国民享用的供给减少，另一方面，净出口所取得的外汇必须兑换成人民币才能在国内市场流通，于是总需求大于总供给的数量缺口会“双倍”扩大。近5年来，我国因贸易顺差造成的总需求较之总供给的缺口为11 146.4亿美元，这样，实际需求较之供给缺口为22 292.8亿美元，数量庞大的供需缺口在一定程度上恶化了我国的通货膨胀形势。

由于我国一直实行外汇结售汇制度，经由贸易渠道产生了日益增长的庞大外汇储备规模。截至2011年，我国的外汇储备已达到31 811亿美元，并持续增长，如图6－10所示。但是，因为中央银行的调控受限，无法采取有效的冲销措施减轻外汇储备增加对通涨的压力。一方面，在我国的汇率制度下，中央银行对我国的外汇储备并无实际控制权，一旦企业有兑取外汇的需求，中央银行必须无条件结汇；另一方面，由于体制原因，中央银行利用公开市场业务、准备金制度等货币政策工具的调控力度有限，使得央行往往被迫大量释放流动性，最终通过银行系统的货币创造和货币乘数效应，使得国内总需求大于总供给，从而推动物价水平的普遍上涨。

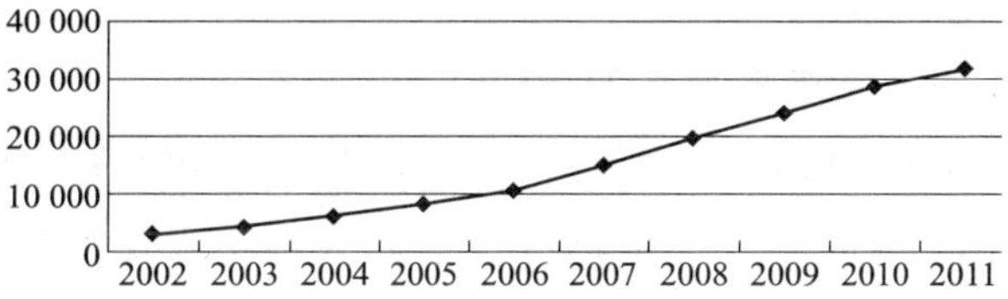

图6－10 我国外汇储备情况（亿美元）

资料来源：中国外汇管理局历年统计数。

6.4 外商直接投资与输入型通货膨胀的实证研究

本节首先定义通货膨胀的指标，然后运用单位根、协整分析、VEC向量误差修正模型、VAR向量自回归技术分析外商直接直接投资与输入型通货膨胀的动态关系。

6.4.1 外商直接投资与输入型通货膨胀的描述性分析

目前衡量一国通货膨胀的指标主要有消费者物价指数（CPI）、生产者价格指数（PPI），这两者分别从居民零售消费品价格和生产商出厂价格两方面衡量社会物价水平，高数值的 CPI 和 PPI 表示该国正在经历较高水平的通货膨胀。

1. CPI 作为衡量通货膨胀形势的指标

居民消费价格指数（CPI）反映了一定时期内国内居民所消费商品及服务项目的价格水平变动趋势和变动的程度。居民消费价格水平的变动率在一定程度上反映了通货膨胀（或紧缩）的程度。一般认为 CPI 增长率在 2% –3% 属于可接受范围内，但物价指数增长速度快过人民平均收入的增长速度会导致居民收入缩水，国内消费不足，最终造成经济增速减缓。CPI 的计算公式为：CPI =（一组固定商品按当期价格计算的价值/一组固定商品按基期价格计算的价值）×100%。CPI 的计算公式采用的是固定权数按加权算术平均指数公式计算。

在我国，处于 CPI 统计范围内的商品主要可分为：食品、烟酒和饮品、住宅、衣着、教育和通讯、交通、医药健康、娱乐、其他商品及服务。可以看出，构成 CPI 的商品均为和居民生活消费密切相关的部门，直接同公众的日常生活相联系，能较为贴切地反应国内居民的生活水平变动情况。但居民消费品只是一国国内最终产品的一部分，仅仅依靠 CPI 的数据无法全面地说明国内整体物价波动情况。

2. PPI 作为衡量通货膨胀形势的指标

生产者价格指数（PPI）是一个用来衡量制造商出厂价的平均变化的指数，它是统计部门收集和整理的若干个物价指数中的一个，该指数市场敏感度非常高。如果生产物价指数比预期数值高时，表明有通货膨胀的风险。如果生产物价指数比预期数值低时，则表明有通货紧缩的风险。PPI 衡量的是工业企业产品出厂价格变动趋势和变动程度的指数，是反映某一时期生产领域价格变动情况的重要经济指标，也是制定有关经济政策和国民经济核算的重要依据。目前，我国 PPI 的调查产品有 4 000 多种（含规格品 9 500 多种），覆盖全部 39 个工业行业大类，涉及调查种类 186 个。

根据价格传导规律，PPI 对 CPI 会有一定的影响。PPI 反映的是生产环节价格水平，CPI 反映的是消费环节的价格水平。整体价格水平的波动一般首先出现在生产领域，然后通过产业链向下游产业扩散，最后波及消费品。在我国，主要的产业链可以分为两条：一是以工业品为原材料的生产，存在原材料→生产资料→生活资料的价格传导机制。另一条是以农产品为原料的生产，存在农业生产资料→农产品→食品的价格传导机制。

分别选取1990—2010年我国的CPI和PPI数据，两者均以1985年的数据为基准100，可以得到时序图6－11。从CPI和PPI的时序图可以看出，我国的居民消费品物价一直处于上升趋势，同时生厂商出厂价格也基本保持上升趋势，但两者在1994—2005年期间的增长幅度都较为平缓，表明我国国内物价水平在该区间内保持相对稳定的状态。

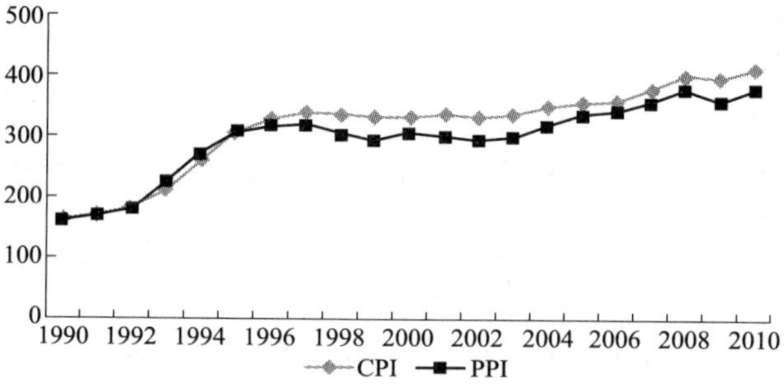

图6－11　我国CPI和PPI波动情况（1990—2011年）

资料来源：中国统计局《中国统计年鉴》。

选取我国1990—2010年实际利用外商直接投资额数据，构建时序图6－12。可以发现，我国吸引的外商直接投资额的增速一直在加快，特别是从2001年开始，吸引外资的增长幅度有明显的提高，表明随着对外开放程度的提高以及同世界市场的逐步接轨，我国对外商直接投资的吸引力也有明显的增强。

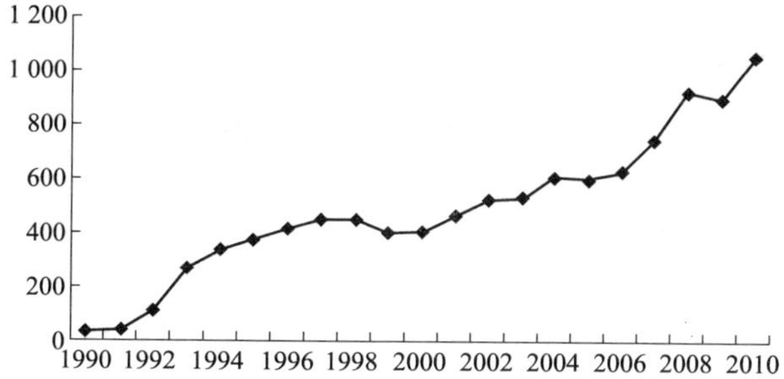

图6－12　我国实际利用外资额（亿美元）

资料来源：中国统计局《中国统计年鉴》（2011）。

6.4.2 FDI与通货膨胀的计量分析

1. CPI、PPI和FDI平稳性检验

根据时间序列分析的要求，我们要在建立模型之前，先对各变量的平稳性进行检验，本书采用ADF检验法。图6－13是CPI、PPI与FDI的趋势变动图，从图上可以看到，两个变量在变动趋势上比较一致，从长期变化来有可能存在着协整关系。

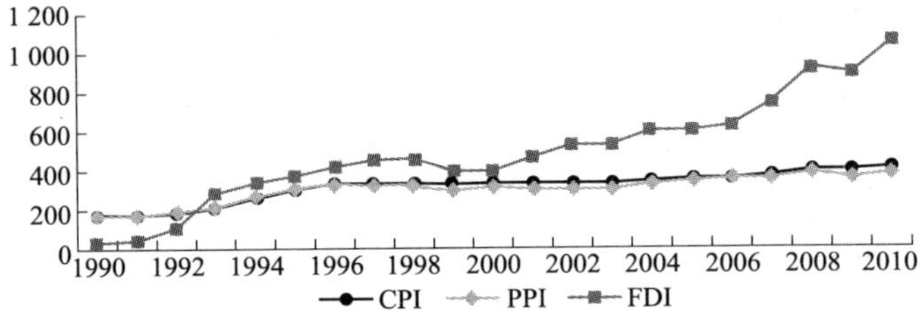

图6－13　CPI、PPI与FDI的变化趋势

资料来源：中国统计局《中国统计年鉴》(2011)。

由于这些序列有明显的上升趋势，故选择包含常数和趋势项的检验方程，经过试验，采用ADF检验法，找到使AIC和SC值达到最小的参数滞后项，滞后项数=2。由于序列CPI和FDI均为非平稳序列，故对其进行一阶差分得到序列△CPI、△FDI。由于序列△CPI、△FDI有非0均值，但没有明显的时间趋势，故选择只包含常数项的检验方程，经过试验，找到使AIC和SC值达到最小的参数滞后项$p=1$。经检验序列△CPI、△FDI均为一阶单整序列，可能存在协整关系。具体检验结果见表6－2。

表6－2　各项指标数据的单位根检验

指标 变量	ADF值	p值	结论
CPI	－6.130 0***	0.000 7	平稳
FDI	－1.130 1	0.897 7	非平稳
△FDI	－3.740 7**	0.012 1	平稳
LNFDI	－4.037 4***	0.006 1	平稳

续表

指标 变量	ADF 值	p 值	结论
PPI	-2.057 1	0.262 3	非平稳
△PPI	-2.110 7**	0.036 5	平稳

注：*、**、***分别表示在10%、5%、1%统计水平下显著。

2. 协整检验

对于双变量的协整检验，本书采用EG两步检验法。由于ADF检验结果表明两研究变量为同阶单整，因此它们之间可能存在一个长期稳定的比例关系。首先，先用最小二乘回归方法对PPI和FDI建立回归方程（$PPI = \alpha + \beta FDI + \mu$）并计算非均衡误差，具体的回归结果如下：

表6-3　　FDI和PPI协整回归结果

自变量	系数	标准误差	t统计量
FDI	0.216***	0.020	10.443
C	188.362***	11.554	16.302
F统计量 = 109.06	R^2 = 0.85	DW = 0.35	

注：*、**、***分别表示在10%、5%、1%统计水平下显著。

由表6-3可知，回归方程拟合度很好，因此我们可以判断外商直接投资额和我国国内生产厂商价格指数之间存在均衡关系，两者具体的方程表达式：

$$PPI = 188.362 + 0.216FDI \tag{6.1}$$

然后对该协整方程的残差进行单位根检验，结果如表6-4。

表6-4　　协整方程残差单位根检验

变量	ADF检验值	p 值	结论
残差	-2.376**	0.020	平稳

注：*、**、***分别表示在10%、5%、1%统计水平下显著。

由表6-4可知，残差序列的ADF检验统计量为-2.376，大于5%的显著水平下的临界值（$p = 0.02$），因此我们可以拒绝原假设，认为残差序列为平稳序列，从而表明变量PPI和FDI之间存在唯一的协整关系，其长期稳定的协整关系如式（6.1）所示，即FDI和PPI之间存在协整关系，也就是我国吸引外商直接投资额和我国生产厂商价格水平之间存在协整关系。

3. ECM误差修正模型

计量经济学理论告诉我们，简单差分固然可以消除时间序列变量的趋势性问题，但是仍不能完全解决非平稳时间序列所面临的全部问题，如差分后的信息缺失等，因此，应该建立误差修正模型，引入误差修正项，来进一步揭示变量间的短期动态关系。

在前面的EG检验中，已经证明了PPI与FDI之间存在协整关系，且为唯一的。所以根据回归方程估算出序列（式6.2）即可以建立误差修正模型。

$$\triangle PPI = \alpha + \beta_1 \triangle PPI(-1) + \beta_2 \triangle PPI(-2) + \beta_3 \triangle FDI(-1) + \beta_4 \triangle FDI(-2) + \lambda ECM \quad (6.2)$$

其中ECM为式（6.1）中的残差估计值。解释变量引入的短期关系模型的残差，代表着在取得长期均衡的过程中各时点上出现“偏误”的程度，使得第二步可以对这种偏误的短期调整或误差修正机制加以估计。向量误差模型回归结果如下：

$$\begin{aligned} \triangle PPI = {} & 9.33 + 0.43 \triangle PPI(-1) + 0.33 \triangle PPI(-2) - \\ & (3.08) \qquad (2.60) \qquad\qquad (1.64) \\ & 0.13 \triangle FDI(-1) - 0.08 \triangle FDI(-2) - 0.22ECM \\ & (-2.77) \qquad (-2.35) \qquad (-2.98) \end{aligned} \quad (6.3)$$

注：括号内为t值

由误差修正模型，各项参数估计量均比较显著，且短期调整系数为负值，符合短期波动向长期均衡调整的反向修正机制，模型可靠。说明长期来看，如果本期的PPI偏离均衡值，那么到下一时期这一偏离度将有22%得到修正，调整力度比较大。

4. 格兰杰因果关系检验

在建立误差修正模型后，可以检验进口与经济增长之间是否存在格兰杰因果关系。需要注意的是，格兰杰因果关系检验对于滞后期的选择比较敏感，不同的滞后期也许会得到完全相反的检验结果，因此，这里我们严格根据赤池信息准则（AIC）和随机扰动项不存在序列相关性的标准选择滞后期。结果选择滞后期为1。格兰杰因果关系检验见表6-5。

表6-5　　FDI和PPI格兰杰因果实验结果

原假设	观察数量	p值	结论
△FDI → △PPI***	18	0.008 6	拒绝
△PPI → △FDI	18	0.101 4	不拒绝

注：*、**、***分别表示在10%、5%、1%统计水平下显著。

通过格兰杰因果实验分析，我们发现，FDI不是引起PPI变化的原因，而PPI是引起FDI变化的原因。通过FDI和CPI，PPI相关数据的实证分析，我们最终可以得出结论，我国吸引外商直接投资额同我国居民消费物价水平和生产厂商价格指数之间都存在长期的均衡关系，并且外商直接投资额在一定置信水平上可以认定为导致我国居民消费物价水平和生产厂商价格指数变动的原因。

5. VAR向量自回归模型

为消除时间序列长期变化中存在的剧烈波动，本部分实证分析将采用序列CPI、FDI的数据来建立VAR（p）模型，并利用脉冲响应函数和方差分解等分析技术对其进行解释。向量自回归模型的优势就在于它不以特定的经济理论为建模前提，同时，还可以利用随机扰动来衡量变量对整个系统的影响，相对于传统的结构模型来说存在很大的优势。向量自回归模型里面存在一个非常重要问题就是如何选择适当的滞后期。在实际建模过程中，一方面我们希望能够获得足够大的滞后阶数p，以尽可能完整地反映所构造模型的动态特征。另一方面，我们又不希望因为引入过多的内生变量滞后值而损失过多的模型自由度。因此，我们最基本的选择标准就是依据AIC，SC最小原则进行滞后期的确定。根据AIC和SC取值最小的准则及保证模型稳定性原则，结果显示滞后期p为2。

表6-6显示VAR模型残差序列不存在自相关性，通过白噪声检验，但据此建立的VAR模型的解释和预测能力可能不够高（R^2值偏小）（参见表6-7）。

表 6－6　　VAR（2）白噪声检验结果

lag	Chi^2	df	Prob > chi^2
1	2.525 1	4	0.640 14
2	1.725 2	4	0.786 13

表 6－7　　VAR（2）方程的估计结果

自变量	系数	标准误差	t 统计量
cpi（－1）	1.002***	0.267	3.75
cpi（－2）	－0.541**	0.250	－2.17
fdi（－1）	－0.028	0.052	－0.54
fdi（－2）	0.053	0.049	1.9
C	5.814	3.843	1.51
R^2 = 0.564 2　　AIC = 19.163			

注：**、***分别表示在5%、1%统计水平下显著。

6. 脉冲响应分析

正因为 VAR 模型的建立不基于任何经济理论，因此它无须对内生变量做任何先验性约束，这使得分析模型系数即分析一个内生变量的变化对另一个内生变量的影响变得没有意义。此时我们关注的是当一个随机扰动项发生变化时对系统的冲击程度以及相应变量的响应路线。图 6－14 是基于 VAR（2）和渐近解析法（Analtic）模拟的脉冲响应函数曲线。横轴代表响应函数的追踪期数表示冲击作用的滞后期间数（年），纵轴代表因变量对系统内一个标准差新息冲击的响应程度，实线表示脉冲响应函数，代表了因变量对相应冲击的反应路线，虚线表示正负两倍标准差置信带。在此模型中，我们将响应函数的追踪期数设定为 12 年。

从图 6－14 中的左右上图可以看出，当在初期给予价格一个正向冲击之后，CPI 的变化有所滞后，大概至第 2 年才开始出现缓慢的下降，但是价格冲击对于

FDI 的负面影响是瞬时的。而从图 6－14 中的右下图可以看到，当在期初给予 FDI 冲击之后，其对 CPI 没什么影响，但对其本身的影响是瞬时的。由此可见脉冲响应函数的分析结果同上面进行的格兰杰因果检验关系的分析结果是一致的，并且更加直观地刻画了两者之间的动态关系。

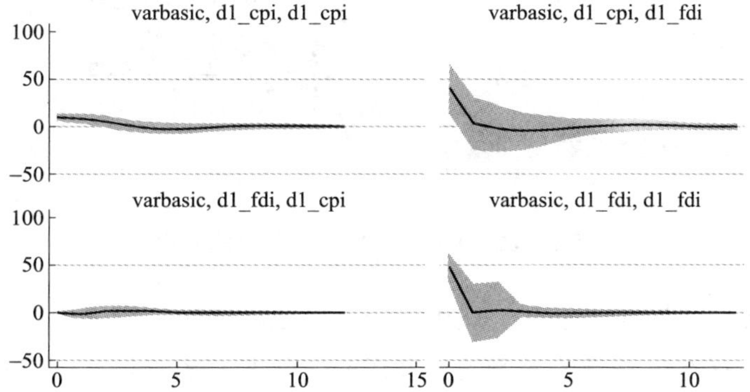

图 6－14　VAR（2）的脉冲响应函数曲线

7. 预测方差分解

脉冲响应函数通过刻画 VAR 模型中的内生变量对于来自另一个内生变量新息的冲击所产生的响应路线来反映系统内部变量间的互动关系，而方差分解的原理是通过分析每一个系统冲击对内生变化的贡献度，即将预测方差分解后通过变量的贡献占总贡献的比重来进一步评价不同变量的重要性。方差分解定量地呈现每个随机扰动的相对重要性，比较直观，具有一定的说服力。本书基于 VAR（2）模型，利用渐近解析法（Analitie）对 CPI 和 PPI 进行了方差分解，结果见图 6－15。

图 6－15 左边 2 个图为 CPI 及 FDI 对 CPI 波动的贡献度，因此每个时刻对应的两个值相加等于 100%。据此，由图可见，CPI 主要受其自身波动的影响。有趣的是，FDI 不仅受其自身波动的影响，也几乎同等地受通货膨胀的影响。这个结果跟我们前面的分析是一致的，但方差分解分析更加明确地给出了每个变量对因变量变化的影响程度。

8. 小结

（1）EG 检验的结果表明通货膨胀率与 FDI 数量之间存在协整关系，两者之

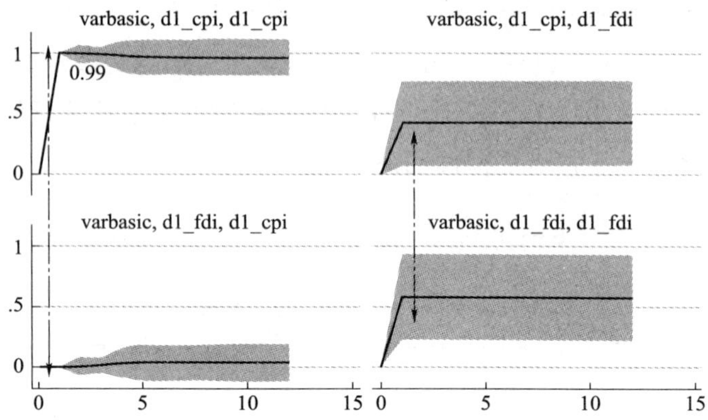

图 6－15　VAR（2）的方差分解曲线

间存在一定程度的正相关关系。从中我们可以推断出我国物价水平的波动和外商直接投资之间存在着长期的均衡关系和短期的动态关系，并且随着我国物价水平的上升，外商直接投资流入量也会有上升的趋势。

（2）格兰杰因果关系检验表明通货膨胀率是影响 FDI 的格兰杰原因。这表明在一定程度上，我们可以认为物价水平的波动是导致我国外商直接投资流入量产生变化的原因。我国物价水平的持续上升，在一定程度上会导致我国 FDI 流入量的净增加。

（3）通过分析脉冲响应函数和方差分解的情况，我们可以发现价格冲击对于 FDI 造成的负面影响是立竿见影的。另外，CPI 主要受其自身波动的影响，而 FDI 不仅受其自身波动的影响，也几乎同等地受通货膨胀水平的影响。

6.5　合理利用外资，规避输入型通货膨胀风险

近年来，随着经济发展水平的不断提升，以及产业结构的逐步升级，我国利用外资政策导向也产生了相应的变化。吸引外商直接投资的目的已经从单纯引进国外资金、促进经济建设向引进国外先进技术、现代化管理经验和专业人才团队转变，通过合理的吸引外资流入，改善我国目前产业发展，国民收入失衡的现象，提升我国国际竞争力。为了能够更为合理地利用外资，最大限度地发挥外商直接投资在我国经济建设中的积极作用，政府应当在对待外商直接投资的态度和吸引外商直接投资的方式两方面进行转变。

首先在对待外商直接投资的态度上，政府要明确制定外资的产业限制政策，即在逐步形成对内外资企业政策一致的过程中，出于保护国家安全和经济社会的稳定的目的，有目的地限制和引导外资流向的具体领域，改变以往不加限制地吸引外资的状况。无论我国对外开放的程度如何，当市场调节自身无法满足国家宏观政策的目标时，我们有必要建立严格的审批制度，对外资进行有效的监管和引导，抑制外商投资过热的现象，强化外商直接投资企业的社会责任，保护国家经济安全，确保国家经济社会平稳发展。

其次，在吸引外资的方式上，政府必须摒弃以往的行政引资单一追求规模的方式，转向在遵循市场经济规律的基础上，提升我国吸引的外商直接投资的技术含量，并适当向基础设施建设等领域流入。同时，在考察外商直接投资时，需要从资源消耗、环境保护、新增就业等层面对将要进入我国的外商企业进行综合评估。

我国吸引外商直接投资政策的调整，具体可以从以下几个方面着手：

第一，提高吸引外资的质量。以往我国吸收的外商直接投资，绝大部分都属于加工制造企业，这些企业看中了我国丰富的劳动力资源，因此将劳动密集型产品的生产过程向我国转移。虽然加工制造企业在我国经济起步的过程中起到了至关重要的作用，但同样也是因为外资过于集中在加工制造业当中，使得我国目前的产业结构失衡，第二产业的发展远快于第一、三产业的发展，并且导致了国民收入分配的不平衡，破坏了我国国内市场的供需结构，在一定程度上加剧了我国通货膨胀的恶化。针对外资流入过于集中于低端的加工制造业的现象，我国应坚定地加强对先进技术、现代化管理经验和专业人才团队的引进，注重在同外商直接投资的合作和竞争过程中对国外大跨国公司管理结构和经验的借鉴吸收。同时借助吸引进来的外资企业的示范作用，帮助我国本土企业做大做强，加快我国企业的现代化、国际化进程。通过对吸引外资政策的调整，改善我国目前的产业发展失衡现象，从而在根本上平均国民收入分配和维持国内市场的供需平衡，缓解我国通货膨胀压力。

第二，完善吸引外资的环境。在吸引外资时，政府往往为了追求外资数量而盲目地对外资企业提供优惠待遇，形成外资企业的“超国民”地位，加上外资企业自身有着庞大的经济实力，最终外资企业在一定程度上垄断了我国国内某些产品的市场，掌控了产品的定价权，通过操纵产品价格的变化从我国获取大量的经济利润，并加剧我国通货膨胀的形势。面对这种情况，政府应当加快观念的转变，从管理者向服务者的角色转变，在遵循良好的经济市场秩序的前提下，依据规章制度对外资企业的准入、管理等方面加以调节。只有构建了良好的招商引资环境和完善的外企管理方案，才能在增强我国对外资的吸引力的同时，维持市场的竞争体制，避免外资企业过度扩张形成垄断，保障我国工人的合法权益，也将有利于国家宏观调控政策的实施。

第三，利用外资促进区域产业结构升级。我国过去吸引外商直接投资存在着严重的区域和行业间的不平衡。一方面，我国吸引外资主要集中在东部沿海区域，据统计，该地区吸收外资额占据了我国总利用外资额的80%以上。外资流入的严重失衡，使得中部和西部地区的经济发展速度一直落后于沿海发达区域，最终形成了区域间的经济发展和国民收入的不平衡，减缓了我国产业结构整体升级的步伐；另一方面，在很多国有企业处于垄断地位的领域里，我国一直对外资加以排斥，限制外资企业的进入，这种政策上的过度保护，使得国有企业的改革进展十分缓慢，同时也导致不同的部门间收入差距的持续扩大。政府对外资流入进行合理的区域性的引导，适当开放某些市场化程度不高的领域，对我国贯彻实施西部大开发政策，促进国有企业改革和产业结构升级，缩小部门间收入水平差距等方面都有积极作用。

第四，注重外资和我国优势要素的结合。长期以来，我国庞大的人口基数构成了我国的人力资源和智力资源优势，丰富的人力资源构成了我国在劳动密集型产品的生产方面巨大的优势，同时，我国也依靠这种优势保持了长期的高速增长。但同样也是因为过于依靠劳动力优势，我国一直没有形成具备核心竞争力的产业，长期受困于全球价值链的底端，我国物价水平极易受到国际市场需求的影响。为了向全球价值链的上游迈进，构建我国的核心产业，政府应当合理地引导外资，将其同我国的比较优势相结合，真正形成我国长期的竞争优势，构建我国在世界范围内的核心竞争力，摆脱我国国内生产对国际市场的严重依赖；提高居民收入水平，改善国内需求不足的情况，平衡供需结构，规避通货膨胀风险。

第五，利用后发优势，规避风险。外商直接投资的流入，不仅仅单纯给我国带来了先进技术和资本供给，同时，也向我们传递了经过发达国家实验成功了的企业管理经验及发达国家使用过的政策调节措施。通过对这些成功的经验和措施的借鉴，我国可以减少制度建设的时间和成本，避免不必要的损失，并针对我国现实国情，有针对性地制定符合我国现实情况的调控政策，稳定我国宏观经济局势，降低我国产生通货膨胀的风险。

（执笔：邓慧慧、李超）

第 7 部分

2011 年外商直接投资企业社会责任状况

2011 年，外商投资企业社会责任发展面临着新的国内外制度环境，金融危机使得外商投资企业面临更加复杂的宏观经济环境；可持续发展成为社会的普遍呼声，对在华外资企业产生一定的影响；环境保护、低碳发展、集体协商、供应链等内容是2011 年社会责任领域的热门话题，供应链社会责任管理也呈现出一些新的趋势和特点。

7.1 2011 年外商投资企业社会责任发展面临的制度环境变迁

2011 年，外商投资企业社会责任发展面临的国内外宏观经济环境和社会责任制度要求呈现出新的特点，企业社会责任在全球仍然是热门话题，并且开始成为企业间竞争的手段之一，构成企业、行业和区域竞争优势的组成部分。

7.1.1 2011 年全球企业社会责任发展情况

金融危机之后，全球经济形势不容乐观，如何实现可持续发展成为国际社会关注的重点问题之一，在社会责任领域尤其如此。尽管很多企业受到金融危机的影响，社会责任相关支出有所下滑，但社会公众和一些国际组织对企业负责任地运营提出更高的期望，希望以此来应对金融危机产生的不利影响，实现可持续发展。2011 年，国际组织陆续出台了一些社会责任相关的倡议、工具等，来帮助和指导企业承担社会责任；社会责任信息披露和社会责任报告数量不断增加；对经济全球化条件下跨国公司和品牌商的供应链社会责任尤为关注；社会责任投资日益增加，金融机构通过社会责任或可持续发展指数等对企业社会责任的影响逐渐加大，社会责任成为吸引投资的重要因素之一；同时金融机构本身的社会责任也受到越来越多的关注，绿色信贷是其中重要的内容之一；社会责任逐渐成为企业竞争优势的重要组成部分，成为企业提高其信誉和品牌价值的重要方式；对社会负责任的组织行为能较好地防范风险，这一点也得到越来越多的认可；社会责任与可持续发展的重要程度不断提高，越来越多的企业主动采取措施，通过社会责任来促进自身发展。

7.1.2 外商投资企业面临的社会责任国际制度变迁

全球企业社会责任制度变迁包括影响跨国公司全球运营的法律法规、国际组织制定的社会责任自愿性标准和指南，以及各类促进法律法规、标准和倡议实施的工具，包括各类评价标准和报告标准等。2011 年，多个国际性组织出台或修订了与社会责任相关的倡议，包括联合国全球契约、OECD 跨国企业准则、全球报告倡议组织 GRI 指南（新的可持续发展报告指南 G3.1 版新增人权、性别和社区等内容）等；此外，各类社会责任投资相关的规则的修改和进一步发展，促使跨国公司更加重视社会责任，这些都对在华外商投资企业的运营产生影响。

1. 联合国系统的社会责任倡议

联合国机构是促进全球社会责任发展的重要机构。2011 年，联合国相关机构也积极开展活动，并推出一些新的做法。2011 年 6 月 17 日，联合国人权理事会在其 17 次会议上通过了新的“商业与人权指导原则”（Guiding Principles for Business and Human Rights），强调尊重人权是企业的社会责任，该原则为商业领域的人权工作提供了新的国际性标准。同时，全球契约与联合国人权事务高级专员办公室联合发布了新版的《如何制定人权政策指南》，帮助和指导企业更好地保护和促进人权。

作为全球最大的国际社会责任机构，联合国全球契约 2011 年的重点主要是：推动可持续性表现和信息披露；制定公司可持续性领导力蓝图，为公司提供有挑战性但可以实现的战略，并列出领导力实践标准；开发全球契约管理模型，为企业提供可持续性战略的内容、评估、实施、度量和交流等方面的指南；出台新的报告标准，将设置初级、中级和高级三个层次，帮助公司在可持续性表现和信息披露方面逐渐提高。联合国全球契约组织的各项工作，无疑会推动已经加入和准备加入联合国全球契约的跨国公司的社会责任。

2. OECD 跨国企业准则

2010 年 5 月 4 日，42 个加入 OECD 跨国企业准则的 OECD 成员国和非成员国开始对该《准则》进行修订，以反映自 2000 年以来国际投资和跨国企业情况的变化。2011 年 5 月 25 日，在庆祝 OECD 成立 50 周年的部长级会议上，新《准则》及相关决议获得 42 个加入国政府的采纳。更新后的准则通过提高人权和促进世界各地的社会发展，将有助于私人部门负责任地发展其业务。

特别需要指出的是，2011 年版《OECD 跨国企业准则》在以下方面对之前的版本进行了修订。一是新增加了“人权”一章，以更好地应对企业中的人权问题。这一章与前面所述的联合国“保护、尊重与救济”框架下的“商业与人权指导原则”相一致，该原则是最早落实的联合国框架文件之一，也是唯一为跨境侵犯人权提供政府补救机制的原则。二是对劳资关系、打击行贿、环境、消费者利益、信息披露和税收等章节进行了重要修订，具体修订包括扩大对工人权利的规定、鼓励可持续消费等。三是强化 OECD《跨国企业准则》国家联络点（National Contact Points，NCPs）的作用，改进其职能并培育功能对等的其他组织，2011 版准则对 NCPs 程序上的指导更加明确、更为强调，具体涉及 NCPs 的组成、与其他组织的合作关系等内容。《OECD 关于在受冲突影响地区和高风险地区矿业责任供应链尽职调查指南的建议》，为矿业责任供应链提供了管理建议，有助于这些企业尊重人权，避免因矿产采购决策或行为而引起冲突。

3. 全球社会责任消费和投资环境不断改善

2011 年，纳斯达克（Nasdaq）更新了其全球可持续发展指数（Nasdaq Global Sustainability Index），入选纳斯达克全球可持续发展指数的企业被认为是在披露碳足迹、能源使用、水资源消耗、危险和非危险废物处理、员工安全、员工多样化、管理人员构成和社区投资等方面领先的企业。这些企业都是自愿披露其目前的环境、社会和治理风险和收益机会的，并且披露了这些机遇和风险将会如何影响其未来的绩效。入选该指数的上市公司还需满足包括市值、日均股票数量和股价在内的其他入选条件。随着各类社会责任指数的发展，企业的社会、经济和环境绩效成为影响跨国公司的重要因素，也成为引导跨国公司向前发展的风向标。

2011 年 2 月 1 日，英国碳信息披露项目（CDP）代表总资产管理总额达 71 万亿美元的 551 家机构投资者，向超过 4 800 家上市公司发出其年度气候变化数据披露请求。这是该组织第九次发出的年度信息披露请求。签名支持的联署投资机构数量也从 137 家增至 354 家（资产管理总额达 43 万亿美元），涨幅超过 150%。目前这些机构投资者包括：安联集团、英杰华、西班牙对外银行、美国加州教师退休金托管机构、汇丰控股有限公司、荷兰国际集团、三菱日联金融集团和澳大利亚国民银行。目前，碳和水信息披露已经成为很多投资机构投资决策的重要依据。

全球社会责任投资的发展为我国外商投资企业的社会责任发展构建了一个金融和财务方面的指引，将有助于引导企业更加注重社会责任，以此来吸引更多社会责任投资。

7.1.3　外商投资企业面临的国内制度环境变迁

随着我国社会责任的发展，及当前国内面临的主要问题日益凸显，有关部门陆续出台了一些法律法规和标准，来规范和引导企业以对社会负责任的方式开展运营；联合国全球契约中国网络的设立也有力促进了我国相关企业的社会责任发展，各类地方和民间社会责任指南和评价标准也为在华外商投资企业承担社会责任提供了更多选择机会，绿色信贷和责任投资的不断发展使得社会责任成为影响企业财务状况的重要因素，而公众和消费者对社会责任和可持续发展的意识提升也促使更多企业开展责任营销，提升企业形象和竞争力。

1. 外商投资产业指导目录的调整会从源头上影响在华外资企业的社会责任表现

如 2011 年报告中所指出的，外商投资企业的社会责任会受母国和东道国的法律法规和要求的影响。外商投资产业目录将直接决定进入中国的外资是属于哪一类性质，如资源节约型的外资企业社会责任表现可能会更好，而污染密集型的外资企业无疑会带来高的环境污染风险。

2011 年 12 月 24 日，国家发展改革委和商务部发布第 12 号令，全文公布《外商投资产业指导目录（2011 年修订)》，并自 2012 年 1 月 30 日起施行。新《目录》紧紧围绕加快经济发展方式转变这一主线，统筹国内发展和对外开放，重点强调优化外资结构，推动科技创新和产业升级。新《目录》增加了鼓励类条目，减少了限制类和禁止类条目，并取消部分领域对外资的股比限制。主要包括以下调整：

一是进一步扩大对外开放，以开放促改革、促发展，营造良好的投资环境。新《目录》增加了鼓励类条目，减少了限制类和禁止类条目。同时，取消部分领域对外资的股比限制，有股比要求的条目比原目录减少 11 条。

二是鼓励高端制造业发展，将高端制造业作为鼓励外商投资的重点领域，促进外商投资使用新技术、新工艺、新材料、新设备，改造和提升传统产业。新《目录》在鼓励类中增加了纺织、化工、机械制造等领域新产品、新技术条目。

三是鼓励外商投资循环经济，鼓励类增加了废旧电器电子产品、机电设备、电池回收处理条目；考虑汽车产业健康发展的要求，将汽车整车制造条目从鼓励类中删除；为抑制部分行业产能过剩和盲目重复建设，将多晶硅、煤化工等条目从鼓励类删除。同时，在鼓励类增加了新能源汽车关键零部件、基于 IPv6 的下一代互联网系统设备等条目，取消了新能源发电设备条目的股比要求。

四是鼓励外商投资节能环保、新一代信息技术、生物、高端装备制造、新能源、新材料、新能源汽车等战略性新兴产业，提升中国承接国际产业转移的层次和水平，培育国际合作和竞争新优势。

五是增加了9项服务业鼓励类条目，包括机动车充电站、创业投资企业、知识产权服务、海上石油污染清理技术服务、职业技能培训等，服务业条目在鼓励类中的比重进一步增加。同时，将外商投资医疗机构、金融租赁公司等从限制类调整为允许类。

总体来说，上述目录的调整将引导外商投资企业投向对社会和环境发展更有意义的地方，有助于吸引好的企业，并促使其提升社会责任表现。

2. 社会责任相关的法律法规的调整也会进一步规范外商投资企业的行为

社会责任首先是遵守法律，因此，随着法律水平的提高，社会责任绩效原则上也会提高。2011年，我国一些法律法规的调整也会对社会责任绩效产生影响。如2011年12月1日，新版《危险化学品安全管理条例》和《危险化学品重大危险源监督管理暂行规定》正式实施。新版《危险化学品安全管理条例》明确了危险化学品安全管理的范围、责任和要求，进一步明确有关部门职责分工，提高监管措施的可操作性，并使违法行为的法律责任与行为的性质和危害程度相适应，以有利于加大危险化学品安全监管力度。这将有助于企业进一步提高对危险化学品的安全管理，提高安全生产，而安全生产是企业的重要社会责任体现之一。

2011年10月，《中华人民共和国资源税暂行条例》修订本颁布，10月31日，财政部发布《中华人民共和国资源税暂行条例实施细则》，并自2011年11月1日起施行。此次修订将在石油和天然气领域实行从价计征的资源税征收方式，税率区间定为5% −10%。但为了鼓励一些低品位和难采资源的开采，提高资源回采率，国税总局允许地方政府对稠油、高凝油和高含硫天然气实施减征资源税的政策。资源税的实施无疑也会对跨国公司的节能环保产生影响。

3. 国内加大对外商投资企业的违法行为的监管和执法力度

近年来，外商投资企业的超国民待遇逐渐取消，对于外商投资企业的违法行为也加大了监管和执法力度。民间社会和非政府组织对跨国公司的违法行为监督力度加大，这种舆论监督也进一步促使政府加大对外商投资企业违法行为的执法力度，对在华外商投资企业运营营造更加严格的执法环境，有助于促进外资企业社会责任的提升。

4. 工会组织对跨国公司的影响日益加大

继中华全国总工会督促跨国公司在华企业组建工会之后，工会组织的集体谈判权也得到进一步发展。如2011年，北京市外企工会联合会首次出台行业最低工资标准规范，即外企员工薪酬应不低于北京市工资最低标准的1.5倍，这是工会与外资企业协商达成的。工会组织关于工资标准的谈判也给跨国公司在华经营带来了新的机遇与挑战。

5. 国内社会责任相关机构积极推进社会责任发展

2011年，我国国内行业协会、学术机构及社会责任咨询机构等积极推动社会责任发展。纺织工业协会积极推动纺织工业的社会责任信息披露和绩效提高；中国工业经济联合会发布行业社会责任指南新版本，并在全国工业企业推进；商务部对外工程承包协会制定指南为对外工程承包企业海外经营提供指南并推动其社会责任的发展；社科院社会责任报告评价标准及相关活动也进一步推动企业社会责任报告的发布；联合国全球企业中国网络正式成立，推动跨国公司的社会责任发展。

2011年11月28日，联合国全球契约组织正式授权中国企业联合会和中国石化牵头成立全球契约中国网络，并在北京举行成立大会。全球契约中国网络将致力于推动中国企业及在中国的跨国企业更好地履行联合国全球契约，带动更多国内优秀企业加入联合国全球契约，争取在2020年达到2万个加入者的目标，这无疑对于在华外资企业也是一个积极的促进和推动。

6. 绿色信贷和社会责任投资的推广释放积极信号

金融行业绿色信贷成为2011年企业社会责任的一个重点领域，政府部门加大研究，民间社会也在积极推进，中国多家银行加入到绿色信贷行列，对高污染、高能耗的企业和项目说“不”，对绿色的、有利于可持续发展的项目提供更便利的信贷支持等。环境保护部、中国人民银行曾于2009年出台了《关于全面落实绿色信贷政策进一步完善信息共享工作的通知》，通过定期向银行提供环境违法企业的“黑名单”，环保部门主动与银行等金融机构分享企业的环境违法信息，来引导银行业贷款的发放方向，这项工作有力地促进了银行业绿色信贷的发展，也使得银行等金融机构进一步关注其社会责任问题，并通过信贷对贷款企业产生影响。2011 年，更多银行加入到绿色信贷行列，并在其社会责任报告中披露绿色信贷的信息，这对于引导在华外商投资企业的环境保护和可持续发展具有积极影响。社会责任投资尽管在中国还处于起步阶段，但其释放的信号对外资企业的经营会产生积极的引导。

7. 社会公众和非政府组织对环保和劳工等问题的关注加大

2011 年，社会公众环保意识进一步提升，社会责任理念获得更多的认可，对负责任的产品和服务的需求逐渐显现。非政府组织和媒体对企业的环境问题和劳工问题等社会关注的热点问题保持高度敏感，特别是外商投资企业在华环境问题、用工问题和食品安全方面，在 2011 年受到更多重视。2011 年 12 月 20 日，国际环保组织绿色和平发布了《2011 年超市排行榜》，评比标准包括拒绝转基因食品政策及措施、禁止使用危害较大的农药、建立产品追溯和控制系统、配套措施以及政策公开五项，该排行榜总结了国内主要大型超市 2011 年在转基因和农药方面的食品安全承诺和措施，以及建立产品追溯体系的进展情况。在 2011 年榜单中，家乐福、欧尚等超市因其农药禁用和避免转基因食品的积极政策，以及相对完善的产品追溯体系和较好的信息公开度而排名靠前；超市发、华联、物美等超市则因为在建立产品追溯体系和禁用农药方面做出改进而排名上升。而乐购、成都伊藤洋华堂等超市则因在农药禁用及避免转基因食品方面未采取任何积极措施而排名垫底。可以看出，非政府组织的信息披露对于促使企业改进其做法、对负责任的行为做出更多承诺并承担更多社会责任具有积极的推动作用。

8. 消费者需求也成为影响外商投资企业决策和活动的重要因素

2011 年国内发生的一些严重的社会责任恶性事件，包括康菲漏油事件、家乐福等大型超市价格陷阱等，使得企业社会责任问题再次被高度重视。2011 年 10 月底，中国青年报社会调查中心通过民意中国网和新浪网对近千人的在线调查显示，86.0% 的人关注企业的社会责任状况，其中，28.5% 的人“非常关注”。对于企业社会责任的总体状况，仅 22.5% 的人给予正面评价，近半数（49.5%）的人给出负面评价，28.0% 的人认为“不好说”。对于不同类型企业的社会责任，公众评价从高到低分别是：外企（30.8%）、国企（28.4%）、民企（18.7%）、合资企业（7.5%）。调查发现，大部分消费者已经意识到，要用实际行动支持企业履行社会责任。87.7%的人愿意“付出较高价格购买社会责任良好企业的产品或服务”；71.2%的人愿意“优先购买社会责任好的企业的产品或服务”；69.3%的人会“积极向他人推荐社会责任好的企业的产品或服务”。此外，还有57.4%的人表示会“不购买社会责任差的企业的产品或服务”；56.0%的人会“积极关注企业社会责任的新闻报道，形成舆论压力”；47.9%的人会“对不负责的企业给予谴责”。①

尽管该调查可能更多地反映了那些关注社会责任的人的观点和态度，与中国总体的消费者认知有差距，但是反映出来一种趋势，即消费者开始关注企业的社会责任并会依据其社会责任做出自己的选择。

7.2 2011年外商投资企业社会责任状况及其评价

2011年，外商投资企业的社会责任意识进一步提升，社会责任更多地成为企业经营战略的组成部分，主要是为企业发展服务。总体来说，外商投资企业的社会责任更多以各种社会责任实例或活动出现，体现在具体的社会责任活动上，如组织公益论坛、活动，与主营业务相结合的社会服务等。此外，企业还注重在开展社会责任的活动中进行公关，成为宣传、介绍企业并吸引关注的重要方式。金融危机使得部分外商投资企业社会责任支出下降，社会责任活动缩减，也有一部分外资企业利用这样的机会创新业务模式，转向可持续发展，如探讨技术创新和经营模式的创新等。各个类型的企业社会责任表现呈现出与以往类似的特点，既有成绩，也存在问题。

7.2.1 在华外商投资企业的社会责任总体状况

2011年在华外商投资企业的社会责任总体来说与2010年差别不太大，但是企业面临的内、外部压力仍然很大，用工成本持续上涨，原材料和能源价格上涨，人民币汇率升值等，使得企业利润被压缩；同时，社会公众和非政府组织的环保意识更加强烈，对外商投资企业的监督日益增强，为了满足利益相关方的要求，很多外商投资企业会主动或被动地开展社会责任活动，为自身发展寻求空

① 黄冲，何菡虹.71.2%受访者愿优先购买履行社会责任好的企业产品.中国青年报［N］.2011年11月1日.

间。但由于在华外商投资企业多把社会责任看做是一种额外的项目或者活动，因此，其社会责任支出与经济形势有正向的关系，即社会责任支出随着经济形势的好转而好转，随着经济形势的恶化而恶化。

7.2.2 2011年在华外商投资企业社会责任的主要内容、实践及主要特点

2011年，在华外商投资企业的社会责任所涉及的主要内容与2010年相比差别不大，主要涉及环境问题、职业健康安全等与员工权益相关的问题、公平运营与反腐败、消费者问题、公益事业和支持社区发展等方面，其中环境保护特别是应对气候变化和低碳发展是很多外商投资企业社会责任的重要组成部分，而将支持各类公益活动与其自身经营相结合是很多外资企业在华开展社会责任活动的首选。

1. 环境保护和低碳发展是在华外资企业社会责任的重要内容

全球应对气候变化、低碳经济和可持续发展使得环境保护成为各国企业关注的重要内容之一。在华外商投资企业很好地把握低碳经济发展契机，利用其自身优势促进低碳和可持续发展。

2011年11月，诺基亚发布第二部中文版《可持续发展报告》，对其二氧化碳排放的削减进行了介绍。报告称，过去十年中，诺基亚将充电器空载能耗降低了超过80%，并将最高端充电器的空载能耗降低了95%以上。目前，诺基亚提供了业界最大的废旧移动终端和附件自愿性回收方案，在全世界近100个国家和地区设置了超过5 000个实体回收点。

2011年，宝洁公司利用供应商可持续发展记分卡，持续推动供应链节能减排。宝洁供应商可持续发展记分卡是一个完全开放的工具，任何人都可以免费下载并使用，用于管理其运营环境足迹。2011年，参与记分卡计划的供应商总数继续增长，宝洁公司宣布今后记分卡将作为宝洁公司年度供应商绩效评估体系的重要部分，这将对推动供应链节能减排发挥积极的作用。首批试点的宝洁全球供应商有近400家，来自金融、化学、制造、物流、包装等9个行业，记分卡推广第一年的效果超出宝洁的预期，同比上一年，63%的供应商减少了能源使用，64%的供应商减少了温室气体的排放，62%的供应商提高了水的使用效率。同时，有38%的供应商分享了富有建设性的供应链可持续发展创新方案。

在首批试点供应商中，有来自7个行业的24家中国供应商参加了“宝洁供

应商可持续发展记分卡”试点计划。总体来看，中国供应商的环境足迹改善结果高于宝洁全球供应商的平均水平。以宝洁货架供应商日先陈列展示用品有限公司为例，在实施“宝洁供应商可持续发展记分卡”以后，日先在节能减排方面工作更加积极主动，在过去的一年中，日先的水耗降低15%，能耗降低15%，除了在生产环节对二氧化碳和有害物质进行控制之外，日先更致力于在采购和设计源头融入可持续发展的思维，并根据宝洁项目的特点和宝洁联合创新，制定环保高效的运营模式，从而大大降低了生产能耗，并提高货架的运营效率。

2. 将社会责任项目与企业的经营有机结合起来，以社会责任提升企业形象和竞争力

目前越来越多的外资企业将社会责任项目与其主营业务有机结合，利用其在主营业务的优势地位，促进其社会责任项目的良好实施。很多外资企业选择参与公益项目、研究、组织论坛和研讨会，或者开展与其主营业务相关的其他社会服务，以此来加强与利益相关方的沟通，既宣传自己，也可以吸收利益相关方的意见，还彰显自己的社会责任，可谓一举多得。

2011年，梅赛德斯－奔驰与中国社科院社会科学文献出版社联合举办了“2011中国汽车社会文明论坛暨《汽车社会蓝皮书》发布仪式”。此次论坛是国内首度关注中国汽车社会与汽车文明建设的一次学术性探讨，旨在为来自不同领域的专家、学者、政府官员、媒体代表，搭建一个多边沟通的平台，共同就中国进入汽车社会初期所面临的诸多问题展开一系列的解读和讨论，以期为构建一个和谐的汽车社会而努力。来自中国社会科学院、中国机械工业联合会、中国道路安全协会，清华大学、中国国际公关协会、中国城市规划设计研究院等政府和学术机构的专家及代表出席了本次论坛，并以“汽车社会形成”与“汽车文明建设”为主要议题，针对中国现阶段汽车社会形成初期的大背景，对构建汽车社会文明、提倡形成良好“驾驶文化”的必要性给予多视角的剖析与论证。而作为本次论坛的重要成果之一，《中国汽车社会蓝皮书》从社会科学角度、从宏观与微观并行的角度思考人、车、法规、交通、经济、能源等一系列问题，汇集了社会学、经济学、环境科学、城市研究、市场营销等学科的近20篇研究报告和文章，对汽车社会展开了全方位的深入剖析。

该项活动不仅填补了“汽车社会”全方位研究领域的空缺，还将带动中国

汽车社会学学科的发展，更展现了奔驰集结众多利益相关者，多角度多层面思考可持续发展道路的尝试。

2011年，欧莱雅继续独家赞助“母亲河奖”，9月26日，由全国保护母亲河行动领导小组主办、欧莱雅（中国）支持的第五期全国青少年生态环保社团骨干培训班在北京林业大学举行。同时，欧莱雅为培训班特别策划了“青年绿色领导力论坛”专场活动。该论坛以环保创业、公益创新为主题，邀请多位专家学者和成功人士，为来自31个省区市的100名青少年生态环保社团骨干和高校团干部上了一堂深入、生动的“环保创业课”。欧莱雅打造的“青年绿色领导力论坛”正是着力将公益创业理念带给国内青年，鼓励青年以创新视角投身环保创业，在收获物质财富的同时创造社会价值，解决青年环保群体中面临的技术支持与社会经验匮乏、管理能力不足、缺乏组织推动力等问题，加快中国建设环境友好型社会的进程。

作为全球最大的化妆品集团，欧莱雅自2008年起独家赞助“母亲河奖”，并于2010年10月与共青团中央建立“保护母亲河欧莱雅基金”，承诺全面支持“保护母亲河行动”，支持全国青少年生态环保社团项目及青少年绿色家园建设活动。欧莱雅希望通过该基金，积极推广环保低碳生活理念，支持并引导青少年的各项环保行动；同时，在公众树立环境友好的生活和消费态度，推动消费市场的可持续发展。而此次的“青年绿色领导力论坛”正是“保护母亲河欧莱雅基金”面向全国各地高校环保社团骨干提供的专业培训和交流平台。

3. 善于抓住国际社会关注的热点或难点问题开展活动，与相关国际组织合作，提供支持

当前全球社会发展面临很多问题，如环保、人权、妇女发展、儿童保护、水资源保护等。由于这些问题通常由联合国相关机构负责，在各国开展活动，一些外资企业比较善于抓住这样的机会，参与联合国或中国的相关组织机构开展的公益活动，作为其社会责任的重要体现。

2011年，玫琳凯（中国）与联合国开发计划署、中国妇女发展基金会在北京宣布启动一个全新的合作，旨在共同提高中国少数民族地区妇女的创业能力，并由此使得她们成为所在社区甚至更高层面的领导者和决策者。此次活动邀请了全国人大常委会副委员长、全国妇联主席陈至立，全国政协社会和法制委员会副

主任、中国妇女发展基金会理事长黄晴宜，全国妇联副主席，联合国副秘书长、联合国开发计划署（UNDP）副署长，中国妇女发展基金会秘书长，玫琳凯大中国区总裁等出席。活动期间，玫琳凯（中国）化妆品有限公司宣布将向中国妇女发展基金会“玫琳凯女性创业基金”增资640万元，使基金捐赠总额累计达到1 971万元。

通过该活动，一方面玫凯琳公司可以参与到全球问题的解决方案之中，另一方面也可以和国际组织及中国相关部门建立良好的合作关系，成为提升公司形象并开展公关的很好的机会。

4. 在华外商投资公司引领房地产和建材行业的社会责任发展

2011年，立邦中国正式成立立邦中国企业社会责任委员会，在企业利益与社会利益双赢基础之上，推动立邦公司的企业社会责任计划。从无纸办公、环保的行动办公方式，到全员产品质量、安全环境管理制度等，将环保与安全教育贯彻到员工的日常工作当中，并建立“立邦人”内部网络互动平台，实现公司企业社会责任信息对员工的实时传达与分享；在办公区域中共同签署“立邦承诺”拉动员工一起实现企业社会责任工作。同时，通过其遍布全国的3 229家立邦专卖店向经销商、油工、消费者传播绿色环保知识。立邦公司还正式发布立邦中国2010年企业社会责任报告，总结了生产运营、员工发展、社区关怀、慈善公益方面的切实举措与阶段性成果，特别是与减少污染、保护环境、节约能源、开发环境友好产品等方面的实践和革新。作为国内涂料行业的首份企业社会责任报告，立邦更为中国涂料企业在企业社会责任的道路上树起至关重要的里程碑。

2011年，安信地板发布中国地板行业的首部绿皮书——《安信地板2011环保绿皮书》，并于2011年3月23日在第十三届中国国际地面材料及铺装技术展览会和第二届世界地板大会上正式对外发布，展示中国木地板企业的环保意识与理念。《安信地板2011环保绿皮书》总结了安信地板作为负责任企业在低碳环保领域的作为，系统阐述了安信地板的环保措施，尤其是安信地板通过全程掌控原料、采购、加工、成品、流通、销售、售后等企业经营、管理的各个环节，实现低碳减排方面的做法。绿皮书中明确提出安信地板2011年的环保指标，包括将通过减少温室气体排放、3R推进、有害物质的管理与抑制、采购合法来源木材和环保基材等企业行为，深入贯彻节约资源和保护环境的基本国策，走可持续发展之路；拟实施第三方碳核查计划，定期进行碳披露；同时规定2011年公司生产的环保型地板比例将达到60%以及降低能耗达20%；等等。此外，安信地板还与WWF、TNC、绿色和平等国际环保组织建立沟通联络机制，获得FSC和CARB等认证，在行业内率先推行的“地板以旧换新”活动、“低碳优先”全球采购策略、联合发起“中国木业碳减排先锋联盟”等。《安信地板2011环保绿皮书》作为地板行业第一部环保绿皮书，将推动木地板行业低碳标准的建立及规范生产的发展。

5. 外商投资企业引领零售业可持续发展潮流并设定新的竞争规则

目前，可持续零售业已经逐渐成为外资零售企业的竞争口号，一些大型的外商投资企业充分发挥其在行业的领先地位，引导行业内社会责任发展，既设定新的竞争规则，也为自身发展营造良好的外部环境，还充分体现其社会责任，也是一举多得。

2011年，商务部商贸服务司同乐购正式签署了《关于共促“可持续零售业发展”的合作意向书》。该意向书签署后，Tesco在中国将以节能店、嘉善绿色物流展示中心和上海节能管理中心为平台，邀请各地政府部门、零售商组织、行业协会、供应商和消费者进行参观交流，开展供应链方面的可持续发展研讨，分享零售业可持续发展的技术应用及环保理念。该意向书的签署既是乐购为实现其集团到2050年零碳排放的战略目标而在中国采取的又一积极举措，也是乐购对中国市场的环保承诺，表明乐购与中国政府就可持续零售业发展达成共识，更是乐购借助中国政府的力量推动行业低碳和可持续发展建设，推动行业竞争新规则的确立的一个重要举措，可谓一举多赢。

6. 外资企业社会责任项目注重与高校合作，吸收创新力量

一些外商投资企业通过社会责任项目，与高校合作，吸引高校学生参加，既提高知名度，又可以吸引人才，通过组织一些创新性比赛活动，可以更好地发现新的机会。

2011年4月，陶氏化学组织了第三届可持续发展创新大赛，该活动作为“国际化学年”（International Year of Chemistry）的一部分，旨在激励有志青年们通过创新研究来解决当今社会面临的巨大挑战，诸如全球饥荒、清洁饮水和可再生资源利用等。陶氏可持续发展创新大赛目前在包括北京大学在内的全球七个大

学开展，挑战赛胜者的选拔基于其创新的思维和研究、解决问题的能力、跨学科并且能满足陶氏“2015 可持续发展目标”。可以看出，陶氏组织的这次活动，即是陶氏公司致力于解决全球性问题所做的努力，是其社会责任的重要体现，也是陶氏公司提高其在高校和学生中的声誉和影响力的机会，通过创新大赛，还可以为陶氏进一步发展提供有益的解决方案，也是一举多得的项目。

2011 年，施耐德电气启动“绿色城市”案例挑战赛，关注城市的能源解决方案，该新型案例挑战赛不再采用通常的预先编写式案例，而是更多地关注于创新以及针对环境和物流问题的解决方案，因为帮助个人和机构最充分地利用能源是施耐德电气日常业务的中心所在。此竞赛鼓励学生以两人组合、其中至少有一名女生的方式在家居、大学、零售业、供水和医院这 5 个城市关键行业提出可行的能源管理解决方案。“绿色城市”挑战赛在 8 个国家（巴西、中国、法国、德国、印度、俄罗斯、土耳其和美国）进行，面向 80 余所大学，涉及约 24 万名学生。有创造性的参赛者将可获得 200 个左右的实习机会。25 个最佳组合可于 2011 年 6 月飞往巴黎参加决赛。优胜组合可享有作为贵宾访问施耐德电气全球机构的机会，可走访各个设施，与员工和高管进行交流，并进一步获得工作机会。此次挑战赛将连续进行 3 年，其目的是通过在前一年成功的基础上来提高品牌认知度。施耐德公司的做法也是把解决环境问题与其自身经营结合起来，实现多赢。

7. 外资认证和咨询服务机构成为我国社会责任舞台的重要角色

在华外资认证和咨询机构在我国社会责任发展过程中起到了很大的推动作用，其通过提供社会责任认证、咨询等服务推动社会责任理念和实践的推广，通过研讨会进一步扩大其影响，并通过各类项目和咨询活动进入地方政府的管理活动之中，影响当地政策的制定。

2011 年，全球领先的检验、鉴定、测试和认证机构 SGS 通标标准技术服务有限公司（以下简称 SGS）在京举办了 2011 年 SGS 可持续发展高峰论坛。该论坛由 SGS 主办，中国可持续发展工商理事会、道农研究院、CDP（碳信息披露项目）、商务社会责任国际协会、能源与交通创新中心、CSR 亚洲、社会资源研究所等战略合作伙伴协办，特别讨论了水足迹、碳足迹、绿色信贷在中国的发展现状和未来趋势，及 ISO26000 的相关内容。2011 年是 SGS 连续第三年举办可持续发展高峰论坛，并在本次论坛上隆重推出了一系列业内领先的可持续发展创新产品，包括ISO 26000绩效评估、水足迹、碳足迹与能源相关等全新服务。

2011年3月，山东省发展改革委员会在济南与挪威船级社（DNV）合作举办关于企业风险管理和社会责任的研讨会，重点关注并集中探讨了山东省“十二五”规划中的可持续发展目标。DNV与国家发改委培训中心在2010年8月就可持续发展和风险管理服务签订了合作框架协议。按照协议，双方将在全国范围内推广该合作项目。山东济南此次被选为该合作项目正式展开实施的第一站。

可以看出，外资咨询和认证机构从为企业提供咨询服务，开展培训、召开研讨会等推广社会责任理念和做法，现在已经发展到参与政府政策制定，通过影响政府政策制定来进一步扩大其影响力，扩展其业务。当前中国社会责任领域的很多服务业务已经被外资公司占领。

8. 注重社会责任相关的组织治理机制

2011年12月，沃尔玛中国宣布设立合规管理部门，全面负责公司一切与合规经营相关的事务。该部门将直接向沃尔玛亚洲总裁兼首席执行官、沃尔玛中国临时总裁兼首席执行官汇报。新部门将负责食品安全、消费者权益保护、营运安全等方面事务，以保证公司日常运营全面符合政府部门的相关法律法规以及沃尔玛公司的标准。此次成立合规部门可以整合公司内部资源，通过专业化管理将公司整体合规管理水平提升至新的高度。随着新的合规部门的建立，沃尔玛将分项目、分专业对政府、政策等需合规项目实现专业团队的专项监督，在公司级管理层面形成一个专业化体系，更科学更深入地完善诚信监管体系。合规部门除在总部工作之外，还将深入到沃尔玛业务所在的城市和地区，担负起公司内部第三方监督的作用。这也表明沃尔玛已经从公司治理角度将与社会责任相关的议题纳入进来。

9. 供应链管理成为外商投资企业社会责任管理的重点问题之一

随着社会对跨国公司供应链社会责任问题关注程度的不断提高，越来越多的外商投资企业加大对供应链社会责任的管理。

2011年11月，陶氏化学（中国）有限公司启动陶氏“物流之星”供应链合作伙伴共赢计划。该项目旨在加强陶氏与供应链合作伙伴在安全、可持续、社会责任以及服务四个领域的紧密合作，促进双方携手共赢，推动业务的可持续增长。同时，陶氏化学希望可以借此分享自身在“责任关怀”行动中的专长和技术，提升整个物流行业的可持续发展规范和水平。

2011年11月17日，民间环保组织自然之友、公众环境研究中心联合致信通用汽车公司，希望就通用汽车的疑似供应商上海江森自控国际蓄电池有限公司（以下简称江森公司）存在的严重环境问题（媒体报道显示，江森公司附近居民儿童发现多例血铅检测超标，其中“康花新村儿童截至9月18日，在艾迪康检测43人，33人超标，最高值897ug/L”）进行沟通，希望向通用汽车求证一系列环环相扣的问题，包括上海江森公司是否是通用汽车的供应商；如果上海江森公司是通用汽车的供应商，通用对江森公司的环境记录、以及它给当地社区带来的严重环境侵害嫌疑是否了解；如果有所了解，通用汽车选择这家企业作为供应商的依据是什么；如果通用汽车此前不了解情况，在看到公开信所列举的情况后，准备采取怎样的行动。此外，还希望了解通用汽车是否建立了供应商环境管理体系，以及通用汽车其他供应商是否存在环境违规问题。

可以看出，无论是外商投资企业自身还是社会公众和非政府组织都已经对供应链社会责任问题更加关注。供应链社会责任问题无疑是当前和未来很长一段时间外商投资企业社会责任发展的重点内容之一。

7.2.3 2011年在华外商投资企业社会责任存在的问题

2011年在华外商投资企业社会责任总体表现良好，但仍然存在一些问题，违法违规行为、国内外双重标准问题等依然存在。如康菲漏油事件、大型超市价格欺诈问题产生了非常恶劣的社会影响，严重损害了公众和消费者利益。

2011年12月31日，中国国际跨国公司促进会发布了《2011·跨国公司社会责任问题报告》，对2011年度中国境内发生的影响较大、具有代表性的跨国公司社会责任问题进行了筛选整理，涉及损害公众权益、商业贿赂、污染环境和扰乱市场秩序四个方面，汇总了16家跨国企业的社会影响恶劣的事件，其中外资企业有家乐福（法国）、沃尔玛（美国）、丰田（日本）、雅芳（美国）、葛兰素史克（英国）、康菲公司（美国）、宝洁（美国）、联合利华（英国/荷兰）、强生（美国）、西门子（德国）等。

2011年，在华外商投资企业在社会责任方面比较突出的问题包括：

1. 损害消费者权益

2011年1月，一些城市的家乐福、沃尔玛超市存在虚构原价、低价促销吸引顾客，并高价结算、不履行价格承诺、误导性价格标示等欺诈行为。该价格欺诈行为严重损害了消费者的权益，国家发展和改革委员会已责成相关地方价格主管部门依法予以严肃处理，责令改正，没收违法所得，并处违法所得5倍罚款；没有违法所得的或无法计算违法所得的，最高处以50万元的罚款。具体情况如下：

虚构原价。长春市家乐福新民店销售“七匹狼男士全棉横条时尚内衣套”，价签标示原价每套169元、促销价每套50.70元，经查实原价应为每套119元。上海市家乐福联洋店销售每袋338克的“正林特供香瓜子”，价签标示原价每袋14.80元、现价每袋6.90元，经查实原价为每袋7.40元。哈尔滨市家乐福大直街店销售“心相印薰衣草三层加厚手帕纸”，价签标示原价每包5.9元、现价每包3.45元，经查实原价应为每包3.8元。

低价招徕顾客高价结算。上海市家乐福南翔店销售弓箭球形茶壶，价签标示每个36.80元，实际结算价每个49.00元。昆明市家乐福世纪城店销售粳冠绿色盘锦大米，标价为每袋64.6元，实际结算价为每袋69.7元。武汉市汉福超市洪山广场店销售意邦多功能清洁巾，价签标价每件16.9元，实际结算价格为每件18.8元。重庆市沃尔玛北城天街店销售良平铁观音，价签标示零售价每袋29元，实际结算价为每袋39.8元。

不履行价格承诺。昆明市家乐福白云店销售老树普洱茶，宣传海报标价为每盒60元，实际结算价为每盒120元。哈尔滨市家乐福会展店销售内衣，广告宣传“全场三折起”，经查实际销售中没有一个品种以三折价格进行销售。

误导性的价格标示。昆明市家乐福世纪城店销售特色鱿鱼丝，销售价格为每袋138元，价签标示时用大号字体标示“13”，用小号字体标示“8.0”，诱导消费者误认为销售价格为每袋13.80元。

国家发改委指出，上述行为违反了《价格法》第14条经营者不得“利用虚假的或者使人误解的价格手段，诱骗消费者或者其他经营者与其进行交易”以及《禁止价格欺诈行为的规定》、《关于商品和服务实行明码标价的规定》的有关规定，构成了价格欺诈的违法行为，严重侵害了消费者权益。国家发改委要求，全国所有超市、百货等商品零售经营者，要吸取上述违法经营者的教训，立即组织开展一次自查，认真核对所售商品是否存在价签标价和结算价格不一致、促销标示的原价不真实、明码标价不规范等问题。发现问题的，要及时予以纠正，多收消费者价款的，要全额予以清退。

2011 年 3 月，重庆沃尔玛九龙广场店销售过期板鸭的事件被曝光，之后重庆市工商局对其实施了行政处罚，并约谈其高层管理人员。据调查，沃尔玛进货查验记录制度执行较差，不认真查验、进了货根本不作记录、记录项目不完整不符合要求、伪造记录、用自己编码记录不符合规定等现象比比皆是。2011 年 10 月，重庆沃尔玛超市又被查出以普通猪肉冒充绿色猪肉、以虚假的商品说明欺诈消费者等违法行为，自 2010 年 1 月，重庆沃尔玛 12 家分店（含其收购的 2 家好又多分店）以低价普通冷鲜肉假冒高价“绿色食品”认证的猪肉 63 547 公斤，牟取非法利益 73 万元。重庆市工商局依法对涉案门店没收违法所得，并处违法所得五倍即 269 万元罚款，实施 15 天的停业整顿。

2011 年丰田汽车召回事件也挑战着丰田汽车的社会责任。由于发动机进/排气门弹簧缺陷等问题（该缺陷会造成发动机产生异响，造成工作不良，最严重的情况下，在行驶中发动机有可能停止工作，在安全上存在严重隐患），2010 年丰田公司数次对雷克萨斯、皇冠等 8 款有缺陷的车实施全球召回，但未包括中国市场。2011 年，丰田汽车对中国市场产品实施双重召回标准，受到国家质检总局的质询，国家质检总局要求丰田公司对其问题汽车全球召回但不涉及中国市场一事做出完整解释，并提供详细技术说明。之后，丰田汽车宣布于 3 月 23 日起，在中国大陆召回部分进口雷克萨斯问题汽车，免费维修，更换地毯压板。丰田公司作为《财富》500 强企业，居汽车行业榜第一位，不顾中国消费者的安全和利益，实施双重标准，极大地损害了我国消费者的利益。

2011 年 9 月，西门子冰箱陆续出现冰箱门关不上的问题。冰箱门关不严，导致冰箱冷冻室结霜、耗电量增加，直接影响消费者的使用。2011 年 11 月 20 日，罗永浩为首的西门子冰箱用户，到西门子公司北京总部进行“维权”，并现场砸了三台冰箱。当天晚间，西门子中国官方回应称，所涉冰箱产品系合资公司博西家电独立生产、销售并提供售后服务，产品并无质量问题。2011 年 12 月 4 日，西门子家用电器中国总裁罗兰·盖尔克向相关消费者进行致歉，承认冰箱存在质量问题，并提出解决方案。在该事件中，西门子公司没有很好地尊重消费者的权益，只在消费者的维权行动对西门子产生不好的影响的情况下才主动解决，这也反映了消费者的参与对于提高外资企业社会责任的重要性。

此外，达芬奇家具事件、纽崔莱虚报含量等问题也都是损害消费者权益的事件。

2. 消费者健康安全问题

消费者健康安全问题是国际社会近年来关注的重点问题，也是我国消费者最为关注的问题之一。2011 年，不少外商投资公司，包括大品牌的外资企业在食品安全等问题上问题频出。

2011 年，雀巢公司先后被媒体报道婴幼儿米粉食品和奶粉中含有微量砷、镉和锰等重金属，长期食用有致癌风险；后又被绿色和平检出一款婴儿食品中发现含转基因成分。雀巢公司已经在欧盟、澳大利亚、俄罗斯和巴西等国家和地区承诺在其食品中不使用转基因原料，但却一直拒绝对中国消费者作出同样的承诺，因此一度被质疑对中国消费者实行“双重标准”。这既涉及消费者健康安全问题，也涉及消费者权益问题。

2011 年 11 月 9 日，联合利华有限公司被国家质检总局抽查发现其“立顿”铁观音稀土超标 3 倍多，过量摄入将对人体造成危害。2011 年 7 月，国家质检总局对茶叶产品开展质量监督抽查后，于 8 月 5 日通知联合利华（中国）有限公司，生产批号/日期为 2011. 1. 14 的立顿铁观音袋泡茶（50g/盒）稀土项的测定含量超过国家标准《食品中污染物限量》（GB－2762－2005）所规定的茶叶中稀土限量，该批次产品被判定为不合格。当月，联合利华回收了该批次产品并已全部销毁。但直到 2011 年 11 月国家质检总局公布抽查结果之后，联合利华才对此发表声明，而不是在问题发生的第一时间通知消费者，被认为没有尊重消费者的健康安全和知情权。

除食品领域外，在药品领域也存在影响消费者的健康安全的问题。2011 年，葛兰素史克公司被查出药品中含有塑化剂。经中国食品药品检定研究院检验，在葛兰素史克公司生产的阿莫西林克拉维酸钾干混悬剂中检出邻苯二甲酸二异癸酯）（DIDP，即“塑化剂”），该药是一款儿童用抗生素，其检出的“塑化剂”会对人体造成较大影响，对孩子的肝肾损害作用明显，且易诱发儿童性早熟。2011 年 6 月 17 日，国家食品药品监督管理局发布《关于停止销售和使用葛兰素史克公司生产的阿莫西林克拉维酸钾干混悬剂的通知》，并决定立即停止该产品的销售和使用，已进口上市的由企业召回。

一些日用品对消费者健康安全的影响也不可小视。2011 年 7 月，宝洁公司被国家质检总局通报其旗下某些批号的 3 批次 3 万余瓶进口欧乐 – B 漱口水产品检测到微生物与公司内控标准不符，该产品对于有严重免疫系统疾病的人有潜在的健康影响。质检总局通报后，保洁公司在其官网上宣布“在全球主动回收旗下某些批号的欧乐 – B 漱口水产品，广州宝洁有限公司宣布回收使用限期介于 2011 年 7 月 15 日至 2014 年 6 月 30 日的 2 款欧乐 – B 漱口水”，而这也是宝洁在中国首次主动召回日化产品。

2011 年 11 月，强生产品再次被爆存在致癌问题。强生出产的婴儿洗发水两年前被揭发含致癌物，被美国的“安全化妆品运动联盟”查出含有毒物质，包括可致癌的二恶烷及释放出甲醛的季铵盐 – 15。公司表示会逐步停用，但调查发现，强生在丹麦、芬兰、荷兰、挪威、瑞典等北欧国家以及日本、英国、南非等国家出售的同类产品不含有致癌物质，在部分国家和地区，包括中国内地及香港地区出售的强生婴儿洗发水仍含有致癌物质，被质疑在不同的市场实施不同的安全标准。已有 25 个环保和医疗团体致信强生，敦促强生公开承诺在全球所有护理产品中弃用致癌化学物。

3. 环境污染问题

在环境方面，2011 年康菲漏油事件无疑是一件影响重大的社会责任事件。2011 年 6 月，由康菲和中海油合资建设的渤海蓬莱 19 – 3 油田发生漏油事件。国家海洋局随后认定康菲为事故责任方，并要求康菲彻查，责令其在 8 月 31 日前彻底封堵溢油点。蓬莱 19 – 3 油田溢油造成了严重的环境污染，海洋污染面积达 6 200 平方公里，导致周边约 3 400 平方公里海域由第一类水质下降为第三、四类水质；海域沉积物质量由第一类下降为第三类。沿海养殖贝类、海参、虾、鱼大量死亡，渔民遭受上亿元的经济损失。

2011 年，上海市两家外资企业涉嫌铅排放致使 25 名儿童血铅超标，当地环保部门已经下令企业暂时停产。其中一家企业是上海江森自控国际蓄电池有限公司（江森自控有限公司的全资子公司，母公司为纽约上市公司，在 2011 年的美国《财富》杂志评定的世界 500 强企业中排名 76）。

4. 商业贿赂和腐败问题

继西门子等外商投资企业被披露在华商业贿赂之后，2011 年，雅芳被披露在中国市场行贿官员，受到美国证券交易委员会的调查。2011年5月，雅芳向美国证券交易委员会递交的备案文件中披露，因涉及中国市场的贿赂问题，已将其全球内审和安全部门前主管及三位中国区高管辞退。与以往商业贿赂案相似，此次雅芳的商业贿赂也是由美国首先查处的。

2011年3月，IBM与美国证券交易委员会（SEC）就一项行贿案达成和解，并为此付出1 000万美元的代价。SEC具体指控的内容是，1998年至2009年之间，IBM以提供跨国旅游、娱乐、礼品及现金酬劳等形式向中国、韩国部分官员行贿，违反了美国《反海外贿赂法》，其中提到了IBM在中国的两家全资子公司，即IBM（中国）投资有限公司与IBM全球服务（中国）有限公司，称中国区两名主要管理者及100多名员工参与其中。诉状显示，2004年至2009年，上述员工在几家中国旅行社设立行贿基金，用来支付中国政府官员海外旅游和其他旅游费用。此外，还利用商业伙伴建立行贿基金，向政府官员提供现金酬劳和不正当礼物。SEC认为，这一期间，IBM中国至少发生了114起违规案。

5. 扰乱市场秩序

2011年3月，联合利华（中国）有限公司有关负责人多次接受采访发表日化产品涨价言论，新闻媒体多次报道联合利华等品牌的日化产品将于4月份涨价，引起社会各界普遍关注。部分城市出现了抢购日化产品的现象，严重扰乱了市场秩序，违反了《中华人民共和国价格法》等相关法律法规。国家发展和改革委员会对该问题高度重视，责成上海市物价局对其作出200万元罚款的行政处罚。

7.2.4 2011年在华外商投资企业社会责任对我国企业社会责任发展的启示

在华外商投资企业的社会责任发展主要围绕其自身可持续发展及当前经济社会可持续发展所面临的一系列问题展开，通过社会责任来规避风险，提高收益，实现可持续发展；通过一系列社会责任项目来加强与国际组织、政府部门、非政府组织等相关各方的合作，提高自身声誉和知名度，扩大其影响；并通过社会责任项目来从外界获得更多的创新性解决方案和支持。

1. 社会责任议题应围绕当前经济社会发展所急需解决的问题展开

当前我国经济社会发展面临很多急切需要解决的问题，如环境保护、就业等。企业社会责任应当将这些经济社会发展所急需解决的问题融入到企业的经营发展之中，在实现社会需求的同时实现自身的发展，通过创新性解决社会问题来开发业务实现利润。

2. 加强供应链管理，建立合作伙伴关系

供应链管理已经成为企业社会责任的重要内容，也成为企业从源头提高和改善社会责任的重要方式。通过供应链管理，保证产品和服务生命周期的品质、环境绩效等，通过供应链管理，可以实现更好的竞争力并实现双赢。

3. 将社会责任与主营业务有机结合，通过社会责任促进主营业务的发展

社会责任归根到底是以对社会负责任的方式来开展活动，是与企业的主营业务密不可分的，企业需要将主要精力放在其主营业务之中才能更好地实现发展。而主营业务的发展又可以更好地促进社会责任的实现。因此，企业在承担社会责任时可以选择与主营业务联系紧密的方面，即解决社会和环境问题，也解决自身发展问题。

4. 增加社会责任信息披露，提高透明度

目前企业社会责任的透明度问题已经成为国际社会关注的重点，也是企业社会责任的重要表现，企业应当注重社会责任的信息沟通，如与利益相关方沟通信息、展开交流、发布报告或者通讯等。

（执笔：李丽）

第8部分

2011年服务业外商直接投资状况

2011年是“十二五”规划的开局之年，这是一个重要的历史节点——全年服务业实际利用外商直接投资规模首次超过制造业。本章分析我国服务业外商直接投资状况，探讨促进服务业利用外商直接投资的政策取向。

8.1 2011年中国服务业外商直接投资总体状况

目前我国虽然已是贸易大国，但服务贸易的发展一直滞后于货物贸易，成为制约我国对外贸易综合实力提升的一块短板。究其原因，主要是由于我国第三产业发展落后、产业配套能力弱，整体竞争力不强，这在很大程度上限制了我国服务贸易的发展。在提升中国制造业水平的同时，服务产业的兴起有望成为中国从对外贸易大国向对外贸易强国转变的中坚力量。许多外资企业最初进入中国时，主要是瞄准中国廉价劳动力的优势，投资于纺织、轻工等具有比较优势的传统行业。但近年来，外资企业也看到了中国服务贸易发展的前景，以及中国城镇化加快所带来的现实服务需求，它们及时调整投资策略，开始将投资重点转向第三产业，促进了中国服务业及服务贸易快速发展。

8.1.1 从产业结构看，服务业成为中国利用外资的新增长点

2011年中国服务业实际利用外资金额及增幅均超过制造业。2011年农、林、牧、渔业实际利用外资20.09亿美元，同比增长5.07%，占同期全国总量的1.73%。制造业实际利用外资521.01亿美元，同比增长5.06%，占同期全国总量的44.91%。服务业实际利用外资552.43亿美元，同比增长20.54%，占同期全国总量的47.62%。

在服务业中，租赁服务、广播电影电视、专用机械设备修理、食品饮料烟草和家庭日用品批发、零售、旅游、娱乐服务等行业实际利用外资增幅同比均超过60%。房地产业实际利用外资同比增长12.07%，低于服务业总体增幅8.47个百分点。

8.1.2 服务业外商直接投资的地位和比重在增加

近年来，中国服务业发展迅速，2011年服务业实际利用外资552.43亿美元，同比增长20.54%，占同期全国总量的47.62%。同期我国固定资产投资301 933多亿元，比2010年增加23.8%。同时外资占固定资产的比重也从2010年的1.61%增加到1.7%，综合说明服务业外商直接投资的地位和比重在增加。

表 8-1　　2011 年服务业固定资产实际使用外资比重

行　业	2011 年	2010 年
外资占固定资产的比重（%）	1.7	1.61
服务业实际使用外资（亿美元）	552.43	487.1
中国服务业固定资产（亿元）	162 877	136 401

数据来源：根据商务部《中国外资统计 2012》计算整理。

2011 年固定资产投资中外资是 5 087 亿元，固定资产总额为 301 933 亿元。2010 年，全社会固定资产投资 278 140 亿元，同比增长 23.8%，第三产业投资 136 401 亿元，增长 25.6%。2010 年全年，服务业实际使用外资金额 487.1 亿美元，同比增长 28.6%，占同期全国非金融领域 FDI 的 46.1%，2010 年固定资产利用外资达 4 377.41 亿元，实现同比增长 9.9%，较上年同期增幅扩大 25.7 百分点，所占同期全国固定资产投资资金来源比重亦下降 15.62 个百分点至 1.61%。

8.1.3　服务业投资方式以独资方式为主

外商直接投资服务业有股权投资和非股权安排两种方式，非股权安排可分为特许经营、管理合同、许可证协议等方式，在服务业运用最为成功的是特许经营。住宿、餐饮、商务服务业等采用非股权安排的方式比较普遍，如国际著名餐饮企业麦当劳、肯德基在国外的经营方式。

股权投资有新建投资和跨国并购。随着我国服务市场全面开放，投资环境不断改善，中国法律、政策对外国投资的放宽，内外资企业所得税并轨等发展环境，以及利用本土企业的营销渠道、网络等经营资源迅速扩大在中国市场占有率的需求，跨国公司在华投资出现了从合资、合作等新建投资向收购兼并投资方向发展。加大跨国并购外资比重，有利于加快我国企业国际化进程和国有企业改革步伐。

2011 年服务业外商直接投资主要采取的是外商独资的方式，其次是中外合资的方式。而中外合资和外商投资股份制的企业个数与去年同期相比有所下降，尤其是外商投资股份制企业，与去年相比减少了 31.37%。

8.1.4　大中城市是吸引服务业外资的集中区域

由于服务业特有的性质，外商在投资地域的选择方面，更加注重当地的基础设施、区位特征、产业配套能力等因素。而东部地区在以上几方面均有优势，因而已成为服务业外商投资最为集中的区域。中西部地区由于自然条件限制，与服务业配套的相关基础设施落后，外资投入的比例较低。此外，服务业外资集中进入的区域是大中城市，城市化水平越高，吸引外资的能力也就越强。2011 年，上海、北京和深圳等城市的服务业 FDI 都超过了 50% 。

8.1.5　外资服务业由制造业追随型逐步向服务业自主扩张型转变

服务业进行跨国经营最初的动机就是为了向已经从事跨国生产经营的顾客提供服务，留住原来的顾客，占住已有的市场份额。许多大型制造业跨国公司为了推动产品在国外的销售，建立了相应的服务业子公司，例如，汽车制造商建立服务业子公司提供信贷、维修服务等。与此同时，咨询、设计、售后服务、技术支持等专业服务公司不断发展壮大，服务业转移也逐步向自主扩张型转变，不仅为原来的客户服务，还可以为东道国其他公司提供服务，甚至向第三国服务出口。

8.2　2011 年服务业外商直接投资行业结构分析

8.2.1　服务业固定资产投资分行业分析

2011 年服务业固定资产投资中，与去年同期相比，增速最快的前四个行业分别是居民服务和其他服务业、金融业、租赁和商务服务业以及批发和零售业。2011 年，居民服务业固定资产投资为 24 537 亿元，同比增长 14.2% ，利用外商直接投资项目 212 个，实际利用外资金额为 18.8 亿美元。近年来，随着我国经济的快速发展和社会文明的进步，人们对便民、利民、安民的居民服务需求越来越多，要求越来越高，正是吸引外资和利用外资的大好时机。截至 2011 年 12 月，全国金融业固定资产投资完成额增幅高于上年年底 5.5 个百分点。统计局统计数据显示：2011 年金融业完成固定资产投资 628.4 亿元，投资额同比增长 42% 。

固定资产投资总额最大的前三个行业分别是房地产业、交通运输、仓储和邮政业和水利、环境和公共设施管理业。全年房地产开发投资 61 740 亿元，比上年增长 27.9% 。其中，住宅投资 44 308 亿元，增长 30.2% ；办公楼投资 2 544 亿元，增长 40.7% ；商业营业用房投资 7 370 亿元，增长 30.5% 。

8.2.2 2011年服务业外商直接投资行业结构分析

表8-2　　2011年服务业外商直接投资情况

（单位：亿美元;%）

行　业	项目数	比重	实际利用外资金额	比重
交通运输、仓储和邮政业	413	1.49	31.9	2.75
信息传输、计算机服务和软件业	993		27	
批发和零售业	7 259	26.19	84.25	7.26
住宿和餐饮业	513	1.85	8.43	0.73
金融业	156		190.97	
房地产业	466		268.8	
租赁和商务服务业	3 518	12.69	83.82	7.23
科学研究、技术服务和地质勘查业	1 236	4.93	23.01	2.22
水利、环境和公共设施管理业	151		8.64	0.74
居民服务和其他服务业	212		18.8	
教育			0.032 5	0.01
文化、体育和娱乐业	140	0.56	5.65	0.54

数据来源：商务部《中国外资统计2012》。

8.2.3 2011年房地产业仍旧是实际利用外资金额最大的服务业

2011年房地产业外资项目数为466个，实际利用外资金额为268.8亿美元，占第三产业的比重分别是3%和40.6%，是服务业中利用外资规模最大的行业。

从投资的资金来源上看，2011年东部地区资金来源总额占全国房地产开发企业资金来源总额的60%，其中国内贷款总额8 655.23亿元，利用外资总额534.38亿元。中部地区房地产投资资金来源总额达15 985.91亿元，占全国房地产开发企业资金来源总额的19.2%，其中国内贷款总额为1 711.02亿元，利用外资总额138.23亿元。西部地区房地产资金来源总额达17 314.93亿元，占全国房地产开发企业资金来源总额的20.8%，其中国内贷款总额为2 197.54亿元，利用外资总额141.02亿元。

8.2.4 金融业进一步对外开放，利用外资稳步增加

2011年，金融业外商直接投资合同项目数共有156个，比2010年多了71个；实际使用外资金额达190.97亿美元，同比增长1.65%，增幅比上年同期上涨0.59个百分点，成为2011年实际利用外资第二大的服务业。

金融业快速增长的原因，一方面是实体经济的发展需要虚拟经济强有力的支撑，另一方面是我国中产阶层的扩大，居民对财富保值增值的需求也随之增加，对生命和财产的保险意识和需求上升。

在我国的金融结构中，我国商业银行的综合实力和竞争力在整个金融结构中优势地位突出，在非银行金融中，证券、期货、基金、信托、保险等子行业刚刚起步，具有更好的长期投资价值。

8.2.5 商业利用外资持续快速增长

2011年全国批发零售行业固定资产投资完成7 322.2亿元，同比增长40.1%。2011年批发和零售业利用外资相对较多，外商投资形势持续向好，实际利用外资84.25亿美元，占全国实际利用外资总额的7.26%，较上年同期上升1.02个百分点。外商投资合同项目总数为7 259个，占同期外商投资项目总数的26.19%。

随着“入世”开放外资商业领域的承诺实施，零售商业成为外商投资新热点，新登记的外资企业、其投资总额、注册资本和外方出资额都呈增长趋势。这是因为，随着发展方式转变和国家鼓励消费政策实施，我国的外需驱动模式要逐渐转为内需驱动，而内需驱动要逐渐从投资驱动转向消费驱动，中等收入群体的扩大和收入分配改革为消费的加速增长提供了基础。

8.2.6 信息传输、计算机服务业和软件业利用外资增长幅度低于世界平均水平

近年来，发达国家快速掀起了将软件设计、开发、测试等环节转移到亚太等更低成本国家的浪潮。据预测，未来几年全球服务外包市场将以每年30% -40%

的速度递增。软件产业在中国是新兴行业，规模由 1999 年 440 亿元增长到 2005 年的 3 900 亿元，年均增速 40% 以上，未来几年借助全球软件产业转移之际，从接包中低端软件开始继续大力发展。2011 年，中国信息传输、计算机服务业和软件业利用外商直接投资项目 993 个，实际使用外资金额 27 亿美元。但是，目前中国软件业利用外资增速低于世界平均水平，而且原本比重就小，没有充分利用和发挥外资效益。

8.2.7 租赁和商务服务业成长空间巨大

2011 年全国租赁和商务服务业固定资产投资完成 3 374 亿元，同比增长 40.3%。实际利用外资 83.82 亿美元，占全国实际利用外资总额的 7.23%。外商投资合同项目总数为 3 518 个，占同期外商投资项目总数的 12.69%。我国租赁与商务服务占比非常低，未来成长空间十分巨大，租赁和商务服务业的发展要靠技术进步尤其是信息化的推进。

8.3 进一步提高服务业利用外资水平的建议

8.3.1 优化服务业利用外资的投资结构

根据中国经济发展的状况，在现有服务业对外开放的基础上，建立规范的服务业准入制度，出台服务业吸收外资的行业导向政策，将研发、信息、金融、物流及专业服务等我国比较薄弱的生产性服务业列入优先发展的范围，给与政策支持，正确引导外资投向，改善服务业形态，优化服务业内部产业结构。

8.3.2 进一步推进服务贸易领域的开放

近年来，我国的金融、保险、通信、航空等服务领域开始有限度地对外开放，但总体而言，金融、电信、铁路、民航等行业垄断现象突出，影响了产业升级，因此，必须加大力度推进服务业的市场化改革，放宽这些行业的投资限制，吸引外资进入，优化服务业内部结构，提升服务业外资比重。

8.3.3 建立完善服务业利用外资的支持体系

政府可以为企业主体营造良好的环境。建议成立服务业利用外资专门领导小组，加强对服务业利用外资的指导和协调，对于重大项目、重大问题实行不定期研究并解决存在的问题，推动服务业重大项目的落实。此外，要加快服务业外商直接投资法律法规的颁布与充实、完善，对有关政策、法规尽力做到规范、统一、公开，对服务业统计存在的问题，要尽可能按照国际惯例进行行业标准划分，尽快建立健全服务业统计标准体系，尽力为国内外服务业投资者提供良好的政策环境。

（执笔：高梦雅、张静）

第 9 部分

2011 年银行业外商直接投资状况

1979年，第一家外资银行机构——日本输出入银行经批准进入北京设立代表处；1981年，南洋商业银行在深圳设立分行，成为改革开放以来外资银行在中国设立的第一家营业性机构，拉开了外资银行进入中国金融市场的序幕。1995年，中国向外资银行开放的城市增加到24个。2001年12月11日，中国正式加入世界贸易组织（WTO）后，在平等互利、合作共赢的对外开放政策下，我国不断深化银行业对外开放水平，使得外资银行进入中国金融市场的速度不断加快，与中资银行的竞争与合作也全面展开。2011年，各大外资银行继续大力拓展在中国的业务，加深在中国的市场影响，扩大经营范围。在2008年开始且一直影响至今的全球性金融危机再加上欧债危机迟迟无解的国际经济背景下，中国经济一枝独秀，保持了较为稳定的增长，以及不断深化的改革开放和人民币国际化等，给外资银行提供了全新的发展机遇。

9.1 在华外资银行的发展现状

随着我国银行业对外开放水平的不断提高，进入中国的外资银行数目和从业人员数都不断增加，总资产和税后利润逐年稳步提高，整体运营比较稳健。截至2011年底，在华外资银行营业性机构资产总额（含外资法人银行和外国银行分行）2.15万亿，同比增长23.60%。此外，在华外资银行营业性机构各项存款余额1.32万亿元，增长25.27%；各项贷款余额9 785亿元，增长7.10%；流动性比例69.53%；实现税后利润167.3亿元；不良贷款率0.41%；外资法人银行资本充足率18.83%，核心资本充足率18.33%。总体上看，在华外资银行营业性机构主要指标均高于监管要求，基本面健康。中国加入世界贸易组织十多年来，在华外资银行金融机构数增加，设立城市从20个扩展到50个，在中西部和东北地区设立125个营业网点；业务投入持续稳定增加；本地金融服务能力提升。

9.1.1 在华外资银行的数目和从业人员数

从图9－1中可以看到，2006年，我国外资银行只有14家，2007年迅速提高到29家，其后逐年稳步增加，2011年为40家。而从业人员数除2008年受全球金融危机影响小幅回落外，从2006年的16 724人逐步增加至2011年的42 269人（参见图9－2）。

从在华外资银行的金融机构数来看，截至2011年末，45个国家和地区的

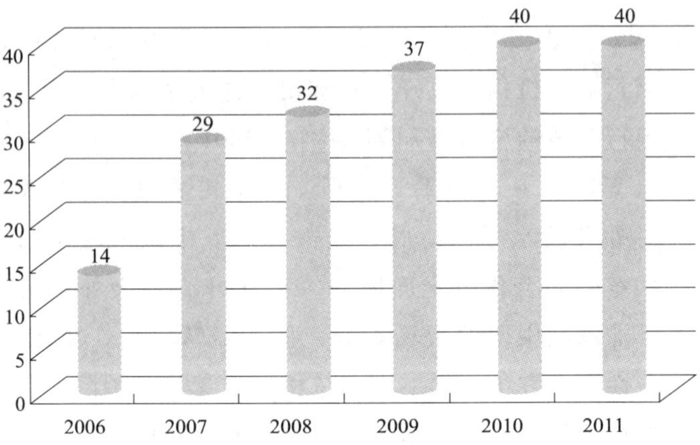

图 9－1　在华外资银行法人机构数（单位：家）

数据来源：银监会各年年报。

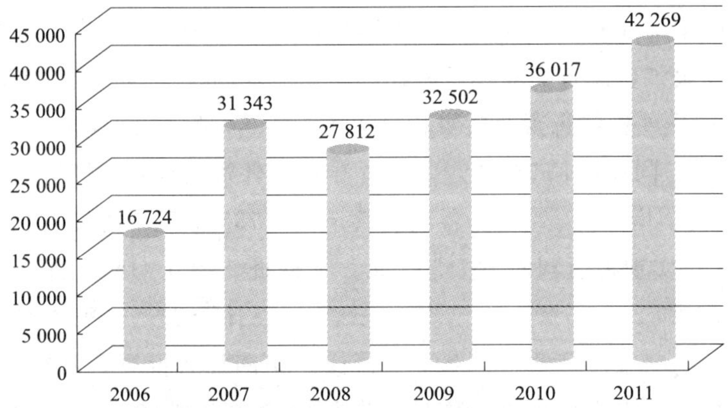

图 9－2　在华外资银行从业人员数（单位：人）

数据来源：银监会各年年报。

181 家银行在华设立了 209 家代表处；14 个国家和地区的银行在华设立了 37 家外商独资银行（下设 245 家分行）、2 家合资银行（下设 7 家分行，1 家附属机构）、1 家独资财务公司；26 个国家和地区的 77 家外国银行在华设立 94 家分行（非法人机构）。因此，截至 2011 年末，在华外资银行业的金融机构总数为 387 家（参见表 9－1）。

表9-1 在华外资银行业金融机构情况（截至2011年末；单位：家）

	外国银行	独资银行	合资银行	独资财务公司	合计
法人机构总行		37	2	1	40
法人机构分行及附属机构		245	8		253
外国银行分行	94				94
总计	94	282	10	1	387

数据来源：银监会2011年年报。

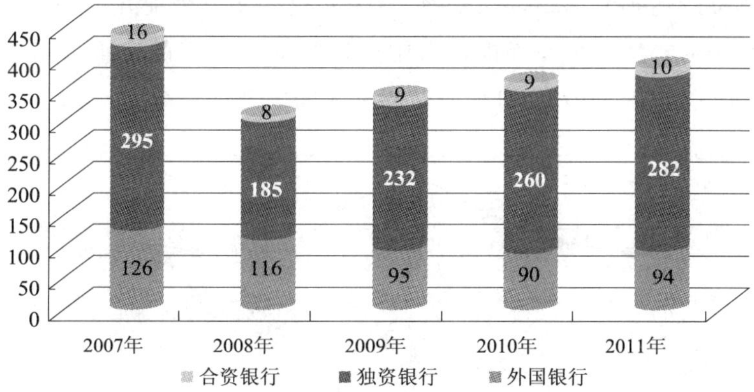

图9-3 2007年至2011年在华外资银行金融机构数（单位：家）

数据来源：银监会各年年报。

2001年，汇丰以8%入股上海银行，成为第一家入股中资银行的外国银行。在保护过渡期，外资银行通过入股中资银行可以规避法规对外资银行网点和业务领域的限制；保护期后，外资银行入股中资银行除了看好中国市场的发展潜力，也可以利用中资银行垄断优势、客户资源和本地优势，从地域、业务范围和客户群三个方面更广泛地深入中国市场。此外，入股中资银行也可以很好地避开与中资银行的正面竞争。外资银行入股中资银行已经成为一种较佳的投资策略。从图9-3中可以看到，从2007年至2011年，各种形式的在华外资银行金融机构中，外国银行的数目逐渐减少。这是由于2006年末，银监会开始批准在华外资银行将其在华境内分行改制为外资法人银行（第一批得到批准的银行为9家）。2007年3月20日，四家（汇丰银行中国有限公司、渣打银行中国有限公司、东亚银行中国有限公司、花旗银行中国有限公司）在华外资银行的在华分行完成改制，正式营业。此后，各大外资银行纷纷通过独资与合资的方式在华设立法人金融机构。而在设立方式上，独资银行为首要设立方式，2011 年有 282 家独资银行，而通过合资形式进入中国银行业的只有 10 家。

9.1.2 在华外资银行的总资产和税后利润

从图 9－4 中可以看到，2004 年至 2007 年，外资银行的资产总额从 5 823 亿元稳步增长至 12 525 亿元；2008 年和 2009 年，受全球金融危机的拖累，在华外资银行资产总额停滞不前，稳定在 13 400 亿元左右；2010 年开始重拾升势，2010 年的总资产达到 17 423 亿元，而 2011 年进一步显著提升至 21 535 亿元，同比增长了 23.6%。从在华外资银行占中国银行业总资产的比重上来看，2004 年至 2011 年间，这一比重在 1.71%—2.38% 区间内波动。

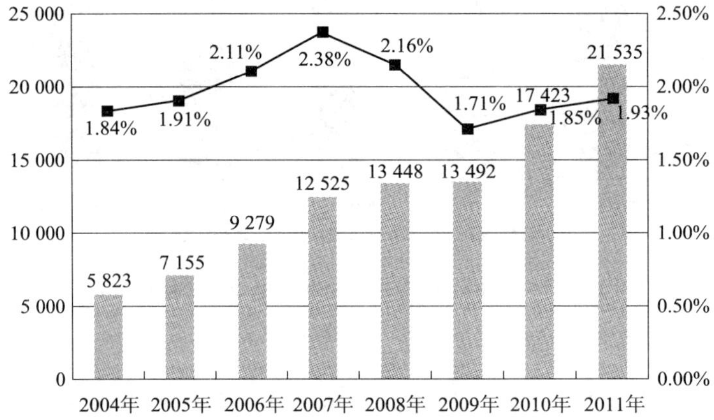

图 9－4 在华外资银行的资产总额及其占中国银行业总资产的比重（单位：亿元；%）

数据来源：银监会各年年报。

在华外资银行的税后利润受 2008 年全球金融危机的影响较为明显（参见图 9－5）。2008 年，在华外资银行税后利润总额为 119.2 亿元，2009 年大幅下降至 64.5 亿元，2010 年略有回升，为 77.8 亿元，所受影响要远远大于对于资产总额的影响。这表明，在全球性的金融危机中，来自美国和欧洲等国家和地区的外资银行受到本国经济停滞不前的拖累，使其在华外资银行的盈利能力也受到了影响。2011 年，我国经济复苏强劲，带动了在华外资银行税后利润的快速回升，迅猛增加至 167.3 亿元，比 2010 年增长了 115%。

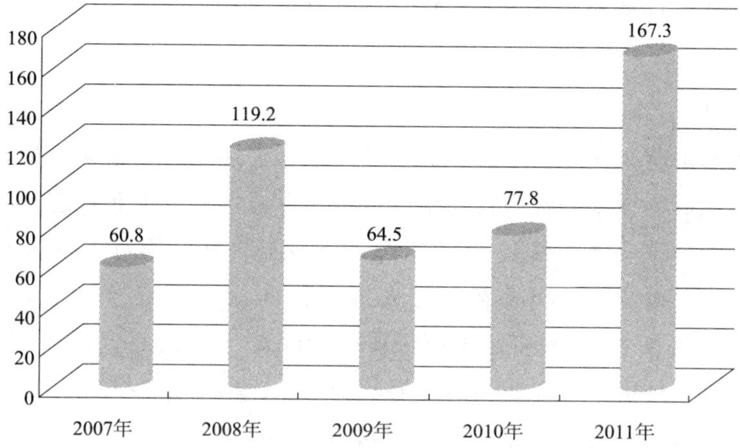

图9-5 在华外资银行的税后利润（单位：亿元）

数据来源：银监会各年年报。

9.1.3 在华外资银行的区域分布特征

潜在的市场机会、东道国自由化的金融制度、母国企业布局是影响外资银行在华区域分布的主要因素。上海凭借其金融中心的地位不仅使其成为外资银行最为集中的城市和众多外资银行在华总部所在地，也是外资银行进入创新产品和经营模式的试用地，中、外资银行的竞争也最为激烈。深圳凭借雄厚的金融基础和毗邻香港的区位优势，成为港资银行进军内地的桥头堡。在CEPA协议的推动下，深圳外资银行在规模和盈利方面都实现了快速增长，中、外资银行的竞争程度仅次于上海。厦门作为经济特区和港口城市，金融业外向度较高，银行业对外开放较早，开放程度较高，外资银行发展也较全面。

从外资银行在华的区域分布来看，根据中国人民银行发布的《2011中国区域金融运行报告》的统计数据，截至2011年末，在全国31个省市（自治区）中，有27个有外资银行进驻。外资银行资产的94.2%集中在东部，相对于2010年的94.4%略有所下降。其中大部分集中在经济较发达城市，如上海、深圳、北京、广州、厦门、大连等。西部地区对外资银行的吸引力进一步增强，外资银行资产总额和机构网点数占比均比2010年有所提高。重庆、四川和陕西是外资银行新进入的主要地区。

从国别（地区）来源分布特征看，外资银行主要来源于日韩、中国香港地区、欧美等地，且基本为母国大银行，具有较强的经营优势。

9.1.4 在华外资银行业务拓展情况

2001 年 12 月 11 日，在中国加入世贸组织的同时取消了外资金融机构外汇业务服务对象的限制，允许在上海、深圳、天津、大连的外资金融机构正式经营人民币业务。此后，在华外资银行业金融机构业务范围从外汇业务逐步深入拓展到外币业务和人民币业务。截至 2011 年底，35 家外资法人银行、45 家外国银行分行获准经营人民币业务，25 家外资法人银行、25 家外国银行分行获准从事金融衍生产品交易业务，5 家外资法人银行获准发行人民币金融债。

总的来看，外资银行在我国的发展较为稳定，但增速并不是很快，这一点从外资银行新增资产的机构分布中就可以看到。根据银监会从 2011 年开始每季度发布的《中国银行业运行报告》，2011 年商业银行新增资产的机构分布中，47.31% 来自国有商业银行，24.40% 来自股份制商业银行，仅这两类商业银行就占有新增资产的 60% 以上。而只有 2.89% 的新增资产来自外资银行。到 2012 年第 2 季度，这一比例进一步下降为 2.0% 。

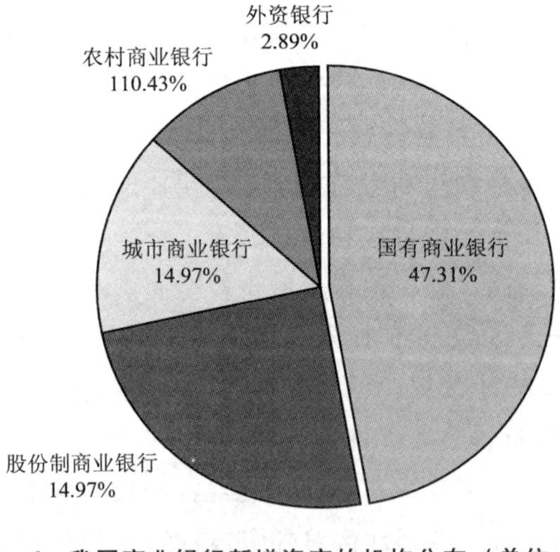

图 9-6 我国商业银行新增资产的机构分布（单位:%）

数据来源：银监会各季度《中国银行业运行报告》。

9.2　在华外资银行与中资银行经营情况的比较分析

对比在华外资银行与中资银行，可以看到，中资银行在国内长期的经营，使得外资银行无论从总资产（参见图9－4）、总负债还是税后利润占中国银行业相应指标的比重都比较小，而外资银行的资产负债率较为稳定，且从风险控制方面，外资银行的不良贷款率显著低于各类中资银行。

9.2.1　市场份额

在市场份额方面，相对于中资银行，无论从总资产、总负债，还是从税后利润来看，在华外资银行所占市场份额均比较小。从上一节的图9－4来看，外资银行在中国银行业的总资产份额低于2%，2011年为1.93%，虽然比2010年的1.85%有所增长，但所占比例依旧很小。表9－2显示，外资银行在我国银行业的总负债份额也比较低，2011年为1.83%，较2010年的1.74%有所增长，但所占比例较小。从2003年至今也一直低于2.3%的水平：2003年至2007年，外资银行总负债占比逐步增长，从1.48%增至2.27%；受全球金融危机影响，2008年和2009年该比重有所下降，2009年下降较明显，降至1.57%；2010年起，外资银行总负债所占比例重拾升势。

表9－2　　中资银行与外资银行的总负债情况

（单位：亿元;%）

年度	外资银行总负债	中资银行总负债	中外资银行负债总额	外资银行负债占比
2003年	3 751	249 494	253 245	1.48
2004年	5 329	297 925	303 254	1.76
2005年	6 530	351 540	358 070	1.82
2006年	8 532	408 575	417 107	2.05
2007年	11 353	489 410	500 763	2.27
2008年	12 028	539 821	551 849	2.18
2009年	11 818	738 887	750 705	1.57
2010年	15 569	879 163	894 732	1.74
2011年	19 431	1 041 348	1 060 779	1.83

数据来源：银监会各年年报。

在税后利润占比方面，外资银行的市场份额也很小。2011 年，外资银行的税后利润总额为 167. 3 亿元，占比为 1. 50% 。与此相比，中国银行业中 59. 71% 的税后利润来自大型商业银行，利润总额为 6 446. 6 亿元，远远大于中资股份制商业银行和城市商业银行，表明我国银行业的垄断现象依然存在。

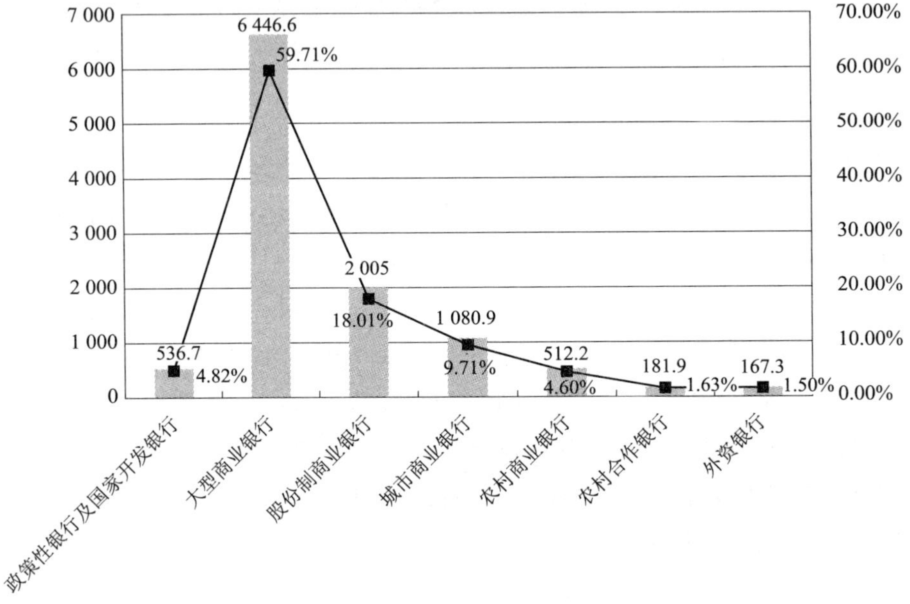

图 9－7　2011 年各类银行的税后利润及其占比（单位：亿元；%）

数据来源：银监会 2011 年年报。

9. 2. 2　资产负债率

在资产负债结构方面，相对于中资银行，尤其是除大型商业银行外的其他类型中资银行，在华外资银行资产负债结构保持相对比较稳定。从表 9－3 中可以看到，2004 年至 2011 年，大型商业银行的资产负债率稳定在 1. 04% —1. 07% 之间；与之相比，外资银行的资产负债率略高，稳定在 1. 09% —1. 14% 之间。而其他类型的中资商业银行受 2008 年全球金融危机的影响较为明显：2008 年，股份制商业银行、城市商业银行和农村商业银行的资产负债率显著提高到 1. 27% 、1. 31% 和 1. 61% ，与其他年份的资产负债率差异明显，而且资产负债率受负面冲击的波动程度与银行规模基本呈现反向相关的关系。这表明，在金融危机时期，中小银行受到的冲击更为明显。

表 9 – 3　　各类银行的资产负债率情况

（单位:%）

类型	2004 年	2005 年	2006 年	2007 年	2008 年	2009 年	2010 年	2011 年
大型商业银行	1.04	1.05	1.06	1.06	1.06	1.06	1.06	1.07
股份制商业银行	1.03	1.03	1.04	1.05	1.27	1.05	1.06	1.06
城市商业银行	1.04	1.04	1.05	1.06	1.31	1.07	1.07	1.07
农村商业银行	1.05	1.05	1.05	1.06	1.61	1.06	1.08	1.08
外资银行	1.09	1.10	1.09	1.10	1.12	1.14	1.12	1.11

数据来源：银监会各年年报。

9.2.3　不良贷款率

在贷款风险控制方面，外资银行的不良贷款率明显低于各类中资银行，风险控制较为稳健。从表 9 – 4 中可以看到，2007 年至 2011 年，外资银行的不良贷款率除 2008 年和 2009 年受全球金融危机的影响分别提高到 0.8% 和 0.9% 以外，其余年份的不良贷款率均在 0.5% 以下，2011 年为 0.4%，足见风险控制是外资银行运营活动中的重点。而与之相比，我国大型商业银行 2007 年的不良贷款率高达 8%，后来经过财政干预后尽管逐年下降，2011 年的不良贷款率仍大幅高于外资银行，为 1.1%。农村商业银行的不良贷款率仍然较高，这与涉农贷款的风险性和农民的偿还能力有关。股份制商业银行和城市商业银行的不良贷款率也呈现逐年下降的趋势，至 2011 年分别为 0.6% 和 0.8%，风险控制也相对良好，但仍高于外资银行。由此可见，外资银行由于在贷款发放过程中的流程标准化，发放贷款要求较高，风险识别评估能力也比较高，从而其贷款风险较小，资产的安全性也较高。

表 9 – 4　　各类银行的不良贷款率

（单位:%）

年份	大型商业银行	股份制商业银行	城市商业银行	农村商业银行	外资银行
2007 年	8.0	2.1	3.0	4.0	0.5
2008 年	2.8	1.3	2.3	3.9	0.8

续表

年份	大型商业银行	股份制商业银行	城市商业银行	农村商业银行	外资银行
2009 年	1.8	1.0	1.3	2.8	0.9
2010 年	1.3	0.7	0.9	1.9	0.5
2011 年	1.1	0.6	0.8	1.6	0.4

数据来源：银监会各年年报。

9.3 关于银行业对外开放的相关政策规定①

2001 年 12 月，中国加入世界贸易组织的同时取消了外资银行办理外汇业务的地域和客户限制，允许外资银行经营对中国企业和中国居民的外汇业务；在上海、深圳、天津和大连四个城市向外资银行开放人民币业务。

2001 年 12 月，国务院颁布《中华人民共和国外资金融机构管理条例》（修订版），规定独资银行、合资银行的注册资本最低限额为 3 亿元人民币等值的自由兑换货币；外国银行分行应当由其总行无偿拨给不少于 1 亿元人民币等值的自由兑换货币的营运资金，资本充足率不低于 8%。规定业务范围包括：买卖债券、买卖股票以外的其他外币有价证券，从事外币兑换，外汇业务等。该条例由 2002 年 2 月 1 日起开始生效并于 2006 年 12 月 11 日废除。

2002 年，中国人民银行宣布自 2002 年 12 月 1 日起，在广州、珠海、青岛、南京、武汉向外资金融机构开放人民币业务。人民币业务经营地域进一步扩展。

2003 年，银监会宣布从 2003 年 12 月 1 日起，将外资金融机构经营人民币业务的地域扩大到济南、福州、成都和重庆四个城市，并在已开放人民币业务的地域，允许外资金融机构向中国企业提供人民币服务。

2003 年 12 月，银监会颁布《境外金融机构投资入股中资金融机构管理办法》，规定入股中资银行的资格条件和持股比例，改变了以往外资入股需要逐个请示上报的做法。

2004 年 12 月 1 日，银监会宣布，按照“入世”承诺在昆明、北京、厦门三个城市向外资银行开放人民币业务，同时提前一年在西安、沈阳向外资银行开放

① 本部分的相关内容来自《中国银行业对外开放报告》以及国务院和银监会网站。

人民币业务。外资银行经营人民币业务的地域进一步扩大，达到18个城市。

2005年12月，经国务院批准，在汕头、宁波、哈尔滨、长春、兰州、银川、南宁七个城市向外资银行开放人民币业务。

2006年11月，国务院颁布《中华人民共和国外资银行管理条例》，规定注册资本最低额度由2003年的3亿元人民币或者等值的自由兑换货币提升至10亿。条例同时规定外商独资银行、中外合资银行在中华人民共和国境内设立的分行，应当由其总行无偿拨给不少于1亿元人民币或者等值的自由兑换货币的营运资金。外商独资银行、中外合资银行拨给各分支机构营运资金的总和，不得超过总行资本金总额的60%；外国银行分行应当由其总行无偿拨给不少于2亿元人民币或者等值的自由兑换货币的营运资金。对资本充足率的要求由原先的8%调整为符合所在国家或者地区金融监管当局以及国务院银行业监督管理机构的规定。条例允许外国银行申请将分行转为在中国注册的法人银行。业务范围新增吸收中国境内公民每笔不少于100万元人民币的定期存款业务。同时新增监管要求规定：外国银行分行境内本外币资产余额不得低于境内本外币负债余额；在中华人民共和国境内设立2家及2家以上分行的外国银行，应当授权其中1家分行对其他分行实施统一管理。

2006年12月，取消外资银行经营人民币业务的地域和客户限制，允许外资银行对所有客户提供人民币服务；取消对外资银行在华经营的非审慎性限制。2006年底，银监会批准首批四家外资银行将其中国境内分行改制为外资法人银行，并批准其经营人民币零售业务。

2011年7月26日，银监会首次批准外资银行以人民币形式增加注册资本，2011年累计批准外资银行以人民币形式增加注册资本70.18亿元。批准外资法人银行在其总行或分行所在城市辖内的外向型企业密集市县设立支行，支持当地县域经济、外向型经济以及新农村建设。

2011年底，外资银行存贷比监管宽限期到期，39家外资法人银行全部达标。至此，在华外资银行各项监管宽限安排已全部结束，中外资银行监管标准实现统一。

9.4　在华外资银行对中国银行业的影响

9.4.1　相关文献回顾

学术界关于外资银行进入对东道国的影响存在争议，认为外资银行的进入，既可能通过竞争和经验外溢提高东道国银行的经营效率，又可能对东道国银行带来负面冲击。

从正面效应来看，外资银行的进入会给东道国银行产生强大的竞争压力，产生“鲶鱼效应”（Catfish Effect），迫使本土商业银行积极改善经营管理水平，从而促进效率的提升。外资银行比本土商业银行具有更高的净边际利差和利润，外资银行参与程度的上升显著降低了本国银行的利润和成本。同时，外资银行在开展传统银行业务和新兴银行业务方面都具有丰富的经验，这些经验外溢将使本土商业银行更迅速地掌握外资银行相对先进的经营管理经验，熟悉各种新兴业务，提高资金使用效率，金融服务水平和金融产品开发能力。Gray and Gray（1981）从理论和经验的角度进行了较深入研究，发现外资银行的进入有助于东道国银行体系竞争和效率的提高。Kaas（2004）构建了贷款市场的空间竞争模型，论证了外资银行对本土商业银行效率的积极作用。Lehner and Schnitzer（2008）通过建立 Salop 模型从理论上论证了外资银行进入带来的溢出效应和竞争效应及其相互作用对本土商业银行效率的促进作用。Claessens 等人（2001）用 1988 年至 1995 年 80 个国家和地区的 7 900家银行的数据作样本，选取东道国银行的净边际利差、利润和总成本等财务指标，发现在发展中国家，外资银行比本国银行具有更高的净边际利差和利润，外资银行参与程度的上升显著降低了本国银行的利润和成本。

从负面效应来看，外资银行的进入对中资银行也带来一定程度的冲击。外资银行凭借自身的竞争优势挑选盈利性强和财务状况好的客户，给中资商业银行的盈利性、流动性和安全性造成严重的潜在负面影响。这种情形下，中资商业银行可能无力应对来自外资银行的竞争压力，从而被迫承担极高的风险，这将损害银行效率改进的基础，即所谓的“摘樱桃效应”（Cherry-picking）。Clarke 等人（2000）研究发现，外资银行对阿根廷银行带来的竞争压力与效率在不同市场存在差异。在抵押贷款市场，外资银行参与程度高，净利差下降，经营成本上升；而在消费信贷市场，外资银行参与程度较小，净利差和经营成本基本没有变化。

Clarke 等人（2002）认为，外资银行将凭借自身的竞争优势挑选盈利性强和财务状况好的客户，给本土商业银行的盈利性、流动性和安全性造成严重的潜在冲击。Kim and Lee（2004）基于韩国银行业的实证研究发现外资银行争夺本土银行原有高端客户的现象，给本土商业银行的盈利能力和利润效率带来负面影响。Uiboupin（2005）基于1995—2001年间10个中东欧经济转轨国家319家银行数据的实证分析，得到了类似的结论。Schulz（2006）对墨西哥的研究发现，外资银行的进入并未促进墨西哥银行业的竞争。Levy and Micco（2007）分析了拉美8个国家的资料，发现外资银行凭借特定的产品优势，削弱了东道国银行业的竞争，从而降低了银行业的效率。

此外，也有部分研究认为外资银行的进入对东道国银行体系竞争和效率的改进具有不确定性。Stiglitz（1993）指出，外资银行的进入给国内银行、国内企业和政府带来潜在成本，使得国内银行体系的效率改进受到牵制和抵消。此外，外资银行的进入会给国内金融机构带来很大的竞争成本和压力。Lensink and Hermes（2004）用1990年至1996年48个国家和地区的982家银行的数据作为样本，研究发现外资银行的作用取决于东道国初始金融发展水平。对初始金融发展水平高的国家，外资银行的进入可以大幅度降低经营成本和经营利差，初始金融发展水平低的国家则相反。

国内学术界关于外资银行对中资商业银行的影响也存有争议。高晓红（2000）认为，外资银行的进入可以打破本土银行的原有低效率均衡的状态，外资银行带来的竞争压力推动了国内商业银行的改革进程，从根本上改善了我国商业银行的效率。叶欣（2006）研究发现外资银行进入有助于改进东道国银行业的运作效率，促进金融稳定，主要表现为资源配置效应、市场竞争效应、技术示范效应、金融稳定效应和金融国际化效应。在实证方面，郭妍和张立光（2005）在国内首次对外资银行进入中国对国内银行业盈利状况、经营水平和抗风险能力的影响进行定量实证研究表明，随着外资银行进入程度的加深，国内银行的利润率、非贷款收益率、费用率均有所下降，“市场竞争效应”、“技术示范效应”均有体现。陈奉先和涂万春（2008）对我国商业银行历年数据的实证结果表明，外资银行的进入促进了我国商业银行效率的提高。潘婷和朱涛（2011）的实证分析表明外资银行进入对中资商业银行的净利息收益率和利润率有显著的正向影响，但对营业费用率的降低暂无促进作用，宏观环境因素对传导机制的约束尚不明显。

而与之相反，外资银行的进入可能会带来银行控制权、银行股权转让价格的确定、金融霸权和金融安全、国内金融机构市场占有率和利润率下降、货币政策有效性、国内银行吸收和自主创新以及金融业发展地区部不平衡等问题。李晓峰等（2006）就外资银行进入对国内银行业的经营费用、盈利性、风险性和流动性等效率指标的影响进行分析，发现外资银行的进入致使中资商业银行的流动性显著降低、资产下降和风险增加以及非利息收入、经营费用和资产收益率减少，而技术外溢效应并不显著。杜群阳和朱佳珏（2010）的实证研究表明，外资银行进入未能改变我国银行业竞争格局，而外资银行进入带来的竞争效应造成中资商业银行成本费用率和经营风险均有所上升。

也有中国学者认为外资银行对我国商业银行经营效率的影响方向并非单一。吕凯波（2008）的实证结果表明，在短期内，外资银行的进入增加了中资商业银行向外资银行的学习成本，导致效率水平下降；在长期中，中资商业银行提高了竞争力，效率水平会得到较大的提高。李伟和韩立岩（2008）采用 Panzar - Rosse 模型进行经验分析表明，近十年间我国银行业呈现垄断竞争格局，且竞争压力呈上升趋势，外资银行进入程度与银行业市场竞争度呈现 U 型关系，当前外资银行带来的实际竞争压力还很有限，只有当外资银行进入程度达到并超过一定水平时，才会对我国银行业的市场竞争发挥促进作用。张金清和吴有红（2010）研究发现，外资银行的进入水平对中资商业银行效率的影响存在“阀值效应”，该效应并未因商业银行产权性质不同而存在显著差异。自加入 WTO 以来，外资银行进入水平总体上位于适度区间内，外资银行进入对我国本土商业银行效率产生了积极作用。

9.4.2 在华外资银行对中国银行业的影响

从文献分析可以看到，外资银行对于东道国商业银行的影响存在正反两个方面的效应。长期以来，我国银行业市场垄断状况较严重，银行效率低下，外资银行的进入可以给中资商业银行带来竞争和示范作用，促进中资商业银行的发展；但另一方面，外资银行的竞争和市场挤出效应也会对中资银行带来冲击。因此，本节选取了10家具有代表性的中资商业银行①，分析其资产利用效率、收入效率、经营成本效率以及风险控制效率在2006年至2011年间的变化。本节的分析可以看到，除了风险控制效率有了较为明显的改善外，其他各方面效率的提升并不显著，这从一个侧面反映了外资银行进入我国存在大小相当的正反效应，从而净效应并不明显。

1. 资产利用效率

在资产利用效率方面，使用可以衡量银行盈利能力的利润率来衡量银行的资产利用效率情况。从图9-8可以看到，2006年至2011年，这10家代表性中资商业银行的利润率在2007年上升比较明显；2008年和2009年受金融危机影响，有了较大的下降；2010年开始又逐步上升，至2011年稳步提高到1.4%。总的来看，伴随着2007年银行业对外开放程度的进一步扩大，我国商业银行的资产利用效率并未存在明显提升。

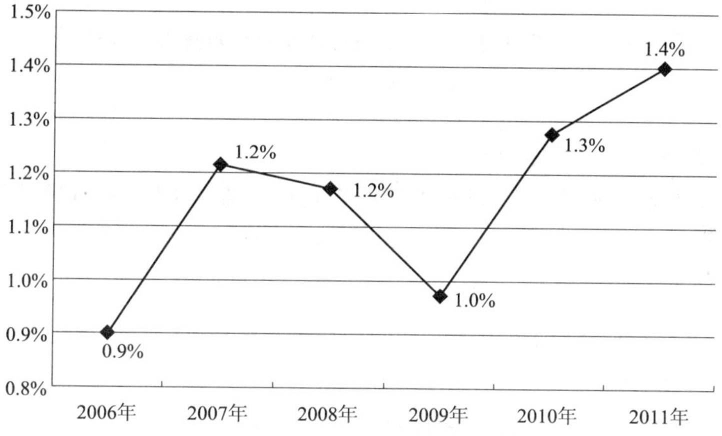

图9-8 10家代表性中资商业银行的利润率（单位:%）

数据来源：各家商业银行年报。

2. 收入效率

在收入效率方面，鉴于利息收入是我国商业银行的主要收入来源，我们使用净利息收益率来衡量商业银行的收入效率情况。从图9-9中可以看到，外资银

① 这10家代表性的中资商业银行为中国工商银行、中国建设银行、中国银行、中国农业银行、交通银行、招商银行、光大银行、宁波银行、上海银行和上海农商银行。

行进入中国的过程中，我国商业银行的净利息收益率并未出现明显的改善，从2006年的2.1%小幅提高至2011年的2.4%，2008年受全球金融危机的影响，显著下降为1.8%。

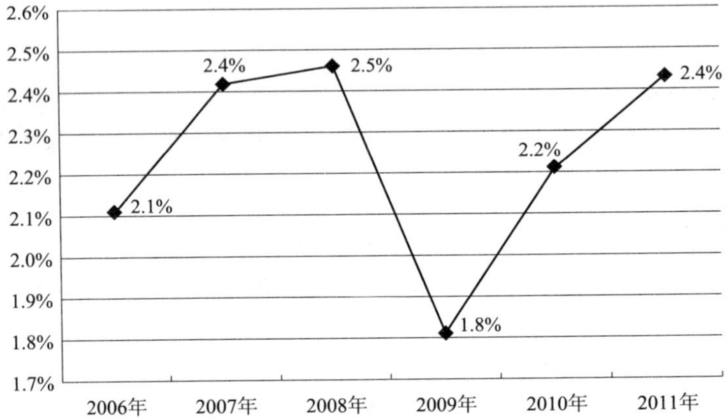

图9-9　10家代表性中资商业银行的净利息收益率（单位:%）

数据来源：各家商业银行年报。

3. 经营成本效率

在经营成本效率方面，我们使用商业银行的营业费用率来衡量其经营成本效率。从图9-10中可以看到，与其他效率指标类似，10家代表性中资商业银行的营业费用率并未在近5年间呈现显著的提升，甚至略微有所下降，从2007年的1.7%下降为2009年的1.2%，至2011年才恢复至2006年的1.5%的水平。

4. 风险管理效率

在风险管理效率方面，我们使用各类商业银行的不良贷款率来衡量贷款收回的风险程度及其风险识别能力，从而衡量其风险控制情况。结合第二节的分析以及图9-11，中资商业银行不良贷款率自2007年开始呈现逐年下降的趋势，显示了中资商业银行风险管理能力的不断提高。但是，中资商业银行风险管理效率的提高可能并非完全来自于外资银行的经验外溢效应和示范效应，也与近年来我国银监会加强了商业银行金融监管和国有银行的股份制改革密切相关，因此中资银行风险效率的提高并不能表明外资银行的正面效果。

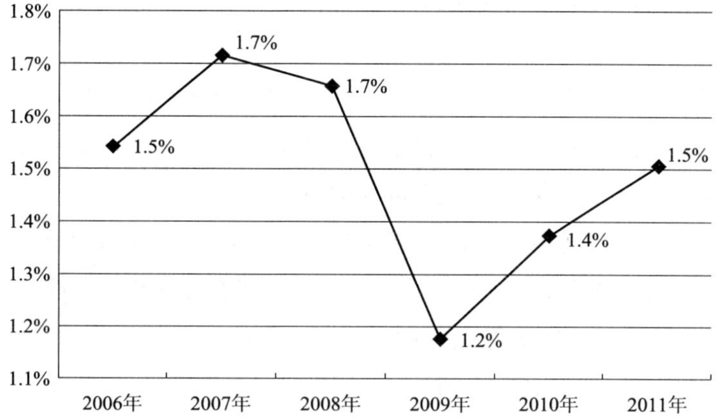

图9-10 10家代表性中资商业银行的营业费用率（单位:%）

数据来源：各家商业银行年报。

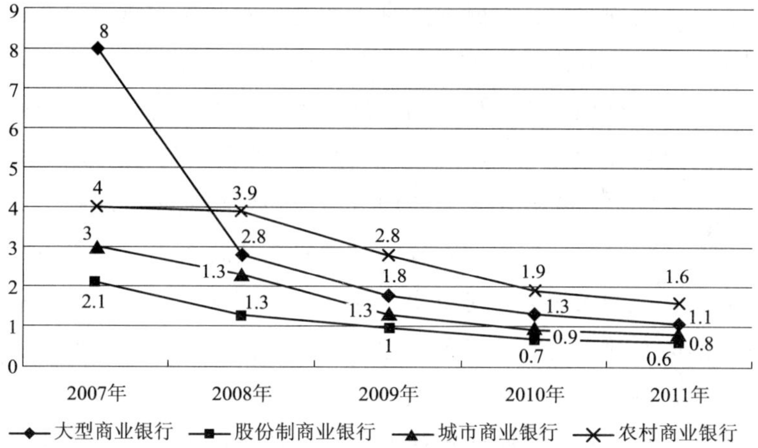

图9-11 各类中资商业银行的不良贷款率变化情况（单位:%）

数据来源：银监会。

9.4.3 在华外资银行对中国银行业的其他影响①

外资银行进入中国，除了对我国商业银行机构产生影响，还对我国包括金融

① 本部分参考银监会年报和《中国金融稳定报告》的部分内容。

体系完整化、金融国际化、金融安全、金融监管等方面在内的整个中国金融业产生了较为深刻的影响。

金融体系方面，外资银行的发展促进了我国金融体系的完整化。外资银行的发展促进了我国金融产品的多样化和创新，推动了金融交易技术的发展，推动了我国会计、审计、评估、保险等金融机构的发展。

金融国际化方面，外资银行的发展推动了中资商业银行的改革，促进了我国金融业国际化。外资银行的发展促进了我国金融人才的培养与发展；通过“技术示范效应”，中资金融机构掌握先进的业务技术和先进的管理理念，拓展了国内金融机构“走出去”的途径。此外，与外资银行的竞争与合作也拓展了我国获得和输出国际资本的能力，加强了资本流通。

金融安全方面，外资银行在华分支机构的扩展和入股中资步伐的加快并没有给我国金融安全造成明显的威胁。金融安全包含金融主权、金融效率、金融国际地位三个方面。从宏观来说，金融安全是指通过金融系统的健康和富有效率的经营，保持国民经济的均衡发展。银行业是金融体系的主要构成部分，外资银行的发展必然会对我国的金融安全产生影响。外资银行分支机构、法人机构和入股等不同进入途径对金融安全具有不同的影响程度。外资银行在华分支机构相对较少，市场份额和总资产份额较小，对我国金融业的影响较小，威胁不大；外资银行法人机构具有风险隔离的作用，对我国金融安全威胁较小；外资银行入股中资则受到监管的约束，控股能力相对较弱。此外，外资银行的进入、中资商业银行与外资银行之间的有效合作有助于加强银行业对客户信用水平的评估，降低金融体系的风险水平，增强整个金融体系的稳定性。同时，东道国银行和外资银行之间的竞争，可以迫使监管当局提高监管水平，维护金融稳定。总体来说，目前外资银行的发展并没有给我国金融安全造成现实的威胁，我国金融运行情况基本稳定。

金融监管方面，外资银行的进入和发展推动了我国金融监管能力。外资银行的发展对我国金融安全，货币政策等的实施效率提出了新的挑战，增强了金融监管难度。面对新的挑战，金融监管机构必须不断完善相关的法律法规，完善信息披露机制，增强金融监管能力和政策施行效率。总体来说，外资银行的发展在一定程度上促使了我国金融监管框架与国际标准的接轨，促进了我国金融业监管机构与国际金融监管机构的交流与合作，完善了我国资本约束、流动性管理和风险管理控制等一系列金融监管机制。

9.5 政策建议

随着我国银行业的全面开放，外资银行的进入程度更加深入，经营地域更加广阔，业务范围更加广泛，对中国经济也更具有影响力，关于外资银行的政策和措施也必须继续加以完善。

第一，更加坚定地推进银行业的对外开放，同时鼓励外资银行以法人机构的形式进入和发展。外资银行的进入对我国银行业产生一定的积极作用，尽管目前效应还并不明显，但根据国际经验，引入竞争后的积极效应在长期内会逐渐显现出来。目前我国银行业垄断现象依旧存在，税后利润差异明显、效率较低，外资银行的进一步发展必将改善上述情况。

第二，应该引导在华外资银行的合理区域布局，适当引导外资银行的信贷方向。目前在华外资银行大都集中在经济发展速度比较快的东部省市，而对于地域更加广阔的西部地区的金融支持并不充分。因此，应该通过倾斜性的政策引导，鼓励外资银行往更广泛的中西部地区发展，降低外资银行在东部地区的集中程度。鼓励外资银行的贷款流向金融服务薄弱的地区和行业，提高外资银行的本土化服务能力。

第三，应进一步探索和研究加强对于在华外资银行的监管措施，完善监管体系。应该继续研究增加外资银行风险监测指标，如法人集团内跨境交易比例、法人境内资产负债比、外国银行分行跨境资金流出比等，要求外资银行加强风险本地管理，防范跨境风险传染，确保我国金融安全。目前，我国由银监会的监管三部来监管外资银行，鉴于外资银行的经营规律和涉外资金管理的复杂性，必要时可以组建专门的监管机构来加强监管，以提高监管部门的权威性和独立性。

总之，伴随着我国银行业对外开放水平的进一步提高，学习外资银行先进经验的能力随之提升，以及我国监管外资银行体系的不断完善，外资银行对于我国金融业乃至整个经济的积极促进效应必将进一步体现，促进我国银行业不断向国际银行业接轨。

（执笔：郭桂霞、沈婷）

第 10 部分

2011 年中国战略性新兴产业的外商投资

战略性新兴产业是指建立在重大前沿科技突破基础上，代表未来科技和产业发展新方向，体现当今世界知识经济、循环经济、低碳经济发展潮流，目前尚处于成长初期、未来发展潜力巨大，对经济社会具有全局带动和重大引领作用的产业。

“十二五”期间，我国制定了战略性新兴产业发展规划，确定了节能环保产业、新一代信息技术产业、生物产业、高端装备制造产业、新能源产业、新材料产业和新能源汽车产业七大战略性新兴产业的重点发展方向和主要任务，其中扩大这些产业的开放度，吸引外商投资，应用国际先进技术，是战略性新兴产业发展的重要途径之一。

10.1　中国战略性新兴产业的外商投资背景

就国际环境看，传统资源能源日益短缺。尤其是2008年经济危机之后，世界资源能源的价格波动频繁，影响各国经济的发展和稳定，加之环境问题越发受到各国的重视，越来越多的国家开始重视对传统能源替代物的开发，新能源和与之相关的产业正在快速兴起。经济危机爆发后，发达国家的恢复进程缓慢，发展动力严重不足。发挥自身优势，研究开发高新产业，增强经济发展的动力，重振本国经济，成为众多发达国家当前的主要任务。因此，新一轮的产业革命在全球范围内兴起，各国在政策、资金、技术等方面不断加强对其扶持力度，力图在新一轮产业革命中占据主导地位。中国在世界经济中地位的不断提升，工业化进程不断加快，不仅有着巨大的市场，而且对发达国家和整个世界经济格局产生了重大影响，成为众多发达国家在新兴产业上的直接投资重点对象。

就国内看，既存在着发展战略性新兴产业的有利条件，也存在着很多的不足之处。就有利的条件来看，中国当前在产业结构上已经有了明显的改善，高端产品生产和出口增加，产品附加值和科技含量不断提高；现代服务业有了显著发展；研发机构的数量和质量有了明显提高，创新能力不断增强，为战略性新兴产业的发展奠定了一定的产业、人才和技术基础。同时，国内经济维持了较快的发展，城镇化进程不断加快，居民的生活消费水平有了很大提高，这为战略性新兴产业的发展提供了需求空间。

就不足之处而言，外向型的经济发展战略，使中国成为了“世界工厂”，目前大部分产业和产品仍为中低端。这种现状不仅消耗了大量资源，而且由于资源利用技术和加工技术的落后，造成浪费严重，产品的附加值低。同时，在污染物的处理技术上较为落后，企业使用设备的能力和积极性不高，造成大量的污染物未经处理或者处理不善，对环境造成极大的破坏。中国这种发展模式难以为继。而且中国的很多核心技术仍旧依赖于发达国家，高端产品的出口很多是以加工贸易的方式进行的加工组装，不能真正反应中国的产品的科技水平。高端综合性的人才仍旧短缺，对知识产权的保护不完善，相关的激励扶持政策力度不足，自主创新能力与发达国家相比仍旧较弱。在投融资体制机制上仍旧不健全，市场环境仍有待改善，以适应战略性新兴产业的发展需要。所以，中国既有着战略性新兴产业发展的有利条件，也有不足，需要紧跟当前新一轮产业革命的步伐，利用自身的优势，加大研发创新力度，努力在未来的高新技术及产业领域占有一席之地。同时国内的技术、产业和投融资体制的不足，使中国需要外商直接投资，尤其是直接投资中包含的高新技术。通过外商的直接投资，中国可以在研发上加强与其合作，充分利用其技术溢出效应和产业关联效应，加快中国战略性新兴产业的发展。

10.2 中国战略性新兴产业的发展规划和特点

10.2.1 中国战略性新兴产业发展规划

从重点发展方向和重大任务看，中国指出了战略性新兴产业的七大发展方向，就每一个方向指出了具体的发展产业，并就每一个具体产业指出了发展目标、重大行动方案和重大政策。

1. 节能环保产业

强化政策和标准的驱动作用，充分运用现代技术成果，突破能源高效与梯次利用、污染物防治与安全处置、资源回收与循环利用等关键核心技术，大力发展高效节能、先进环保和资源循环利用的新装备和产品；完善约束和激励机制，创新服务模式，优化能源管理，大力推行清洁生产和低碳技术，鼓励绿色消费，加快形成支柱产业，提高资源利用率，促进资源节约型和环境友好型社会建设。

2. 新一代信息技术产业

把握信息技术升级换代和产业融合发展机遇，加快建设宽带、融合、安全的下一代信息网络，突破超高速光纤与无线通信、物联网、云计算、数字虚拟、先进半导体和新型显示等新一代信息技术，推进信息技术创新、新兴应用拓展和网络建设的互动结合，创新产业组织模式，提高新型装备保障水平，培育新兴服务业态，增强国际竞争能力，带动我国信息产业实现由大到强的转变。“十二五”期间，争取实现新一代信息技术产业销售收入年均增长20%以上。

3. 生物产业

面向人民健康、农业发展、资源环境保护等重大需求，强化生物资源利用、转基因、生物合成、抗体工程、生物反应器等共性关键技术和工艺装备开发；加强生物安全研究和管理，建设国家基因资源信息库。着力提升生物医药研发能力，开发医药新产品，加快发展生物医学工程技术和产品，大力发展生物育种，推进生物制造规模化发展，加速构建具有国际先进水平的现代生物产业体系，加快海洋生物技术及产品的研发和产业化。“十二五”期间，产业规模年均增速达到20%以上。

4. 高端装备制造产业

面向我国产业转型升级和战略性新兴产业发展的迫切需求，统筹经济建设和国防建设需要，大力发展现代航空装备、卫星及应用产业，提升先进轨道交通装备发展水平，加快发展海洋工程装备，做大做强智能制造装备，把高端装备制造业培育成为国民经济的支柱产业，促进制造业智能化、精密化、绿色化发展。

5. 新能源产业

加快发展技术成熟、市场竞争力强的核电、风电、太阳能光伏和热利用、页岩气、生物质发电、地热和地温能、沼气等新能源，积极推进技术基本成熟、开发潜力大的新型太阳能光伏和热发电、生物质气化、生物燃料、海洋能等可再生能源技术的产业化，实施新能源集成利用示范重大工程。到2015年，新能源占能源消费总量的比例提高到4.5%，减少二氧化碳年排放量4亿吨以上。

6. 新材料产业

大力发展新型功能材料、先进结构材料和复合材料，开展纳米、超导、智能等共性基础材料研究和产业化，提高新材料工艺装备的保障能力；建设产学研结合紧密，具备较强自主创新能力和可持续发展能力的高性能、轻量化、绿色化的新材料产业创新体系和标准体系，发布国家新材料重点产品发展指导目录，建立新材料产业认定和统计体系，引导材料工业结构调整。到 2015 年，突破一批国家建设急需、引领未来发展的关键共性技术；到 2020 年，关键新材料自给率明显提高。

7. 新能源汽车产业

以纯电驱动为新能源汽车发展和汽车工业转型的主要战略取向，当前重点推进纯电动汽车和插电式混合动力汽车产业化，推进新能源汽车及零部件研究试验基地建设，研究开发新能源汽车专用平台，构建产业技术创新联盟，推进相关基础设施建设。重点突破高性能动力电池、电机、电控等关键零部件和材料核心技术，大幅度提高动力电池和电机安全性与可靠性，降低成本；加强电制动等电动功能部件的研发，提高车身结构和材料轻量化技术水平；推进燃料电池汽车的研究开发和示范应用；初步形成较为完善的产业化体系。建立完整的新能源汽车政策框架体系，强化财税、技术、管理、金融政策的引导和支持力度，促进新能源汽车产业快速发展。

10.2.2 中国战略性产业的特点

第一，战略性新兴产业的技术密集性。七个行业中，中国政府都十分强调生产中相关技术的突破，力图通过政府宏观上的大力支持，产学研各自优势的发挥和相互之间的协调，在各产业的各个环节形成自己的核心技术。

第二，战略性新兴产业发展的紧迫性。规划中对产业发展的进程指出了具体的时间期限和需要达到的数量指标。所以战略性新兴产业是一项长期和短期相结合的重大任务，也意味着发展这些产业时，企业将面临着艰巨的任务，不得不尽最大的努力加快产业发展资金的到位和技术上的重大突破，并创造市场需求，尽快形成规模经济，增强产业的竞争力，使中国在全球竞争激烈的高新技术产业上占有一席之地。

第三，战略性新兴产业发展的艰巨性。中国当前在很多关键技术上仍旧对国外有很大依赖，而战略性产业的技术密集型特点和发展的时间规划，使得技术突破这一任务变得更加艰巨。怎样有效地开展技术攻关，是战略性新兴产业发展面临的一个主要障碍。

基于上述特点，中国发展战略性新兴产业的发展离不开与其他国家，特别是与以美国、欧盟、日本等为代表的发达国家之间的合作，应充分重视其对中国战略性新兴产业的直接投资，并侧重直接投资在产业技术研发上的重要作用。

10.3 中国战略性新兴产业的外商直接投资政策

10.3.1 战略性新兴产业整体的最新外商投资政策

第一，为进一步吸引外商直接投资，深化国际合作，国务院战略性新兴产业发展规划指出，要引导外资投向战略性新兴产业，丰富外商投资方式，拓宽外资投资渠道，不断完善外商投资软环境。为增加对外商投资的吸引力，规定国家支持战略性新兴产业发展的政策同等适用于符合条件的外商投资企业。

第二，国家发改委等部门对新修改的《外商投资产业指导目录》进一步进行完善，将突出对外商进入战略性新兴产业的支持。在金属制品业中，增加了航空、航天、汽车及环保型材料研发与制造；增加了基于PIv6的下一代互联网系统设备、终端设备、监测设备、软件、芯片开发及制造等。有关部门还制订了《跨国公司技术合作指引》等规则，推动中国企业与大型跨国公司间的合作计划，同时鼓励跨国公司在基地设立地区总部、研发中心、采购中心、培训中心，鼓励外资企业技术创新，增强配套能力，延伸产业链[①]。

第三，除了鼓励外商直接投资于中国的战略性新兴产业之外，中国还积极鼓励外商投资于现代服务业，力图在技术研发和知识产权的维护上形成更加完善的机制体制，促进中国科技水平的不断提高，为战略性新兴产业发展奠定科技基础。

第四，区域上，中国商务部等政府部门正在共同制定《中西部地区外商投资产业优势产业目录》，鼓励外商投资企业更多地投向高端制造业、高新技术产业、战略新兴产业、现代服务业和节能环保产业。同时为进一步吸引外商到中西部去投资，在政策方面会提供更多的便利和优惠。

10.3.2 各部门具体的外商投资政策

七大部门本身有着不同的特点，其发展状况也不尽相同，这决定了七大部门吸引外商投资时，应有一定的区别，所以相关部门出台了具体的政策措施。

1. 节能环保产业

自2010年下半年开始，中国就针对节能环保产业的发展陆续出台了一系列

① 方家喜．多部委修订政策 鼓励外资投资新兴产业［N］．经济参考报，2012年4月2日．

的政策措施。《“十二五”节能环保产业发展规划》指出，鼓励和引导民间投资和外资进入节能环保产业领域。2010 年 9 月发布的《国务院关于加快培育和发展战略性新兴产业的决定》，不仅第一次明确提出将节能环保产业作为七大战略性新兴产业之一给予重点支持，还强调重点开发推广高效节能技术装备及产品，提高资源综合利用水平和再制造产业化水平，示范推广先进环保技术装备及产品等。2010 年底，国家发展改革委、商务部发布《外商投资产业指导目录》，紧紧围绕加快经济发展方式转变这一主导思想，着力推进节能减排，严格限制或禁止“两高一资”类外商投资项目。

“十二五”期间中国面临经济转型和环境问题的压力，国内节能环保产业拥有良好发展前景，加之上述在节能环保产业上的国内支持政策及鼓励外资的政策法规的出台和完善，外商投资将会不断加大。

2. 新一代信息技术产业

中央和地方政府大力支持和积极布局新一代信息技术产业，各细分产业的专项规划陆续出台。2011 年修订的《外商投资产业指导目录》明确指出，鼓励外商对中国新一代信息技术产业的投资。各地积极响应国家的政策导向，在云计算、物联网、移动互联网等产业加紧布局，抢占发展先机，积极推进三网融合。

3. 生物产业

2011 年，科技部颁布《“十二五”生物技术发展规划》，其中与外商投资有关的政策措施包括：推进国际互认实验室的建设，参与并主导国际生物相关大科学工程计划的研究与开发，加强与国外政府间、民间的合作与交流；积极推进与大型跨国企业建立战略伙伴关系，合作开发新产品，共同开拓国际市场；充分重视利用海外资源，特别是人才资源，选择一些重大技术领域向国际优秀人才开放；加强对引进技术的消化、吸收和再创新，充分利用国外优势资源。这些措施对壮大中国生物产业、吸引外商投资有着积极的促进作用。

其中，生物医药产业和生物农业产业除了上述政策措施之外，还有着更多更详细的政策法规。

在生物医药产业方面，2011 年 8 月，商务部发布的《建立外国投资者并购境内企业安全审查制度的规定》，进一步加强了外资并购中国生物医药产业的审查力度。2011 年 10 月，工信部发布了关于《关于促进战略性新兴产业国际化发展的指导意见》，鼓励开展全方位的国际合作，充分利用全球创新资源，提升创新能力，鼓励企业承接国际医药研发和生产外包；同时，为防止外资并购对我国生物医药产业构成威胁，重点对生物医药等外资加速进入的产业，加强国内、国外产业发展动态监测与研究，尽快完善产业预警体系①。

在生物农业产业方面，2011年4月18日，国务院颁布了《关于加快推进现代农作物种业发展的意见》。2011年8月，农业部又推出新版《农作物种子生产经营许可管理办法》。国家发改委在12月也颁布重新修订后的《外商投资产业指导目录》，修改了外商投资种业的内容。在新一轮的种业改革中，中国除了对外商投资粮食、棉花种子产业，仍旧不允许外商独资，合资公司也必须由中方控股之外，对外商投资包括蔬菜在内的农作物种子研发、生产等方面的审查也日趋严格，对外商投资转基因生物研发、转基因农作物种子的生产更是明令禁止②。

4. 高端装备制造产业

2012年1月30日开始，中国正式实施《外商投资产业指导目录（2011）》，提出将高端装备制造业作为鼓励外商直接投资的重点领域，促进外商投资使用新技术、新工艺、新材料、新设备，改造和提升传统产业。同时，《“十二五”高端装备制造业产业发展规划》指出，鼓励开展引进消化吸收再创新，对研制生产国家鼓励发展的高端重大技术装备，落实有关关键零部件、原材料进口税收优惠政策。积极研究完善针对高端装备制造业公共服务体系和重大创新工程的相关进口税收政策，建立支持高端装备制造业发展的多渠道、多元化的投融资机制；要充分利用各种渠道和平台，积极探索合作新模式，融入全球产业链。鼓励境外企业和科研机构在我国设立研发机构，支持国外企业和国内企业开展高端装备联合研发和创新。这些举措将促使外商加快对华高端装备制造业的投资步伐。

5. 新能源产业

随着中国新能源产业的不断发展，其利用外资规模日益扩大，方式上更多的是通过与外国签订双边协定，增加外商投资的便利化。目前，中国已经同30多个国家和地区在新能源合作等方面签署双边协议。2006年开始，我国加快了新能源产业的发展步伐。据不完全统计资料显示，2005—2011年中国新能源产业

① 张兰英，孙晓菲．外资生物医药企业在华战略［R］．SERI China Review，2012年6月．

② 降蕴彰．种业对外政策审查趋严 转基因研发受限［N］．经济观察报，2012年8月31日．

利用外资项目达到105个，总金额约为250亿美元①。

6. 新材料产业

2012年初，中国出台了《新材料产业“十二五”发展规划》，鼓励企业充分利用国际创新资源，开展人才交流与国际培训，引进境外人才队伍、先进技术和管理经验，积极参与国际分工合作。鼓励境外企业和科研机构在我国设立新材料研发机构，支持符合条件的外商投资企业与国内新材料企业、科研院校合作申请国家科研项目。

7. 新能源汽车产业

2011年底出台的新的《外商投资产业指导目录》，将汽车整车制造条目从鼓励类中删除，增加了新能源汽车关键零部件等条目；首批免征车船税新能源汽车车型公布，明确了首批49个产品型号的新能源汽车免征车船税。按照国务院办公厅2012年7月9日发布《节能与新能源汽车产业发展规划（2012－2020年）》，财政部门将对公共服务领域节能与新能源汽车示范、私人购买新能源汽车试点给予补贴，但外商投资外国企业想要拿到补贴，只能是与国内车企合资量产新能源车和向合资的厂转移相当比例的技术，纯进口的电动车不能享受政府补贴，也不能进入政府采购②。

10.4 中国战略性新兴产业的外商直接投资进展

10.4.1 中国战略性新兴产业的外商投资整体状况

中国已在吸引战略性新兴产业的外商投资方面有了很大的进展。不仅如此，经济危机使发达国家在中国的战略布局也发生了显著变化，整体来看：

第一，中国的战略性新兴产业正日益成为发达国家的关注对象。跨国公司当前密切关注中国新兴产业的发展，试图在这些产业上开拓中国市场。新能源汽车目前正成为外商投资的热门行业，如西门子公司在潍坊进军新能源汽车领域；美国霍尼韦尔将与山东有关企业合作太阳能内胆生产项目；一些跨国公司对中国“三网融合”的投资机会也给予极大关注，如美国投资联盟集团在中国的两家企

① 林艳．中国新能源产业利用外资三大问题待突破［N］．经济参考报，2012年9月17日．

② 宋玮．新能源车年产50万辆政策落定，外资面临高门槛［N］．财经，2012年8月13日．

业今年开始扩大产能，其中中电通公司专门发展中国最热门的数字电视产业，包括数字电视、宽带上网、IP电话的三网合一终端产品专利，可向市场提供高度领先科技的数字电视前端系统和各种用户终端设备①。

第二，跨国公司开始将其在华的“研发中心”提升为“战略中心”。据商务部统计，截至2011年底，跨国公司在华设立各类研发中心超过1 200家，主要集中在技术密集型行业。2012年，许多跨国公司在华“研发中心”已由地区研发中心升格为全球研发总部。

第三，跨国公司正在向中西部转移。2012年开始，许多跨国公司把“西部大开发”作为一个重要考察区域，在该地区大力发展战略性新兴产业。2012年5月以来，西门子、富士、丰田、摩托罗拉、福特、日立、索尼、佳能、三菱商事、爱普生、艾默生等20多家跨国公司负责人到重庆、四川、云南、陕西、新疆等西部地区考察。如西门子（中国）有限公司西南地区总经理崔格表示，公司正在西南地区发展符合中国政策的战略性新兴产业。

表10－1　　中国战略性新兴产业中外商重点投资的项目

领域	企业	重点项目	时间
下一代信息技术	Intel	大连12英寸晶圆项目，投资25亿美元	2010年投产
	三星	7.5代TFT—LCD项目，投资30亿美元	2011年启动
	LG	8.5代液晶面板，投资280亿元	2010年启动
	爱立信	上海、成都、深圳设立研发中心	—
	IBM	建立研究院、开发中心、系统中心	—
高端装备制造	空客	A320天津总装项目，投资80亿—100亿美元	2009年投产
	山崎马扎克	在上海、广州、大连设立技术中心，在甘肃和大连设立高端机床生产厂	2000年以来
	GE	与商飞成立合资企业，从事大飞机研发	2010年
新材料	空客	与哈飞建立哈飞空客复合材料制造中心	2010年
	SK	投资50亿元建立成都新材料基地	2011年

数据来源：根据中经网资料整理。

① 方家喜．多部委修订政策框架支持外商投资战略新兴产业［N］，经济参考报，2012年4月20日．

10.4.2 中国战略性新兴产业的外商投资分行业状况

1. 节能环保产业

大量的产业和金融资金涌入中国的节能环保产业。据统计，“十一五”期间，中国的节能环保产业保持着15%—20%的复合增长，远远大于工业增速，其中包括了外国企业的大量投资，其在华投资和布局的速度不断加快。仅就2011年外商在中国节能环保市场的业务活动而言，西门子绿色地区总部在上海揭幕，并正式投入运营，涉及楼宇节能、节能电视、城市轨道交通等多方面的制造业务；罗兰贝格管理咨询公司与北京理想伟业节能投资有限公司在京签署战略合作协议，确定将在全球范围内建成全方位战略合作关系，加紧在中国节能环保产业服务市场的谋划；苏伊士环境集团旗下中法水务投资有限公司、武汉化工新城工程有限公司、得利满水处理系统（北京）有限公司及上海化学工业区投资实业有限公司分别出资43%、25%、22%和10%，成立了武汉中法污水处理有限公司等。此外，节能领域的ABB、江森、霍尼韦尔、英格索兰等国际巨头也向中国市场频频出手；环保领域的威立雅、苏伊士、三菱重工等老牌巨头不断加紧在中国的布局。

2. 新一代信息技术产业

外商正不断加紧在中国信息技术产业的布局。典型的利用外资发展信息技术产业的城市，如西安，已经吸引了NEC、美光、应用材料、华新丽华、特变电工等知名电子信息企业进驻。2012年4月，三星也开始落户西安高新区，进一步增强了西安信息技术产业的实力。

3. 生物产业

就生物医药市场看，随着老龄化趋势日渐显现，生活质量的提升和对健康的日渐重视，中国生物医药市场的需求在不断增加，外国众多医药厂商看准这一点，正加快对中国市场的争夺。2011年7月，默克与先声药业签署框架合作协议，将在中国成立合资公司，业务涉及产品研发、注册、制造和销售多个方面；10月，英国制药巨头阿斯利康斥资2亿美元在泰州打造其全球投资最大的独立生产基地，生产静脉注射产品和口服固体片剂，以推动公司在中国的业务发展。另外，2011年6月，美国辉瑞投资5 000万美元参股上海医药；5月，德国勃林格殷格翰宣布进军中国肿瘤药市场，首款抗肿瘤药物将于2014年上市①。

就生物医学工程来看，外资企业也增加了在中国的投资和布局。如加拿大蓝孚公司在中国独资设立的蓝孚生物医学工程技术（山东）有限公司，是集科研、开发、生产、销售于一体的从事生物医学工程技术的高新技术企业。诺华（Novartis AG）是全球医药保健行业的领导者，诺华（中国）生物医学研究有限公司是诺华全球研发组织——诺华生物医学研究所（NIBR）的第八个研究基地。

就生物农业产业看，外资投资也有了一定的发展。如杜邦先锋在2002年和2006年分别与登海种业、敦煌种业设立合资公司从事制种；利马格兰也与隆平高科合作推广其玉米新品种；2009年12月，中国成立了首家外资农业生物技术研究机构，该机构欲建成世界一流的现代化生物技术研究中心，用于提高玉米、大豆等主要作物产量、抗旱性、抗病虫害及生物燃料转化效率，并将持续培养一批生物技术领域人才。

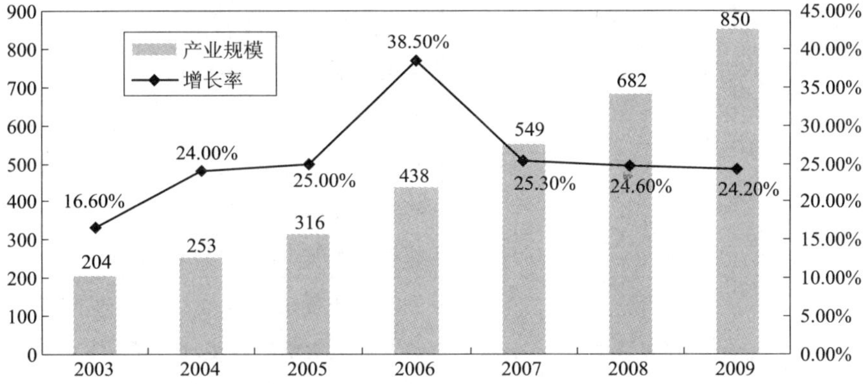

图10－1　2003—2009年中国生物医药产业规模及增长率

数据来源：根据中投顾问数据整理而成。

① 龚雯．中国医药市场扩容将催热新一轮并购潮［J］．中国企业文化，2011（12）：15－16.

表 10－2　　跨国生物制药公司在中国设立的研发中心

公司	研发中心成立时间	研发中心地点	研究内容
诺和诺德	2002 年 1 月	北京	2010 年 11 月宣布未来五年将投资 1 亿美元扩建北京研发中心，扩建后其研究领域将从糖尿病前期扩展到药理学研究，同时支撑目前已进行的炎性疾病领域新药研发
阿斯利康	2007 年 3 月	上海	致力于中国多发癌症领域的转化科学研究，从遗传及临床表现探索积累中国及亚洲病患与西方人对药物作用机制的差异，研发出符合个性化治疗需求的靶向药及生物标记物
诺华	2007 年 6 月	上海	重点研究方向为研发创新药物，以及天然药物的生物医药研究
葛兰素史克	2007 年 7 月	上海	利用全球研发资源完成从靶点确认、生物学基础研究、临床研究到报批的整个过程
赛诺菲－安万特	2008 年 1 月	上海	自 2008 年以来已与中国顶尖的科研机构建立十多项战略合作项目，其中，与中科院上海生命科学研究院已携手研发出一种前景看好的癌症化合物，与中国医学科学院天津血液学研究所成功分离出 40 多种对抗急性骨髓性白血病干细胞单克隆抗体
雅培	2009 年 4 月	上海	开展包括激酶试验和 G 蛋白偶联受体实验，及全球最尖端的电生理学研究，着重开发癌症、免疫以及抗病毒领域的药物等各种研究
默克	2009 年 11 月	北京	亚洲药品研发，生物治疗领域，生物标识和基因方面；肿瘤、风湿病以及神经变性疾病
默沙东	2011 年 12 月	北京	预计一期工程将于 2014 年完工，该研发中心将主要负责进行药物研发、转化性研究、临床开发、注册事务及外部研发项目

资料来源：根据三星经济研究院发布资料整理。

表 10－3 外资医药企业与中国企业建立的合资公司

时间	合资双方	投资价格	合作领域
2009 年 6 月	葛兰素史克和海王英特龙	7 833 万美元	流感疫苗
2009 年 10 月	葛兰素史克和江苏沃森	4 120 万英镑	小儿疫苗
2010 年 11 月	赛诺菲和民生药业	未披露	中国 OTC 市场
2011 年 6 月	辉瑞和海正药业	2.95 亿美元	开发专利到期药物
2011 年 9 月	辉瑞和吉林国原动物保健品有限公司	未披露	动物疫苗
2011 年 8 月	默沙东和先声药业	未披露	心血管与代谢性疾病
2011 年 9 月	瑞士龙沙和复兴医药	1 亿元	仿制药领域，初期瞄准肿瘤、感染以及心血管等领域

资料来源：根据三星经济研究院发布资料整理。

表 10－4 外资医药企业在中国的并购案

时间	收购方	被收购方	收购价格	目标市场	备　注
2008 年 7 月	拜耳	东盛科技旗下的启东盖天力	10.72 亿元	OTC	白加黑、小白、信力 3 个品牌和相关销售部门
2010 年 1 月	赛诺菲	民生药业	约 15 亿元	OTC	维生素和矿物质
2010 年 10 月	赛诺菲	BMP 太阳石	5.2 亿美元	OTC	小儿和妇女用药市场
2010 年 11 月	奈科明	天普生化	2.1 亿美元	蛋白质药物	收购 51.34% 的股权
2010 年 12 月	葛兰素史克	南京美瑞制药	4.66 亿美元	前列腺药物	—
2011 年 3 月	诺华	浙江天元生物	1.25 亿美元	疫苗	收购 85% 的股权
2011 年 6 月	葛兰素史克	深圳素史克海王生物制品	3 900 万美元	疫苗	收购剩余的 51% 股权

续表

时间	收购方	被收购方	收购价格	目标市场	备　注
2011 年 12 月	阿斯利康	广州倍康制药	未公开	仿制药	抗感染药品生产和销售

数据来源：根据三星经济研究院发布资料整理。

4. 高端装备制造业

自改革开放以来，外资在中国的装备制造业上由最初的销售代表处到设置分厂，再到独资、合资、并购等，显示出外资在该产业上正不断加紧对中国市场的布局。就布局区域来看，东部沿海地区集中了外国在华装备制造业的绝大部分。由于经济危机的冲击导致的投资下降和国内企业在高端装备制造业技术上的突破，外资企业大幅降低产品在中国市场的销售价格。自 2010 年开始，外资企业在中国高端设备的价格开始大幅度跳水，国内企业原有的价格竞争优势正逐步丧失，外资企业很多设备的价格甚至低于国内企业。同时，这也显示出经济危机之后，外国厂商抓住此次机遇，不断加快国内过剩产能向中国的转移。

随着中国经济的快速发展和转向内需拉动，以及刺激国内需求增长等诸多政策的实施和推进，中国消费者对中高端产品的需求正在不断增长，这也吸引着外资高端制造业加快对华投资，并且对西部的投资倾向增加。以成都为例，2002 年，世界芯片巨头英特尔决定在中国投资兴建其全球第二个芯片封装测试工厂，到 2010 年，英特尔成都工厂已是英特尔全球最大的芯片封装测试中心之一，芯片组和移动芯片产量约占英特尔全球总产量的一半；2012 年以来，博世、通用、西门子等一批欧美企业都开始在成都投资建设高端制造工厂，生产电子信息、精密机械等领域的先进产品，这使在成都投资的世界 500 强企业增加到了 217 家①。

5. 新能源产业

中国正在成为外商新能源产业的全球投资重点。表现在：

第一，利用外资的规模不断扩大。2010 年 9 月 8 日发布的《可再生能源国

① 张娜．外资高端制造业正向中国转移［N］，中国经济时报，2012 年 9 月 6 日．

家吸引力指数》显示，中国已经取代美国，成为可再生能源项目最有吸引力的投资地。据不完全统计资料显示，2005—2011 年中国新能源产业利用外资项目达到 105 个，总金额约为 250 亿美元。新能源外资企业在中国的投资（FDI）不断增加。

第二，外资来源地日益广泛。中国已经同三十多个国家和地区在新能源合作等方面签署双边协议，并且将继续促进多边合作计划。在亚洲，日本是对中国环保部门提供帮助最大的国家，援助项目的数量远远超过其他国家。亚洲开发银行也多次为中国新能源项目提供资金。此外，中国香港地区的许多企业也不断增加对内地的新能源产业的投资，如香港宏威集团、Vanguard Technology、香港绿色新能源控股集团、香港启锋科技有限公司、香港协鑫集团等。在欧洲主要有法国、英国和德国等，如英国石油集团公司、英国 WU 金融国际集团有限公司、德国西门子公司、德国利浦公司、德国博世集团等英国和德国的大型跨国公司都对中国的新能源产业开展直接投资。在北美地区，中国新能源产业的投资来源主要是美国。

第三，利用外资的形式更加多样化。国际组织（多边发展机构）的贷款和援助曾是中国新能源产业利用外资的传统形式，如官方发展援助等。2009 年，由国家合作框架（CCF）、全球环境基金（GEF）、德国技术合作公司（GTZ）等机构对中国江西省大中型沼气工程项目的援助，以及世界银行、德国国家开发银行、亚洲开发银行（ADB）等提供的贷款，都成为中国新能源产业利用外资的具体形式。随着中国新能源产业的不断发展，外国直接投资逐渐成为中国新能源产业利用外资的众多形式中比较受欢迎和主要的一种。中国新能源产业吸收外国直接投资的方式也是多种多样，合资、独资、合作、国际租赁、BOT 经营等多种形式都被广泛采用。此外，中国加入世界贸易组织（WTO）后，中国新能源企业对国际资本市场的了解越来越深入，一些新能源企业已经逐渐达到海外上市标准。它们具有广阔的市场、完善的经营机制、符合国际惯例的公司章程及财务报表制度。因此，直接进入国际资本市场进行融资的方式也逐渐兴起。①

① 韩琪．中国新能源产业利用外资现状探析［J］．国际经济合作，2012（7）：30－34.

6. 新材料产业

新材料产业的外商投资也有了很大的发展，表现在：

第一，外商投资规模增加。中国新材料市场需求年均增长达20%左右，截至2010年，产业规模已超过1 000亿元，未来的市场空间将更加广阔。随着中国“十二五”计划的开局，不少跨国公司都看到了中国市场的机遇，加大对新材料领域的投资，扩大在华业务发展。如德国拜耳集团，2012年拜耳材料科技公司在上海投资已达21亿欧元，加上已宣布的扩能，拜耳材料科技公司在中国的投资总额已逾30亿欧元；全球最大的工业酶制剂和工业微生物制剂生产商——丹麦诺维信集团也看好中国市场前景；全球十大制药企业之一的瑞士罗氏集团在上海增资扩建的项目，于2011年4月扩建成功，总投资4.5亿元；2012年，黑龙江振兴东北老工业基地的建设吸引我国台湾地区的很多企业在新材料产业的投资；中国台湾地区的亚硅科技股份公司与黑龙江奥宇石墨集团进行了合作洽谈；还有一些中国台湾地区的企业到大庆佳昌科技公司考察洽谈，探索新材料方面的合作。

第二，投资的形式与内容多元化。跨国公司对我国新材料产业的投资呈现出一系列新态势，主要表现为：一是从原来的进口加工型开始转为原料生产型；二是从一般新材料扩大到高技术含量的新材料；三是投资项目趋于大型化；四是从与华合资转向独资建厂；五是以中国为基点，不断拓展亚太市场。上述现象的现实案主要有：日本和韩国联合对中国聚甲醛的投资，占据了中国乃至亚洲的巨大市场份额；道康宁在1995年就成立了在中国上海的第一家独资公司，截至2012年4月，道康宁分别在上海、北京、广州、深圳、成都、香港和台北设有7个办事处，并在张家港和上海等地建有3个生产基地和1个应用技术服务中心。

第三，设立研发中心，推动技术创新。在转移制造业的同时，跨国公司也加快了在华设立研究开发中心的步伐，或将全球（地区）研发中心移至我国。一些国际材料巨头纷纷在中国设立研发中心，如GE（中国）研发中心、杜邦中国研发中心、德固赛亚洲研发中心、法国罗地亚亚太地区研发中心、罗门哈斯中国研发中心等。

第四，积极开展新材料的商业化应用。跨国公司积极拓展新材料的商业价值，如巴斯夫公司研发面向汽车轻质结构的聚氨酯复合材料，可降低车重；巴斯夫与北京现代汽车有限公司合作的 i－flow 概念车，用塑料零部件尽可能地降低车重，其创新理念堪称高科技应用的典范；此外，拜耳公司研发的超轻飞机，两只机翼上布满了太阳能电池板，整个飞行过程无须燃料，完全由太阳能驱动。①

7. 新能源汽车产业

新能源汽车已成为吸引投资的热门领域。如西门子公司希望在潍坊进军新能源汽车领域。同时，跨国公司正在向中西部转移。从中国外商投资企业协会的信息看，自 2012 年以来，许多跨国公司更加关注西部地区，希望参与中国西部地区战略性新兴产业的发展，并且有了实际的行动。2012 年伊始，富士、丰田、福特、日立、三菱商事等多家汽车行业跨国公司负责人到重庆、四川、云南、陕西、新疆等西部地区考察。

10.5 中国战略性新兴产业的不足之处

中国战略性新兴产业的发展仍旧有着很多的不足，其中一些缺陷与不足直接或间接地影响着外商投资的规模和效果，整体来讲：

第一，中国虽加强了战略性新兴产业的国际合作和外商直接投资，但中国产业以往出现的“快生快死”的特点可能制约其发展。所谓“快生”，是指中国的很多产业发展规划一旦提出，将会得到各级政府部门的大力支持和响应，并引致大量的国内私人资本。同时，巨大的市场潜力以及在技术上的落后，使得外商迅速地通过资本、技术、管理等参与这些产业之中。这样，中国能在很短的时间内形成新产业的生产能力。但是这些生产能力是一种“揠苗助长”的方式，并不是自身真正实力的表现，并且过剩的生产能力往往使中国企业进行价格竞争，以低廉的价格出口国外，更容易遭受“双反”的困扰，最终会使很多企业倒闭。这就像是强帮蚕出壳，最终导致蚕的死去。

第二，中西部地区经济发展的不平衡，可能制约中西部战略性新兴产业利用外资。战略性新兴产业作为国家未来经济发展的重要支撑，不仅有着经济的

① 张菲．跨国公司对中国新材料产业发展的影响及政策建议［J］．新材料产业，2012（4）：69－73.

目的，还有着社会、环境等多方面因素的考虑。虽然中国这些年经济整体有了长足的发展，但是不可否认，东部和中西部之间的差距在不断拉大，与东部相比中西部利用外资条件仍差得多。而在推动战略性新兴产业的发展中，中西部有着自然资源、劳动力等多方面的优势。在资源环境的承载能力之下，如果能将外商投资大量引入中西部地区，将有助于促进中西部经济的增长，缩小地区收入差距，维持社会的稳定。

第三，中国战略性新兴产业的外商投资政策法规仍需完善。已有的经验显示，中国在外商投资的领域、政策法规的公开透明度、外商并购中涉及的国家战略安全问题、技术产权问题等很多方面的政策法规不完善和考虑不足，使自身受到损失。作为前车之鉴，中国需要在发展战略性新兴产业时，充分运用自己累积的经验和多方面的人才，更好地借鉴外国的做法和经验。

具体到各个产业来看：

1. 节能环保产业

2011 年 11 月 22 日，国务院新闻办公室正式发布了《中国应对气候变化的政策与行动（2011）》白皮书，明确将节能低碳工作列为“十二五”期间我国的目标任务。2012 年 6 月，国务院发布《节能环保产业“十二五”发展规划》指出了具体的发展目标，使中国节能环保的压力增加。然而就吸收和利用外资方面，中国节能环保产业仍旧有不少缺陷，表现在：国内节能行业存在“一窝蜂”乱象，企业大多“单打独斗”。很多企业没有向外拓展业务的动力，而真正有意愿去拓展市场的企业面临着重重困难。来自欧美各国的众多外资、合资企业早已在中国节能环保市场上“跑马圈地”，这使中国本土企业与外资企业之间的差距不断拉大。以西门子为例，其环保节能方面已形成完整的产业链，包括了石油、煤炭的采集和开发、风电、火电、太阳能技术等上下游的各个产业。ABB、GE 等国际巨头亦不例外。如何在节能环保产业上利用好外资，加强自身实力，发展壮大自己的节能环保产业企业，是中国政府和企业面临的一个重要任务。与此同时，中国节能减排的服务标准、节能效果检验评估标准的缺失，影响了国外企业对中国节能项目的投资与合作，阻碍了中国节能环保行业的规范发展。

2. 新一代信息技术产业

发达国家在物联网等新一代信息技术产业上已经有了显著的发展，在技术、经验、管理、人才等方面领先于发展中国家。中国当前在这些方面的不足，一方面显示出中国政府宏观指导和支持及企业自我发展上的努力仍旧不足，另一方面显示出中国在吸收利用外资的数量和质量上仍旧有待提高。不足之处主要表现在：一是企业资金压力依然很大。虽然2012年上半年，中国人民银行两次下调存款准备金率，以增强市场流动性，改善企业融资环境，降低企业融资成本，但新一代信息技术产业资金密集性强，从技术成熟到市场成熟周期比较长，技术、人员、设备等的投入较大，所以资金对企业非常重要，企业资金压力依然存在，特别是中小企业面临的资金压力尤为突出。所以，作为增资途径之一的利用外资仍需加强。二是产业技术支撑不足。例如，LED市场上的标准建设滞后，LED标准主要集中在生产端，在应用端和产业链前端的标准还不够完善。标准建设滞后的问题同样存在于云计算、物联网等领域。部分行业的检测和认证服务体系还不健全，缺乏与检测相关联的成套检测设备。企业需要花费大量的外汇去做检测认证和购买相应的设备。这显示出中国在技术上利用外资的力度和效果仍旧不足，需要进一步提高。①

3. 生物产业

生物农业产业方面，到2012年，总共有35家跨国种子企业通过独资或者合资的方式在中国做了注册登记。但是，中国在利用外资方面存在的最主要问题是，国内几乎所有的种子合资公司，虽然名义上是由中方控股，但在核心技术、高层管理等方面，实际上全都是由外资企业来操控。即便是中种集团、登海种业这样的国内种子大型企业，在与外资合作中也同样会出现这种现象，这使得外资对中国生物产业的积极作用大打折扣。

4. 高端装备制造产业

与发达国家相比我国的高端装备制造产业仍存在较大差距。首先中国在高端装备制造业上的外商直接投资较少，国内所需的各种装备更多地是依赖进口得以满足。统计数据显示，在我国高端装备制造领域，80%的集成电路芯片制

① 孙会峰. 突破新一代信息技术推动战略性新兴产业［N］. 中国电子报，2012年7月31日.

造装备、40% 的大型石化装备、70% 的汽车制造关键设备及先进集约化农业装备等仍依靠进口，拥有自主品牌的产品不足20% 。与此同时，我国高端装备制造业的技术大都来自国外，引进、消化、吸收、再创新需要一个相当长的时间。在华跨国公司对其高技术、核心技术进行严格控制，增加了我国培育高端装备制造产业的难度，削弱了企业吸收外商投资的积极性。

5. 新能源产业

一是外资增长速度难以满足新能源发展需求，外国在华新能源产业投资的绝对量仍显著少于其对本国企业的投资。二是外资投入区域分布不均匀。新能源产业的外资大部分集中在东部沿海发达地区，而中西部新能源丰富的四川、新疆、西藏等省份利用外资的份额却相对偏少，外资投入的区域分布呈现明显的不均衡性。三是外资企业对中国新能源产业产生某种挤出效应。相对于中国企业，外资企业更具有技术、经验、管理等方面的优势，在某些领域的对华投资和生产经营会挤占中国新能源发展的国内空间。

6. 新材料产业

我国新材料产业的自主创新能力较弱，产业的重点及核心技术几乎都被大型跨国公司垄断。跨国公司还通过技术专利的保护，试图控制我国新材料产业战略制高点。其对我国新材料产业发展的限制主要表现在以下两方面：一是对新材料核心技术的严格控制。跨国公司掌握着新材料产业的核心技术，并且通过借助于专利保护法律法规和制定“垄断性质”技术标准，遏制中国新兴企业的发展。如我国稀土材料和产业，由于高附加值的磁材核心技术被日本为首的跨国公司所掌握，使得我国 2/3 的稀土资源只能以资源或初级产品的方式出口国外，有些稀土产品我国只有在缴纳巨额专利费后才能生产；太阳能电池产业链中利润最高的是多晶硅提纯，为日本德山公司、美国海穆劳克集团公司、德国瓦克公司等所垄断，这些公司一直对中国实行技术封锁。二是行业生产与市场的垄断。跨国公司通过垄断性合作抢占更多的市场份额。如电子信息材料行业的国际巨头英特尔公司与世界著名的电子材料生产商日本信越公司合作发展微处理器；韩国三星集团和 LG 集团达成协议，成立韩国显示器产业联盟；我国台湾地区的台湾联电集团（简称台联电）与美国超微公司联合生产中央处理器；等等。这增加了中国本土企业进入国际市场的难度，不利于新材料产业的发展，也削弱了中国企业吸收外资的积极性。

表10－5　　新材料产业的部分跨国巨头

主营业务	企业	母国
半导体照明材料	通用电气	美国
	飞利浦	荷兰
	欧司朗	德国
有机硅材料	道康宁	美国
	通用	美国
	瓦克	德国
有机氟材料	3M公司	美国
	阿托化学公司	法国
	帝国化学工业集团	英国
多晶硅	德山公司	日本
	海穆劳克集团	美国
化学品、工程塑料、环保建筑材料	巴斯夫	德国
工程塑料、液晶高分子、高性能树脂	宝理塑料株式会社	日本
精细化工、工程塑料	三菱瓦斯化学株式会社	日本
电子信息材料	英特尔公司	美国
	信越	日本
	联电集团	台湾
化工材料	埃克森美孚化工	美国
	森田化工	日本
生物医药材料	拜耳	德国
	罗氏	瑞士
	瑞辉	美国

7. 新能源汽车产业

由于中国新能源汽车的外商投资处于起始阶段，所以与之相关的政策措施的不足之处还未明显显露，相关研究也较少。但是，从当前汽车产业利用外资的现状，还是能看出中国未来发展新能源汽车产业中的不足。由于中国与国外发达国家之间的技术差距过大，中国汽车产业不得不放弃依赖外方协助改进现有车型的方式，转而全面引进外方技术。这进一步造成了中国汽车工业“重制造，轻研发”的特点，导致了当今国内汽车市场被外资所主导的格局。而由外资汽车集团主导的“传统模式”会在中国市场中带来前沿性的产品，但对本土企业的技术溢出相对有限，这使中国与外国汽车行业之间的技术差距进一步拉大，进而形成了中国汽车产业发展的恶性循环。

10.6 战略性新兴产业吸引外资发展策略

整体来讲，鉴于战略性新兴产业发展任务的艰巨性、长期性以及在国家经济发展中的重要战略地位，中国需要针对自身的不足，不断完善政策法规，在吸收外商直接投资的同时，能更好地对其加以利用，进一步增强中国整体实力。

第一，进一步完善战略性新兴产业外商直接投资的政策法规。2011 年底中国已修定《外商投资产业指导目录》，但是由于战略性新兴产业七个行业之下还有很多的细分产业，中国的对外直接投资法律法规相比于发达国家，仍旧有着很多的不足。所以在吸引外商直接投资的时候，需要对可能出现的问题及制度法规中的缺陷能及时洞察，并根据产业发展的最新进展，不断地进行完善。

第二，引导战略性新兴产业的外商直接投资区域布局。虽然中国的中西部吸收外商直接投资的增速不断加快，但是相对于东部地区而言，在绝对量上仍旧有着较大差距，尤其是中西部较落后地区，这种差距更加明显。而发展战略性新兴产业，中西部地区有着丰富的自然资源，较为廉价的劳动力等，基础设施也在政府和东部地区的支持下不断改善。所以，中国政府和相关机构应该灵活地制定政策法规，积极与外国政府及企业开展各种形式的交流谈判，引导其对中西部的投资。这不仅能够促进中国战略性新兴产业的迅速形成，而且还有助于减少中西部和东部地区之间的收入差距。

第三，吸引外商直接投资需要注意环境的承载力。战略性新兴产业不仅包含着利用清洁能源，还包括着这些产业发展中的部件和配套设施的建设与生产，它们可能会涉及自然资源的开采与加工，也包括对生态系统的人为改造，如建设水坝等，这难免会对现有的生态环境造成一定的影响。所以，中国各级政府和相关组织机构要以国家尤其是中西部的环境承载能力为基础，在对生态系统造成尽可能少的影响下，最大限度地发挥外商直接投资对中国新能源产业的积极作用。

第四，提升外商直接投资的质量。以往国外对中国的直接投资往往是利用中国廉价的劳动力资源，随着中国经济的发展，产业的丰富与完善，更多的外国企业将中国作为其重要的战略基地，其在中国的产业和产品层次不断升级。但是，外国企业对于先进的技术，还是倾向于以独资的形势牢牢地控制在自己手中。纵然中国的技术取得了明显的进步，但是相对于欧美等主要的发达国家还是有着巨大的差距，这对发展技术含量高的战略性新兴产业是一个阻碍。不尽快实现技术突破，可能又会成为发达国家的加工厂。为了避免这种情况，中国需要不断修正外国厂商的中国市场定位，由生产加工中心变为研发中心。通过制度法规，提高引资的质量，加强和发达国家之间的技术研发合作和加快高新技术产业国际标准的制定，使自己在新一轮的产业革命中能够紧跟世界发展的前沿。

具体到各个产业：

1. 节能环保产业

创建国际对接的平台。中国很多节能企业的融资渠道仍旧缺乏，成本较高。与此同时，国际投资机构正在苦苦寻觅适合的投资对象。针对这种现象，创建一个集国内外资金、技术、人才等的平台，将会实现资源的更加合理有效的配置。不断完善行业标准，创造外资企业在华投资的良好政策环境，可进一步增强对外资的吸引力。通过这些举措最终提升中国节能环保行业的综合实力。

2. 新一代信息技术产业

针对新一代信息技术产业在吸引外资中的不足，在政策上就需有的放矢，进一步完善政策法规，增强自身的技术研发实力，增加对外国企业和投资的吸引力，提高外商投资的质量。就吸引外商的具体举措而言，大致可以分为两类：

第一类是进一步完善自身不足，提高外商投资的数量和质量。一是要加快完善适合本地发展的产业政策体系。各地应针对本地区的资源环境与产业基础，加快制定适合本地区发展的产业规划，通过设立新一代信息技术产业发展专项资金，研究制定并不断完善产业发展的财税、投融资、创业环境等各项扶持政策，形成较为完善的政策培育体系，既能使国内产业的发展更加规范，也使吸引外资的动机更加明确，方式更加合理有效。二是要促进国家产业基地和示范项目落地。各地区在发展新一代信息技术产业时，应鼓励企业、高校、科研院所联合申报国家发改委、科技部、工信部等国家部委重大产业创新发展工程和应用示范工程，推动国家重大专项在本地区落地，在获得更多国家政策支持的同时，能够提升城市竞争力，吸引更多新一代信息技术产业领域中相关企业落户，快速形成产业集聚效应。这也会增加对外商投资的吸引力和提升投资的层次。三是要加大培育本地行业、企业核心竞争力。创新投融资机制，鼓励和引导社会资本参与本地区新一代信息技术产业培育与发展；探索建立面向科技型中小企业的金融服务体系，推动科技金融服务平台建设；积极引导创业投资、券商、担保等机构对科技型中小企业的投资力度；推进重点企业的培育、辅导、推荐等上市工作，为企业吸收外商投资提供更加便利的渠道。

第二类是通过国际合作和利用全球资源，增强自身实力，进而更多更好地吸收外商投资。一是要加快创新、创智型人才的引进和培养。新一代信息技术产业是人才稀缺产业，各地政府应建立科研机构、高校创新人才向企业流动的机制，加大高技能人才队伍建设力度。加大工作力度，吸引全球优秀人才来华创新创业。改革人才培养模式，制定鼓励企业参与人才培养的政策，建立企校联合培养人才的新机制，促进创新型、应用型、复合型和技能型人才的培养。二是要加强国际化经营意识。企业要坚持“走出去”战略，加大国际化经营力度。有条件的企业应该勇敢坚持“走出去”战略，去国外投资办厂，或与当地企业合资、合作，或有选择地兼并、收购国外具有先进信息技术的企业，创造条件逐步将先进技术移植到国内企业生产的产品中。通过上述举措增加自身的实力和产业发展潜力，为吸引更多更好的外资做铺垫。

3. 生物产业

对于生物医药产业，应加强国际化，用好国际资源。推进国际互认实验室的建设，参与并主导国际生物相关大科学工程计划的研究与开发，加强与国外政府间、民间的合作与交流；积极推进与大型跨国企业建立战略伙伴关系，合作开发新产品，共同开拓国际市场；充分重视利用海外资源，特别是人才资源，选择一些重大技术领域向国际优秀人才开放；积极引导和支持有条件的科研机构和企业到国外建立研究开发机构，加强对引进技术的消化、吸收和再创新，更加充分地利用外资及其各种极效应。

4. 高端装备制造业

中国的高端装备制造业与国外发达国家之间在技术上仍旧有着很大的差距，未来仍旧需要加强对外国先进技术的学习。因此吸收外国直接投资时，需要更加注意引资的质量，通过税收、土地、资金等多方面的政策，促使外国高端装备制造业企业和技术向中国转移，增加其对中国本土企业的技术溢出效应。与此同时，在当前外资企业很多高端装备产品大幅降价，冲击国内企业和市场的不利形势下，中国本土企业需要不断加强自身在技术和人才上的实力，努力创造自主品牌，提高产品质量，加强自身高端装备制造业在国内消费者中的认可度，进而增加在国内甚至是国际市场的占有率和竞争力。

5. 新能源

中国的新能源产业既要积极利用好外资，同时又要保护其自主创新能力。具体来说：

一是加大对外商投资新能源产业的支持政策。中国应积极推进新能源的开发和利用，进一步健全新能源产业的政策法规，加大对外商投资的新能源项目的税收和价格的各种优惠政策，并通过税收政策引导国外新能源产业向中国研发环节和制造工序的投资。此外，应根据新能源产业发展的情况和趋势，适当扩大《外商投资产业指导目录》中相关产业的鼓励范围，支持太阳能、风能、生物质能等行业的产业链。

二是鼓励中外新能源企业的研发合作，加大新能源技术研发力度。中国新能源企业应积极参与国际新能源技术的研发合作，通过合作建立研发中心、合作开展研发项目等方式，加强国内新能源企业的自主研发能力和对国外技术的转化能力，提高中国在新能源领域的技术水平。

三是规范新能源行业的跨国并购，保护中国新能源产业的自主创新能力。进一步加强中国新能源产业的制度建设和法律法规建设，谨防外资恶意并购中国新能源产业的龙头企业及掌握新能源方面的核心科技企业。

6. 新材料

积极开展国际合作，发挥跨国公司对我国新材料产业发展的积极作用，鼓励其转让高科技，遏制其负面影响，通过与知名跨国公司的合并、合资或者联合研发等形式，学习其关键核心技术和先进的管理经验，缩小我国新材料产业与先进国家的差距。

中国对新材料有着巨大的市场需求，已经成为国际材料巨头产业转移的重要对象。“十二五”期间，中国的新材料产业需要抓住拜耳、杜邦、GE 等国际大企业在中国布局的良好契机，加大资源优化重组力度，通过科技进步实现产业结构的战略升级，通过兼并、重组，淘汰高投入、高消耗、高污染、低效益的过剩落后产能，重点支持具有高性能、高附加值的高技术项目。

7. 新能源汽车

在产业层面，中国汽车工业仍然对外资有较强的技术依赖，因此需要增强自身吸收国外技术进行二次开发方面的能力。另外，要推动汽车企业之间的兼并与整合，以及汽车企业之间的战略合作。推动产业内的整合可以有效转变本土汽车的发展思维，使其从提高产能的规模性扩张，转变为提高技术水平的质量型扩张。这些举措在加强自身能力的同时，能提升外资进入的门槛和质量，更好地发挥对本土汽车产业的积极作用。

在企业层面，“合资模式”可以促进本土汽车产业利用外方的技术优势增强开发能力。在这种模式下，中方可以获得一定的产品开发支持，在整车开发能力上有所提升。但是企业也不能忽视“自主模式”的作用，通过在购得的外资车型上进行“二次开发”，将有力地推动本土汽车厂商的竞争能力与市场份额，更大程度地发挥外资汽车产业的对本土企业的“技术溢出”效应。

（执笔：张彬、蓝庆新、刘欣、喻加林）

第 11 部分

2011 年外商直接投资与环境污染

改革开放以来，由于宽松的经济环境和优惠的政策措施，中国逐渐成为外商直接投资最具吸引力的国家和地区之一，也是经济最具活力和潜力的国家之一。然而，伴随着外资的逐年增加，我国的环境污染状况也逐渐恶化，尤其是一些高耗能、高污染的行业不断发展，导致工业“三废”排放量显著增加，对我国经济的长远发展和人民的根本利益造成严重的威胁。外资带来的环境压力已经日益引起人们的关注，也成为影响当前和今后我国利用外资的政策取向的重要因素之一。自2005起，国家出台了一系列利用外资与环境保护政策，引导外资的地区与产业流向，以减轻外资对中国环境造成的污染程度。

11.1 利用外资与环境恶化的关系分析

11.1.1 利用外资造成环境污染的成因

关于外资与环境污染的关系，目前普遍存在一种观点，即外商直接投资（FDI）会引起消极的环境后果，外资虽然会刺激经济增长，但会导致更多的工业污染乃至环境退化。围绕这一观点引生了两大假说：

其一便是“污染天堂假说”，该假说也称“污染避难所假说”（Walter & Vgelow，1979；Walter，1982；Blackhurst，1992；Dean，1992；Jensen，1996；Kolstad，1996；Baumol & Oates，1998），主要指污染密集型产业的企业倾向于在环境标准相对较低的国家或地区建立，如果发展中国家自愿地实施较低环境标准，那么发展中国家将会变成世界污染的集中地。并且，随着全球贸易自由化的进一步深入，竞争压力使相对不发达国家政府有降低环境保护标准或放松环境规制的动机，从而出现所谓“向底线赛跑”现象（Markusen，1995；Dua & Esty，1997；Porter，1999）。Wheeler（2001）通过实证研究得出，随着吸引外资力度的逐步加大，中国的城市污染呈现出上升的趋势，空气质量呈现出下降的趋势。这一研究有力支持了“污染天堂假说”。潘申彪、余妙志（2005）采用1986—2003年浙江、江苏和上海三地的实际利用外资额和废气排放量数据，进行了FDI和污染的Granger因果检验，检验的结果是江苏、上海的汇总数据通过了Granger因果检验，即FDI是它们污染的主因。因此作者认为“污染避难所假说”在中国是成立的。而张成（2011）则从规模效应、结构效应和技术效应三个层面分析了我国内资和外资工业部门在废气、废水和固体废弃物三种污染物上的污染排放效应，研究结果发现在废气的结构效应和固体废弃物的技术效应上，内资工业部门比外资工业部门更有利于环境质量的改善；在废气的技术效应、废水的结构效应和固体废弃物的规模效应上，外资工业部门比内资工业部门更容易导致环境质量的恶化。该发现也在一定程度上支持了“污染避难所假说”的存在。最近，屈小娥（2012）又以中国省级经济单元为分析对象，基于“纵横向”拉开档次法的动态综合评价原理，通过构建具有“三维”特征的环境污染动态综合评价模型，计算了各省 1990－2009 年的环境污染综合指数，研究了影响环境污染变动的决定因素。在其实证研究中，外资对环境污染影响的回归系数为正，东部地区系数检验虽然不显著，但全国及中西部地区系数检验显著，证明了“污染天堂假说”在中国是成立的。

其二就是著名的环境库兹涅茨曲线（EKC—Environmental Kuznets Curve）假说（Grossman and Krue2ger，1995；Bandyopadhyay and Shafik，1992；Selden，1994，1995），即当一个国家经济发展水平较低的时候，环境污染的程度较轻，但是随着人均收入的增加，环境污染由低趋高，环境恶化程度随经济的增长而加剧；当经济发展达到一定水平后，也就是说，到达某个临界点或称“拐点”以后，随着人均收入的进一步增加，环境污染又由高趋低，环境污染的程度逐渐减缓，环境质量逐渐得到改善。基于 EKC 假说，杨海生和贾佳（2005）通过选取 1990—2002 年中国 30 个省市外资、经济和环境相关数据，从定性和定量的角度探讨了外资对我国环境库兹涅茨曲线的影响，他们的模型估计结果显示 FDI 与污染物排放之间存在着显著的正相关关系，即外资对环境有负效应，并且增加了中国越过 EKC 顶点的难度。而张德强、谭晶荣（2006）则从产业和地区的角度分析了 EKC 假说在中国的具体状况。从行业分布来看，他们认为外商直接投资所在的第一、三产业的项目对 EKC 的陡峭程度影响不大，而外商直接投资所在的第二产业对 EKC 的陡峭程度影响很大；从地域分布来看，吸收外商直接投资较多的东部对我国 EKC 的陡峭程度影响很大，而吸收外商直接投资较少的中西部地区对 EKC 的陡峭程度影响不大。另外，值得一提的是，陈晓峰（2011）采用长三角地区实际利用 FDI 与四类污染排放数据，通过 OLS 模型及 Granger 因果检验法对 FDI 与环境污染之间的关系进行了计量分析。结果表明：FDI 增长与环境污染变化之间存在协整和因果关系；FDI 与废气、二氧化硫之间存在正相关关系，与烟尘、粉尘之间存在负相关关系，而且FDI对废气、二氧化硫的影响最为显著，反映了目前长三角地区FDI存在一定的环境负效应。他基于EKC假说，进一步测度了引入FDI因素后的经济增长与环境污染的关系及演进趋势，认为，FDI对环境质量的影响是规模效应、结构效应和技术效应综合作用的结果，长三角地区倒"U"型EKC只是一种理想状态，可能会出现"N"或"~"型波动特征。围绕着两大假说，国内学者一般通过两个角度来对外资与环境问题进行实证分析：

一种角度是基于地区数据和产业角度来分析外资与中国环境恶化的关系，通过分析地区差异，得出FDI对中国各地区存在不同的影响，李国柱（2007）采用面板因果关系检验分析了外商直接投资与环境污染的因果关系，发现我国存在"污染避难所"的证据。同时，他的文章指出，FDI对SO_2的影响并不一致，在东部和西部，FDI是SO_2的格兰杰因，但在中部不是，这表明外商在我国投资存在明显地区差异。刘荣茂和张璐（2010）基于江苏省1985—2005年FDI以及工业"三废"的数据，利用格兰杰因果检验并且拟合了线形模型，发现与内资企业相比，外商直接投资企业对江苏省环境的污染更明显。李斌和郭庆（2010）运用经济增长贡献率和区位商（LQ）对山东省污染密集型产业发展水平进行了实证分析，结果显示山东省19个污染密集型产业中近三分之二的产业在全国地域分工中具有比较优势，污染密集型产业的平均贡献率高于全部产业的平均贡献率。

还有一种角度是基于全国数据分析FDI对中国环境的影响，温怀德、刘渝琳、温怀玉（2008）运用2000—2005年中国30个省（市、区）的面板数据，采用以价格为权重的环境污染综合指标，从人力资本的角度来检验外资与环境恶化的关系。其检验结果表明，对外贸易与FDI整体上都促进了中国经济增长，在对外贸易中，进口贸易可抑制环境污染，但作用比较小；出口与FDI加剧了中国环境污染；人力资本具有显著的促进经济增长与抑制环境污染的双重功能。基于其检验结果，他们认为，中国应调整出口与引资政策，发展教育，促进人力资本积累。周力和应瑞瑶（2010）基于1992—2006年省级面板数据的联立方程模型，对开放经济与节能减排的协调路径作了实证分析与情景模拟，其研究结果表明外资虽然具有一定的技术溢出效应，但是基于规模效应的主导作用，仍将促使我国能源消耗与污染排放的总量增加。

11.1.2 利用外资产生环境污染的渠道

根据两大假说，探讨了利用外资使我国环境恶化的成因后，我们势必就要了解利用外资使环境恶化的渠道。其中，大量的外资集中在污染密集型产业便是最主要的渠道。根据中国环境与发展国际合作委员会的一个研究课题组所公布的一份经济发展调研报告中的资料数据显示，我国1995年在资源消耗型和污染密集型产业进行投资的外商规模在我国的外资企业总量中占据了大约30%的份额，而这一份额发展到2005年，就已经高达84.19%的比例。和这种趋势相反的是，我国环保产业领域投资的的外商占据全部外资企业的比例却在0.2%以下。陈静（2011）也在其文章中提到，从总量上看，外资的大规模流入直接导致了更多的资源消耗和污染排放。1990年以来，外商投资企业的工业产值占全国工业产值的比重持续提高。1990年大约为2.28%，2008年达到29.74%。从外资流入的行业结构来看，污染排放水平较高的制造业是外资流入的首选行业。2000年以来，外商直接投资在制造业中的比重均超过了50%，其中，2004年和2005年的比重高达70%以上。2008年制造业外商直接投资项目数11 568个，实际使用外资金额498.9亿美元，占全国制造业比重分别达到42%和54%。进一步观察外资在制造业的投资分布可以发现，近十年来，“三资”企业在主要污染密集型行业中的资产占该行业资产总额的比重均大幅增加。2008年，外资投资主要集中在污染密集型行业，如造纸业、化学纤维制造业和橡胶制品业等，其资产份额占该行业资产总额的比重分别高达45.69%、35.09%和45.5%。另外，祖强和赵珺（2007）通过对2005年我国吸引外商直接投资的相关数据分析，也得出结论，我国吸引的外资主要分布在制造业。

具体而言，是什么造成了这一点呢？刘新英（2007）认为我国过度优惠的外资政策以及环境法律、法规不健全造成了外资通过以上渠道对中国环境产生消极影响。多年来，许多地区和部门片面追求经济增长、招商引资数量和就业目标，对外资企业实施超国民待遇的优惠政策，为吸引外资，往往忽视环境污染。一些境外投资商以此为契机，在我国兴建污染防治费高、处理难度大、易给东道国带来严重污染的企业以获取高额利润和逃避严格的污染治理。王芳芳和郝前进（2010）通过构建包含环境政策因素的企业区位选择模型，证明了这一点，表明环境政策对外资的区位选择具有重要影响，放松环境管制标准的环境政策能在短期内吸引到外资，但却是以牺牲环境资源为代价的；而增加环境投资在短期和长期都对外资企业产生吸引力，且有利于地区的长远发展。

另外，周力和应瑞瑶（2009）则基于传导机制，构建外商直接投资与工业污染交互影响的分析框架后，使用联立方程和情景模拟的估计方法证明了外资主要通过规模、结构和技术效应的直接传导机制以及收入和政策效应的间接传导机制对工业污染产生影响，而工业外资在中国区位选择时也的确将污染排放量视为重要的要素禀赋，由于中国各个区域环境管制程度确实不一，就一定程度上加剧了外资对环境污染的影响。同时，张彦博和郭亚军（2009）通过对外资发生环境效应的条件进行归纳总结，并分析了外资的环境后，也指出我国外资的存量增加所诱致的经济规模扩张和经济结构的重污染化加剧了污染排放。

11.2　我国利用外资与环境保护的政策

工业的发展带动了全球经济的增长，同时也严重影响了全球环境。当前，伴随着全球变暖、臭氧层耗损等愈加严峻的环境问题，环境保护已成为各国政府非常重要的政治议题，而中国作为人口大国与世界工厂，也为全球环境改善作出了自己的贡献。自2005年起，中国已出台许多政策建议，以期从政策角度引导国内民众和企业的行为来改善环境。

表11－1　　关于环境保护的政策

对象	政　　策	时间	颁发部门
公众评价	《环境影响评价公众参与暂行办法》	2006年2月14日	国家环保总局
	《环境信息公开办法（试行）》	2008年5月1日	国家环境保护总局
循环经济	《关于加快发展循环经济的若干意见》	2005年7月2日	国务院
	《中华人民共和国循环经济促进法》	2008年8月29日	
气候	积极应对气候变化的决议	2009年8月	十一届全国人大常委会
环境保护	《关于落实科学发展观加强环境保护的决定》	2005年12月3日	国务院
	《中华人民共和国可再生能源法》	2005年2月28日	十届全国人大常委会
	《中华人民共和国水污染防治法》	2008年2月28日	十届全国人大常委会
	《中华人民共和国环境保护法》		
	《海洋环境保护法》		
	《固体废弃物污染环境防治法》		

外资企业进驻中国不仅为中国带来了经济增速，同样也增加了经济增长的环境成本。随着中国经济转型升级的深化，对于外资企业的环境监察、防治也日益改进。根据已出台的政策，主要从以下四个方面改进外资企业的环境防治。

首先是税率改革。2007 年 3 月 1 日，全国人民代表大会《中华人民共和国企业所得税法》内外资企业所得税率统一为 25%。此前，外资企业所得税率为 15%，合资企业为 17%，而内资企业则为 33%。通过税率调整，旨在把那些技术含量高、管理先进、注重环保的外资引进来，而把那些高能耗、高污染、一味追求低成本的外资挡在门外。

其次是外商投资产业导向。2008 年 3 月 6 日，商务部办公厅《关于 2008 年全国吸收外商投资工作的指导性意见》鼓励外商投资装备制造、新材料制造等高新技术产业。积极配合国家宏观调控，继续加强对钢铁、水泥、电解铝、房地产等领域外商投资的管理，严格限制高耗能、高排放产业向我国转移。鼓励外商投资企业和外资研发机构开展原始创新，提高知识产权本地化比例。通过产业和财税政策引导，鼓励外商投资企业在引进先进技术基础上加大研发投入，提升工艺和技术水平，推动技术、产品的自主升级，实现引进、消化、吸收、再创新。鼓励跨国公司与我国企业和科研院所合作，引导本地配套企业与行业龙头企业的合作，加强集成创新。2011 年 12 月 24 日，《外商投资产业指导目录（2011 年修订）》已经国务院批准，现予以发布，自 2012 年 1 月 30 日起施行。2007 年 10 月 31 日国家发展和改革委员会、商务部发布的《外商投资产业指导目录（2007 年修订）》同时废止。新的指导目录鼓励现代服务行业发展，促进产业结构优化升级，并下放外资项目管理权限，外商投资企业被限制或禁止进入高能耗与高排放领域，同时又被鼓励进入循环经济、清洁生产、可再生能源和生态环境保护以及资源综合利用等领域。

第三是外商投资地区导向。2009 年 1 月 1 日起，国务院批准的《中西部地区外商投资优势产业目录（2008 年修订）》正式实施，它要求提高利用外资质量，注重与《外商投资产业指导目录》的衔接，贯彻落实科学发展观，防止严重污染环境和高能耗、高物耗、资源消耗大的产业和项目及落后工艺、设备向中西部地区转移。2010 年 4 月 6 日实施的《中西部地区外商投资优势产业目录》，旨在引导外资向中西部地区转移和增加投资，增加劳动密集型项目条目，鼓励外商在中西部地区发展符合环保要求的劳动密集型产业。

第四是外资企业环保规定。2009年2月3日，商务部、环境保护部联合出台《关于加强外商投资节能环保统计工作的通知》，要求各地商务主管部门在办理外商投资企业设立和变更时，须要求企业提交环保部门审批的环境影响评价文件。

11.3　我国利用外资与环境保护政策的效果分析

11.3.1　主要环境指标

1. 工业废水排放

随着经济社会的发展，我国面临着越来越严峻的水环境问题，水资源短缺与水污染日益突出，严重制约着我国的可持续发展，而工业废水是我国水环境污染的重要污染源。2000年，全国工业废水排放量为194亿吨；2005年，全国工业废水排放量为243亿吨，较2000年增长了25个百分点，2001—2005年的年均增长率为4.65%，其中，增长最为显著的是2005年，较2004年221亿吨的工业废水排放量增加了9.95%。而2006—2010年的工业废水排放增长率下降了0.43%，除了2007年和2010年分别较上年增长了2.66%和1.28%以外，其他年份均为负增长，说明工业废水排放量减少，工业废水污染有了一定程度的下降，其中，2009年的工业废水排放量为234.5亿吨，较2008年减少了7.2亿吨，低于2005年的排放水平。但是，与发达国家工业废水排放量相比，中国的水污染防治仍然不够高效——中国每增加单位GDP的废水排放量比发达国家高4倍。

从工业废水排放达标量来看，2000年，全国工业废水排放达标量为149亿吨，到2005年，增长了近50%，达到222亿吨，2001—2005年全国工业废水排放达标量年均增长率为8.39%，但是由于达标量已经比较高，因此2006—2010年的增长率有限，年均增长率仅为0.42%。由图11－1可以看出，虽然工业废水排放达标量在2006年以后没有出现显著的增加，但是其与工业废水排放量之间的差距在不断缩小。从这一方面也反映出我国利用外资的政策起到了较强的作用。

工业废水排放达标率是指城市（地区）工业废水排放达标量占其工业废水排放总量的百分比。由图11－2可以看出，工业废水排放达标率在2000—2005年间出现了显著的上升，2000年，工业废水排放达标率为76.90%，但是，到

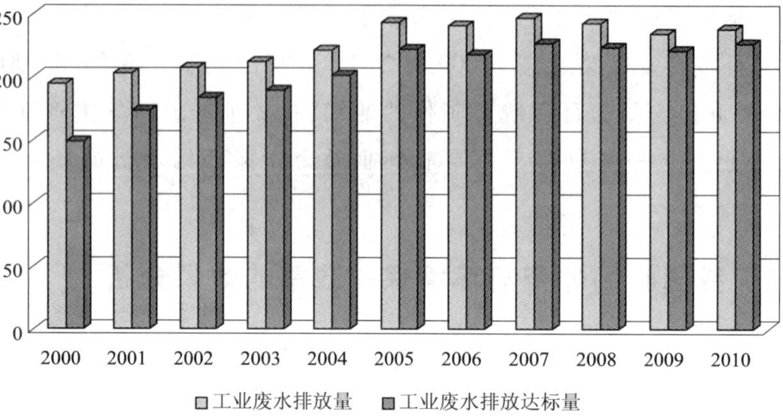

图 11－1　2000—2010 年工业废水放排量和排放达标量（亿吨）

资料来源：历年《中国环境年鉴》。

2005 年则达到 91.36% 的较高水平，较 2000 年增长了 14.46 个百分点。从 2007 年开始，工业废水排放达标率持续上升，到 2010 年，全国工业废水排放达标率为 95.33%，说明我国的污染防治工作治理成果明显。

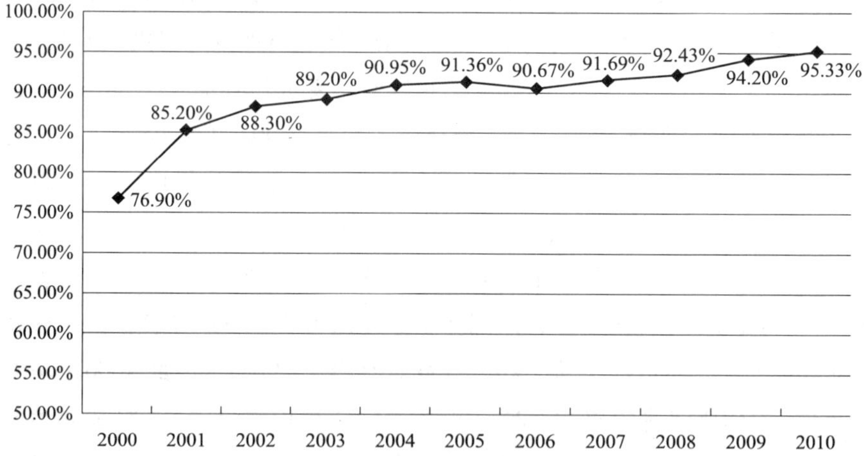

图 11－2　2000—2010 年工业废水排放达标率

资料来源：历年《中国环境年鉴》。

2. 工业废气排放

由于外商直接投资带来的工业发展，使得工业废气的排放量也不断增加。

2000年，全国工业废气排放量为138 145亿标立方米，2001—2005年的年均增长率为14.31%，2006—2010年的年均增长率为14.28%，仅减少了0.03个百分点，这主要是由于2006年和2010年工业废气的排放出现了较大的增加，分别为330 990亿标立方米和519 168亿标立方米，较上年分别增长了23.05%和19.06%。

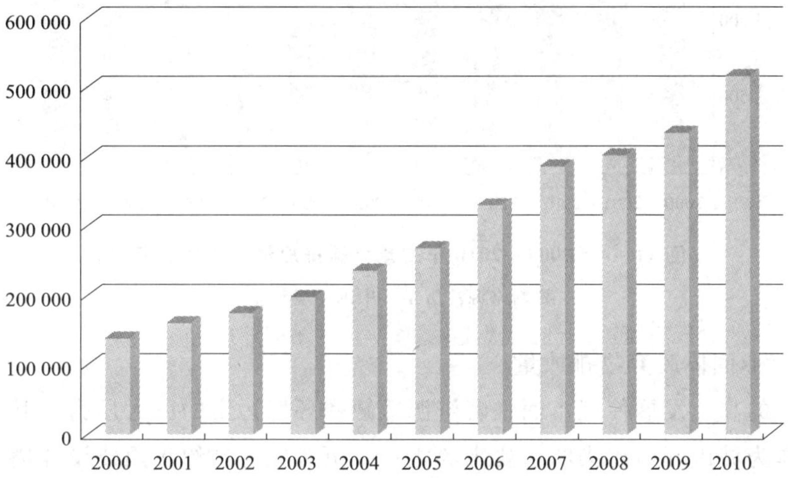

图11－3 2000—2010年工业废气排放量（单位：亿标立方米）

资料来源：历年《中国环境年鉴》。

二氧化硫排放量则以2006年为分水岭，明显分为两个阶段（见图11－4）。2000—2006年，工业二氧化硫的排放量总体处于上升趋势，从2000年的1 613万吨增加到2006年的2 235万吨，从2007年开始，二氧化硫排放量不断减少，排放度逐年下降，2010年仅为1 864万吨，基本下降到2004年的水平。体现在国家主要污染物减排约束性指标政策的引导下，节能低碳已经取得成效。

在工业废气的主要污染物排放量中，二氧化硫的排放量相对较高，二氧化硫排放量居前几位的行业有电力热力的生产和供应业、非金属矿物制品业、黑色金属冶炼及压延加工业、化学原料及化学制品制造业、石油加工炼焦及核燃料加工业。上述6个行业的氧化硫排放量合计占工业二氧化硫排放量的88.5%。①

① 数据来源：《第一次全国污染源普查公报》，2012年2月6日。

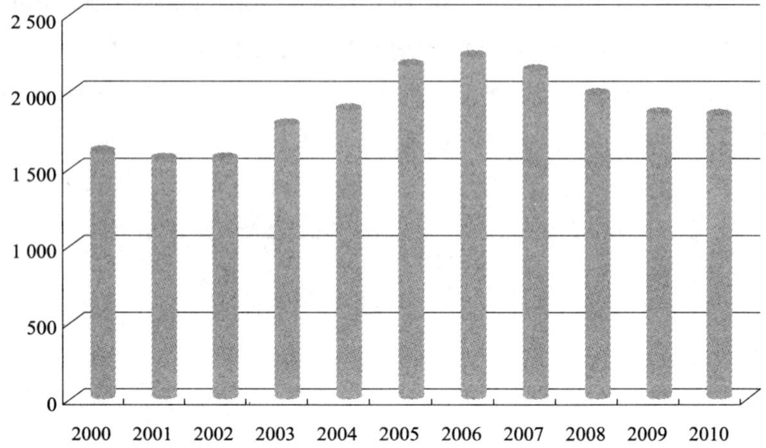

图 11－4　2000—2010 年二氧化硫排放量（单位：万吨）

资料来源：历年《中国环境年鉴》。

3. 工业固体废弃物排放量

经济的高速发展使城市面临着资源短缺和环境污染的巨大压力，其中，固体废弃物作为城市环境污染的主要来源之一，更是成为制约我国建设环境友好型社会的瓶颈之一。工业固体废弃物排放量从 2000 年的 3 186 万吨逐年下降到 2007 年的 1 197 万吨，其中，下降幅度最大的为 2003 年，较 2002 年减少了 26.34%，但是 2008 年工业固体废弃物排放量却出现了剧增，达到 7 818 万吨，是 2007 年的 6.53 倍。虽然 2009 年和 2010 年的排放量较 2008 年分别下降了 713 万吨和 2 836 万吨，但是与 2000 年相比，仍然是相当高的。说明利用外资的政策并没有减轻工业固体废弃物对环境的污染。

4. 环境污染治理

随着环境问题日益引起人们的关注，国家和企业都加大了治理污染的投资力度，“十一五”期间，我国环境污染治理投资增长 89.5%。由图 11－6 可以看出，2000—2010 年污染治理项目投资额出现了一个先上升后下降的过程。2000 年污染治理项目当年完成投资额为 239.4 亿元，2001—2005 年的年均增长率为 17.24%，其中增长最多的是 2005 年，为 48.72%，投资额达到 458.2 亿元。2006—2010 年的年增长率为－2.15%。从 2008 年起，污染治理的投资额就出现明显的下降，2010 年的投资额为 397 亿元，较 2009 年下降了 10.28%。

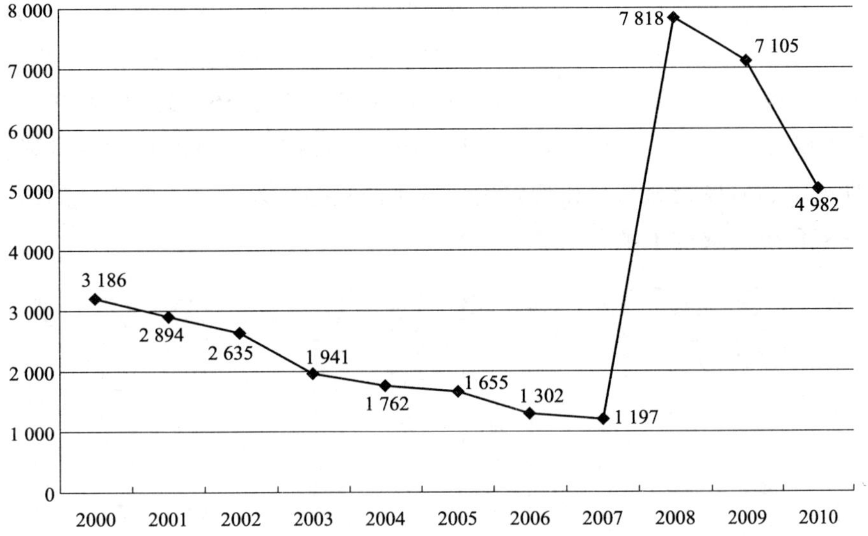

图 11－5 工业固体废弃物排放量（单位：万吨）

资料来源：历年《中国环境年鉴》。

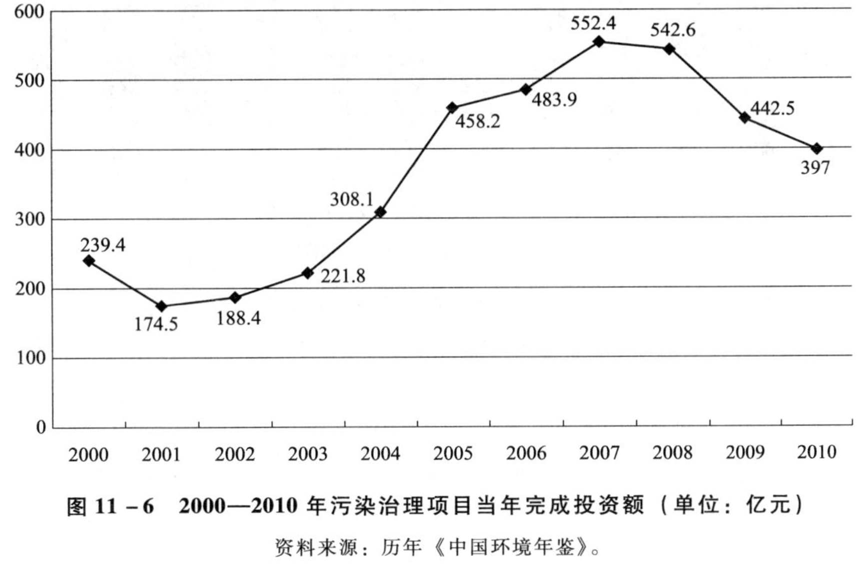

图 11－6 2000—2010 年污染治理项目当年完成投资额（单位：亿元）

资料来源：历年《中国环境年鉴》。

2000 年，工业污染项目当年完成投资额 239.4 亿元，其中，治理废水、废气和固体废弃物完成投资额分别为 109.6 亿元、90.9 亿元和 11.5 亿元，分别占投资额的51.70%、42.88%和5.42%。到2010年，工业污染项目当年完成投资额397亿元，其中，治理废水、废气和固体废弃物完成投资额分别为130.1亿元、188.8亿元和14.3亿元，分别占投资总额的39.05%、56.66%和4.29%。由图11－7可以看出，工业污染治理项目中，用于治理废气污染的比例逐年增大，用于治理废水和固体废弃物的比例则出现减小的趋势。因此，工业废气的治理，尤其是二氧化硫的减排出现了明显的成效。

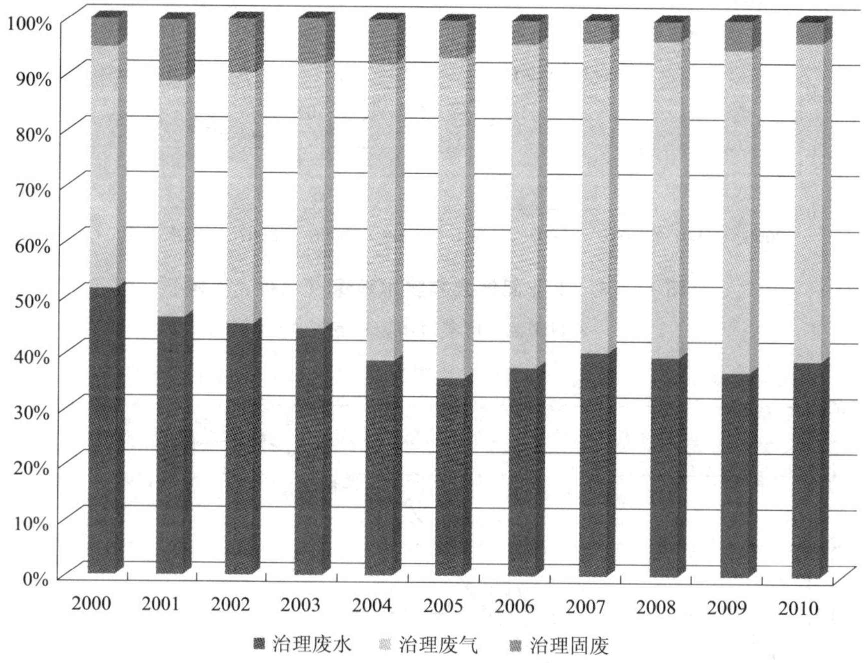

图11－7　2000—2010年治理废水、废气和固体废弃物的投资比例

资料来源：历年《中国环境年鉴》。

11.3.2　分地区利用外资对环境污染的影响

我国东部与中、西部地区在利用外资上有明显差异，改革开放初期，国家在财政、税收、信贷和对外开放等方面给予东部地区较多的优惠政策，使东部地区在吸引外资上有明显的优势，大体占全国的87%。但是，随着东部地区土地、劳动力成本的上升，其劳动密集型行业的竞争优势也在逐步丧失。相比较而言，中、西部地区在土地、能源、劳动力成本方面仍然具有优势。此外，随着西部大开发、振兴东北老工业基地和中部崛起等战略的实施，中西部地区承接外商投资的能力进一步提高。外商投资的转移必然对不同地区的环境变化造成影响。

北京工商大学世界经济研究中心2008年7月28日发布的《中国300个省市绿色GDP指数报告》表明，中国城市发展资源效率水平普遍偏低，绿色GDP排在前10位的城市深圳、北京、广州、上海等大都在东部地区。排名最后的10个城市都来自中西部地区，存在明显的地区差异。数据显示，成都、重庆的工业废水和工业烟尘排放排在首位，这表明中国东部的环境污染已经向中西部地区转移。

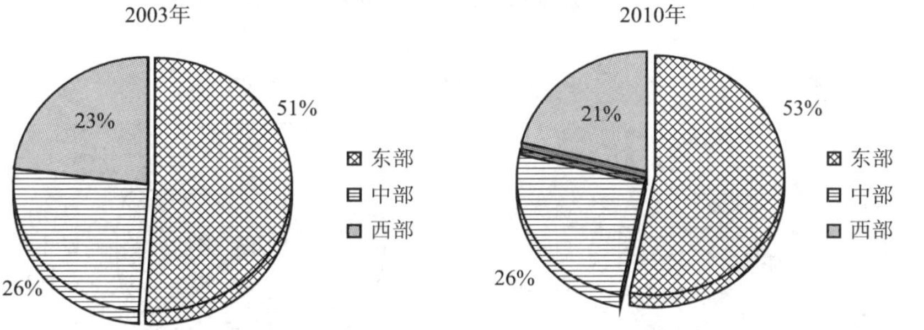

图11－8 2003年与2010年东中西部地区工业废水排放量占比

资料来源：《中国环境年鉴》。

图11－8比较了2003年和2010年三个地区工业废水排放占比，可以看出，2003年，东中西部地区工业废水排放分别占全国排放比例的51%、26%和23%，到2010年，东部地区的排放占比上升了2%，西部地区的排放占比下降了2%，中部地区保持不变。

比较2003年和2010年东中西部地区工业废气排放占比（如图11－9），可以看出，2003年东中西部地区的废气占全国的排放比例分别为51%、27%和22%，到2010年，东部地区的排放比例下降了4%，占全国废气排放的47%，中部地区的废气排放比例下降到25%，而西部地区的废气排放上升了6%，达到全国的28%，这一方面是可能是由于投资西部地区的外资额增加，另一方面与西部地区利用外资的环境效率较低有关。

从工业废气中二氧化硫的排放比例来看，2003年，东中西部地区二氧化硫的排放比例分别为41%、25%和34%，到2010年，东部地区二氧化硫的排放比

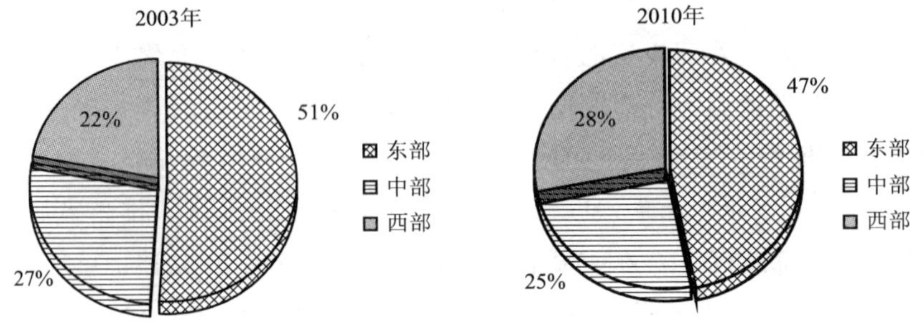

图 11－9　2003 年与 2010 年东中西部地区工业废气排放量占比

资料来源：《中国环境年鉴》。

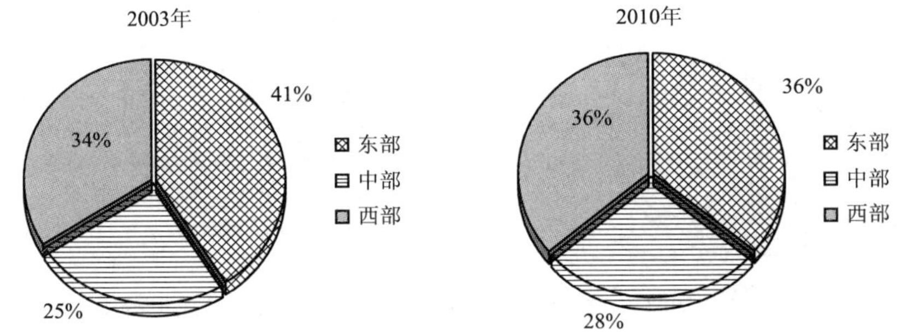

图 11－10　2003 年与 2010 年东中西部地区二氧化硫排放量占比

资料来源：《中国环境年鉴》。

例下降了 5%，中、西部地区的二氧化硫排放比例分别上升了 3% 和 2%，体现外资转移对中西部地区大气污染的影响。

由图 11－11 可以看出，东部地区的固体废弃物排放量较中西部地区少得多，只占全国的 5%。2010 年中部地区固体废弃物排放量较 2003 年减少了 12%，而西部地区则由 57% 上升至 69%，可见，外资在拉动西部地区经济增长的同时，对西部地区的环境污染也不可忽略。

11.3.3　利用外资政策取得的成效及不足

自 2005 年起国家颁布了一系列利用外资的政策文件，引导外资的地区流向与产业流向，以减少外资对我国环境产生的负面影响。总的来说，这些政策取得了一定的成效：

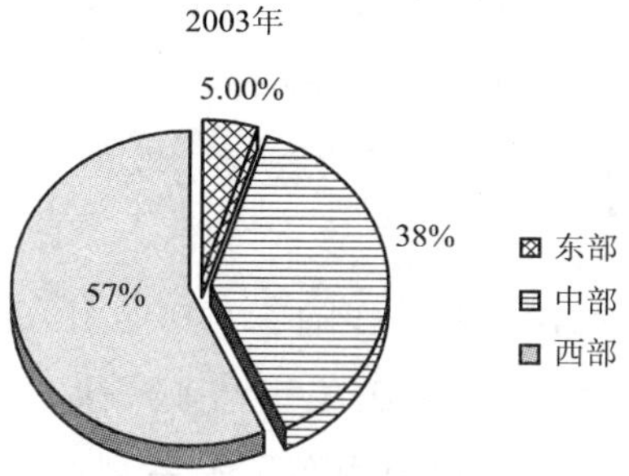

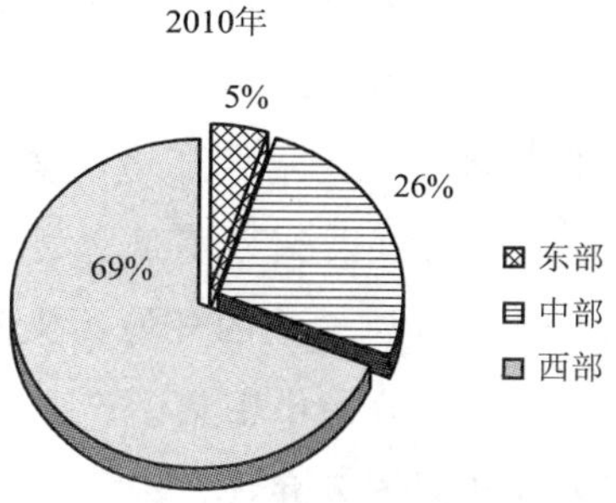

图 11－11　2003 年与 2010 年东中西部地区固体废弃物排放量占比

资料来源：《中国环境年鉴》。

（1）工业废水、废气污染增速有了一定的下降。《中华人民共和国水污染防治法》明确将排污许可证作为控制污染物排放监管的重要行政手段，使得工业废水排放量增速减缓，达标率不断上升，《中华人民共和国环境保护法》和《固体废弃物污染环境防治法》等一系列法律的颁布和实施将一些污染密集型的企业阻挡在国门之外，加强了对我国的环境保护。

（2）加快了循环经济这一科学发展观的实践与进步。国务院、发展改革委以及科技、环保等有关部门支持引进国外发展循环经济的核心技术，鼓励企业积极引进和消化、吸收国外先进的循环经济技术，加快新技术、新工艺、新设备的推广应用。目前，我国利用的外资绝大部分来源于发达国家，发达国家在发展循环经济、治理环境污染方面已经有了相当丰富的经验，在开发使用环境污染控制的设备、产品方面也处于领先地位。污染密集型的外资企业运用的生产和污染消除技术通常比东道国本地的企业更先进，也更有利于改善环境。外资企业将这些理念及设备带入中国，通过外商直接投资加强技术溢出，刺激了中国经济的发展。

（3）随着我国利用外资在区域结构方面进一步平衡，东部地区环境污染程度降低。长期以来，东部地区实际利用外资占全国的 80% 以上，中西部地区实际利用外资不足 20%，使得 FDI 的区域分布呈现出非均衡性，环境污染也出现明显的东高西低的梯度特征。根据上文东中西部 2003 年和 2010 年的比较可以看出，东部地区的环境污染有了一定程度的下降。利用外资“十一五”规划要求加强对外商投资产业和区域投向的政策引导，强化落实节约资源和保护环境。通过加大对中西部的政策倾斜力度将东部地区的劳动密集型产业转移到中西部，使东部地区的环境得以改善，同时也方便东部地区进行产业升级。

虽然在利用外资减少环境污染方面我们积累了一定的经验，取得了一些成效，但是仍然存在着诸多不足之处：

（1）引进外资造成的环境污染问题仍然比较严峻。伴随着 FDI 的引入及产业转移，相当一部分污染密集型产业也转移至我国，污染密集型产业产生了大量的废水、废气和固体废弃物，破坏了生态环境。虽然我国颁布了一系列法律法规，加强外资企业社会责任建设，倡导外资企业加强环境保护，但是取得的成效十分有限，而地方政府为了政绩也不会对外资企业社会责任做出过多的要求。

（2）中西部地区，尤其是西部地区的污染进一步加重。在 2008 年国务院修订的《中西部地区外商投资优势产业目录》中，要求提高利用外资质量，注重与《外商投资产业指导目录》的衔接，贯彻落实科学发展观，防止严重污染环境和高能耗、高物耗、资源消耗大的产业和项目及落后工艺、设备向中西部地区转移。但是，这一政策并没能避免中西部地区粗放型的吸引外资方式。先污染后治理是东部经济发展中的普遍现象，以高污染、低技术的方式发展工业，虽然无须为环境保护付出高额成本，短期内是拉动 GDP 增长的性价比较高的方式，但是长期将对经济和人民的生活产生重大的不利影响。在东部某些地区已经有了前车之鉴，而现在西部地区的发展中也出现了这样的现象。

（3）外商投资的产业结构仍需进一步优化。外资仍然集中在制造业领域，服务业吸引外资的比重较低；外资集中在中低档加工制造环节，研发特别是原创性的研发投入较少。商务部办公厅《关于 2008 年全国吸收外商投资工作的指导性意见》鼓励外商投资装备制造、新材料制造等高新技术产业，但这些高技术的制造业并没有取得较大发展，部分外商投资于高消耗和污染性的项目，这些都不利于我国经济发展方式的转变。

11.4　降低外商投资环境污染的政策建议

外资不仅为中国带来了技术发展与经济发展，同时也加剧了中国环境问题。合理利用外资是促进经济与环境协调可持续发展的重要举措。为此，中国出台多项政策，以政策为导向推动外商投资产业的进一步合理化，带动本国企业提高环境保护要求，均取得明显成效。但由于目前中国环境问题仍然严峻，本章就此提出以下五点政策建议，降低利用外资带来的环境污染。

第一，调整引进外资战略，促进外商投资产业优化。从政策角度引导外商投资产业从高污染低附加值的制造业转向低污染的绿色产业，从简单的资本投资转向技术投资，同时从政策平台与经济环境等多方面改善，推动中国从制造大国向技术大国转变。主要从两个方面调整，一方面是适度调整引进FDI的方式，把先前偏重于引进资金量转向以技术创新和制度移植为重点，即利用外资方面要有选择性和针对性，加强对外资项目的筛选和识别。另一方面政府可以对外资采取政策优惠，大胆尝试创新，建立一套有效的激励机制，对外资的技术创新和环境保护进行宣传和奖励，鼓励技术转移和制度示范，进而通过合理的引资政策来优化外商产业结构。

第二，完善法律法规，加强环境监管力度。目前我国针对外资的环保类法律法规还很不完善，需要我们结合国内实际情况，借鉴其他国家的法律来完善国内环境保护法律与外商投资环境法律。因此，制定专项法规和实施细则，统一检验标准，使其与国际接轨，进而强化法律的执行力度显得十分重要。如在环境税制方面，我们应尝试开征污染税和生态税这两项专项税；在排污权交易方面需尽快建立与排污权交易制度相配套的法律法规，完善排污权交易市场和监管体制，降低交易成本，建立排污权交易激励、惩处机制。

第三，引导地方政府转变观念，推动生态发展理念。地方政府不仅仅要追求经济发展，还应结合当地的实际情况，借鉴国际上FDI和环境保护的相关法律法规，制定符合自身发展的法规和细则，避免环境管理系统的运行绩效在不同的区域存在明显不同，如在大城市环境管理比较严格，而在小城镇和农村区域则比较宽松，或者在经济发达地区比较紧，而在经济落后地区则比较松。另外，引导公众加入企业环境保护评价系统，形成对外资的社会监督力量，从舆论效应推动外资企业发挥其社会责任。

第四，强化外资向中西部转移的环保准入标准。随着中国产业转型升级的不断深化，作为东部加工制造业等劳动密集型产业转移的主要承接地区，中西部地区应注重引进外资的环境保护能力，严格评估承接产业的环境影响。尤其是西部，生态环境脆弱，同时是黄河、长江等重要水资源的源头，一旦受到污染，后果深远，是我国环境保护的重中之重。因此，在推动东部产业向中西部延伸的同时，也应设置更加严格的产业承接标准，不仅仅是事后环境污染改善措施，更应是事前环保准入标准。

第五，加强对我国环保产业的投资，促进我国环保科技的发展。我国应积极制定资源循环再利用以及资源回收的政策，促进环保产业的发展，推行清洁生产和绿色技术，积极采用新工艺、新材料、新技术，降低消耗，推进可持续发展模式。同时，注重对国内污染治理技术研发等配套政策的投入，进一步加强管理体系建设，加快自身产业结构调整，改造或淘汰污染严重的企业。

（执笔人：汤碧、陈佳、刘谦、陈莉莉）

第 12 部分

全球宏观经济形势调整中的外商投资

2011年以来，世界经济复苏态势受挫，全球宏观经济进入调整阶段。发达国家经济同步放缓，风险因素显著增加：美国经济走出危机，但陷入“无就业式增长”；欧债危机难见好转，欧洲经济增长乏力；日本遭遇“3·11”特大地震，灾后重建任重道远。这些都为世界经济稳步恢复增加了新的变数。金砖国家等新兴经济体增长趋缓，面临的各种挑战增加。由于欧债危机仍未见好转，全球失业率高位徘徊，“通胀”压力不断增大等风险依然存在，世界经济走势仍然难以乐观。

与此同时，尽管全球经济增长放缓、欧债危机仍在持续，但2011年全球外国直接投资流入量仍然增长了16%，首次超过危机前2005—2007年的水平。发达国家仍然是引领全球FDI增长的动力，发展中国家对外直接投资保持较高水平，但同时发展中国家也面临发达国家跨国公司撤资的风险。

12.1　2011年全球宏观经济变化调整

12.1.1　美国经济走出危机，但就业尚需恢复

根据美国商务部的数据，2011年美国经济增长了1.7%，远低于2010年第四季度3.1%的水平。尽管美国经济处于复苏之中，但是复苏速度远远低于预期，经济学家普遍对美国经济增长前景不乐观。2011—2012年美国经济依然面临内外诸多因素的制约：

首先是就业形势依然严峻。美国劳工部公布的数据显示，2011年12月美国非农业部门失业率为8.5%，虽然从全年来看有所下降，但仍然保持在高位。从全年拉动经济增长的动力来看，消费和政府开支已相当强劲，但1.7%的经济增速难以支撑就业的大幅增长。而且，美国就业的结构性问题较为严重。目前，美国就业最大的结构性问题是可贸易部门创造价值，但不创造就业；不可贸易部门创造就业，但不创造价值。尽管美国国会与美政府都打出“重振制造业”的口号，但是在经济全球化背景下，美国重拾传统制造业几乎是“不可能的任务”。高失业使得美国经济增长缺乏内生性动力，美国经济陷入“无就业式增长”。

其次，房地产市场持续低迷仍将是制约美国经济快速增长的关键问题。在美国经济的重要支柱房地产业方面，自2006年房地产泡沫破裂引发金融危机以来，市场至今仍在艰难调整。最新数据显示，尽管2011年美国新房销量有所回升，

但是房价仍在下跌，新建住房价格也在下降，表明市场信心仍然不足。本轮衰退呈现出周期性与结构性交织的状况。尤其是，因金融危机遗留下的大量止赎房屋压低了房价，使房地产市场处于疲弱。

最后，美国也面临公共债务压力。一般认为，当一国公共债务占 GDP 的比率超过 90% 时，该国经济将陷入长期低速增长周期。根据 IMF 的最新数据，2011 年美国联邦公债占国内生产总值的比率达到 99%，2012 年预计会进一步升至 103%。而按照美国 2011 年 7 月民主党与共和党达成的最新债务上限协议，美国国债上限将在现有 14.3 万亿美元的基础上提高 2.1 万亿美元，同时未来 10 年削减政府赤字约 2.5 万亿美元。这种高额负债为特征的“负债经济”不仅抑制了美国居民和企业的消费与投资意愿，同时沉重的利息负担减少了财政收入中用于消费和投资的部分，并最终抑制了经济增长的内生力量。

12.1.2 欧债危机未见好转，欧洲经济增长乏力

2011 年以来，希腊、西班牙、爱尔兰、葡萄牙、塞浦路斯和意大利等陷入债务危机的欧洲国家主权评级相继被下调。进入 2012 年，欧债危机仍然危险曙光。第一，希腊始终徘徊在违约的边缘。截至 2011 年 6 月，希腊负债就达 2 550 亿欧元，占 GDP 的比重升至 200%。希腊违约风险进一步加剧，银行面临严重的流动性危机。持有希腊国债和贷款合计 567 亿欧元的法国银行，以及持有 340 亿欧元希腊国债的德国银行均受牵连。第二，意大利深陷泥潭。目前，意大利负债 1.13 万亿欧元，占 GDP 比重高达 120%，利息支出占 GDP 的比重为 4.8%，且意大利债务仍呈上升态势。标准普尔下调意大利主权信用评级，并维持负面展望。意大利政府也将 2011 年经济增长率的预测由原来的 1.1% 下调至 0.7%，并分别调低 2012 年和 2013 年的 GDP 增长率至 0.6% 和 0.9%。第三，西班牙也面临严重困难。截至 2011 年 8 月，西班牙负债高达 6 800 亿欧元，占 GDP 比重为 64%。值得注意的是，一系列削减开支和增税的紧缩计划，令西班牙本已灾难性的高失业率进一步攀升。根据西班牙国家统计局的数据，2011 年第三季度失业率上升至 21.5%，失业总人数达到 498 万人，成为发达国家中失业率最高的国家。2011 年 10 月，标准普尔公司将其主权信用评级降调了一个等级至 AA -。国际货币基金组织发布报告称，2011、2012 年两年，西班牙经济增长率将分别为 0.8% 及 1.1%。另外，作为欧盟两个大国之一的法国国债规模高达 1.59 万亿欧

元（截至2011年底），占GDP比重高达81.7%，预期未来几年债务负担都难以下降，为此，穆迪调低法国农业信贷评级，显示市场已开始警惕法国银行业所存在的危机。据预测，法国这两年经济预期增长率为2.1%及1.9%的目标将难以达到。

在欧债危机的影响下，2011年9月以来欧洲经济持续下滑。2012年2月，欧元区综合行业采购经理人指数（PMI）从1月的50.4跌至3月的47.7，欧元区制造业和服务业已长期处于萎缩区间。同时，欧债危机严重冲击欧洲银行业，欧洲大型银行资产负债表严重受损，难以为实体经济提供足够的信贷支持。摩根大通预测欧元区经济2012年一季度将持平，二季度将出现0.5%的衰退，IMF最新预测2012年欧元区经济将呈现0.3%的负增长。

12.1.3　新兴市场经济陷入缓慢增长，外资流出风险增大

受发达国家经济疲软的负面影响，2012年发展中国家经济增长将放缓。联合国报告初步预计，2012年发展中国家整体经济增长率将由2011年的6.1%下降到5.6%，明显低于2010年的7.5%。其中，中国和印度这两大新兴经济体2012年的经济增长将分别为8.7%和7.6%，均比2011年有所放缓。而巴西和墨西哥受到的冲击更为明显，2012年巴西经济增速预计从2011年的3.7%下滑至2.7%，墨西哥经济增速将从2011年3.8%放慢到2012年的2.5%。

尽管如此，新兴市场经济增长仍将比发达国家强劲，继续担当全球经济引擎的角色。由于发达国家经济低速增长，且大多维持宽松货币政策，新兴经济体有可能实施适度宽松的货币政策，以促进经济增长。此外，新兴经济体的财政状况普遍好于发达国家，刺激内需支持经济增长的政策空间仍然较大。虽然目前新兴市场国家经济增速与通货膨胀压力同步下行，重心已从担忧经济过热转向促进经济增长，但在通胀压力依然存在、国际金融市场大幅动荡的情况下，在外需依旧低迷、内需动力不足的形势下，宏观政策能够起到的作用有限，新兴市场经济放缓趋势仍将持续。

此外，新兴市场外资流出风险加大。2011年7月以来，印度、巴西、俄罗斯等新兴经济体货币转向大幅贬值，同时伴随着罕见的外汇储备大规模净流出。9月主要的15个新兴经济体外汇储备合计流出了804亿美元，仅次于2008年。其中，亚洲是重灾区，东欧和拉美也有许多国家出现大规模资本转向。亚洲新兴经

济体作为“世界工厂”长期以来积累了大量过剩的产能，东欧新兴经济体高度依赖西欧国家的经济发展模式具有内生的脆弱性，拉美新兴经济体因高利率和高汇率已经积聚了不少风险。这样，大规模的资金外逃必将给这些经济体的健康发展带来挑战。在全球经济多重风险并存的背景下，新兴经济体外资集体出逃可能是一个系统性风险的前奏。

12.2 全球经济调整中的外商投资

12.2.1 2011 年全球对外直接投资恢复增长

尽管 2008—2009 年全球金融经济危机以及当前欧债危机的影响仍在持续，但 2011 年全球外国直接投资流入量仍然增长了 16%，达到 1.5 万亿美元，首次超过危机前 2005—2007 年的水平。这一增长是在 2011 年跨国公司取得更高利润，发展中国家实现较高经济增长的背景下发生的。

从对外投资来看，发达国家仍然是引领全球 FDI 增长的动力。2011 年发达国家对外直接投资大幅增长 24%，达到 1.24 万亿美元。其中，发达经济体对外直接投资的三大阵营——欧盟、北美与日本是推动这一增长的主要力量。

从吸引外资来看，发达国家以及发展中和转型经济体 FDI 流入量均出现上升。其中，发展中和转型经济体继续在全球 FDI 流入量中占一半以上，吸引外资创历史最高水平，达 7 550 亿美元，其中主要得益于“绿地投资”的强劲增长。在发展中国家中，2011 年 FDI 流入量的增长主要不再由南亚、东亚和东南亚（增长 11%）推动，而更多的是由拉美和加勒比地区（增长 35%）以及转型经济体（增长 31%）驱动。而在最不发达国家最为集中的非洲，FDI 流入量继续下降。流入发达国家的 FDI 上升了 18%，但增长主要来源于跨境并购的增长，而不是来自于最需要的生产性投资，如“绿地投资”等。

12.2.2 发达国家仍然引领全球对外直接投资

尽管 2011 年发达国家经济面临各种挑战，但作为传统投资大户的发达国家对外直接投资仍然大幅增长 24%，达到 1.24 万亿美元。其中，发达经济体对外直接投资的三大阵营——欧盟、北美与日本是推动这一增长的主要力量，但其驱动因素却各不相同。美国对外直接投资有所增长，主要推动因素是跨国公司增加了海外现金储备，其利润再投资金额创出新高。推动欧盟对外直接投资增长的主要原因是跨国并购。日元升值增强了日本跨国公司的购买力，在北美和欧洲完成的并购交易净额增长了132%，以致日本对外直接投资翻了一番。

2011年，由于巨额跨国并购交易的数量从2010年的44宗上升至62宗，跨国并购交易值上涨了53%，达到5 260亿美元。这反映出股票市场资产价值的提高与买家运作金融实力的提升。连续下跌两年的绿地投资额在2011年稳定在9 040亿美元。2011年，发达经济体在发展中经济体和转型经济体的绿地投资仍占全球绿地投资总额的三分之二以上。

表12－1　　2011年全球最大的10个FDI来源地

（单位：亿美元）

排名	国家/地区	2011年流出量	2010年流出量
1	美国	3 966.6	3 044.0
2	日本	1 143.5	562.6
3	英国	1 070.9	395.0
4	法国	901.5	768.7
5	中国香港地区	816.1	954.0
6	比利时	707.1	557.1
7	瑞士	696.1	647.8
8	俄罗斯	672.8	525.2
9	中国	651.2	688.1
10	英属维尔京群岛	625.1*	587.2*

*：预计值。

数据来源：UNCTAD，World Investment Report 2012。

12.2.3　发展中国家面临外资流出风险，对外投资出现下降

2011年流入发展中经济体与转型经济体的FDI仍占全球流入总量的一半以上（分别为45%与6%），二者合计达7 780亿美元，增幅为12%，创历史新高。其中，流入亚洲的FDI增长了10%，流入拉丁美洲和加勒比地区的FDI增长了16%，流向转型经济体的FDI增长了25%，达920亿美元。相反，对非洲的投资仍延续了三年来的下滑态势。最贫困国家仍处在吸引FDI的衰退期，流向最不发

达国家的 FDI 下跌 11%，降至 150 亿美元。

与此同时，发展中国家特别是新兴市场国家面临着发达经济体跨国公司撤资的风险。跨国公司之所以从新兴市场国家撤资，在某些国家是出于经济增长速度放缓的考虑，在某些国家是出于金融方面的考虑，如汇率与利差等，还有一些国家则是出于政治因素的考虑。在中国，撤资现象主要集中在沿海地区，主要是由东道国经济增长放缓、劳动力工资、土地租金成本上升等因素导致。

从对外直接投资来看，2011 年发展中国家 OFDI 保持较高水平，占全球总量的 23%，但其对外直接投资额却下降了 4%。东亚的对外直接投资下降了 9%，为 1 800 亿美元，但东南亚的对外直接投资却上升了 36%，达到 600 亿美元。中国 2011 年 FDI 流出量为 651 亿美元，比上年减少 5.4%，这是 2003 年以来首次出现下降，排名也从上一年的第 6 位降到 2011 年的第 9 位。中国香港地区的对外直接投资更下降了 15%。相比之下，新加坡的对外直接投资却同比增长 19%，而且印尼和泰国的对外直接投资也大幅增长。拉丁美洲与加勒比地区的对外直接投资额下跌 17%，主要原因是资金撤离。但西亚的对外直接投资却大幅上涨，增至 250 亿美元。

表 12－2　　2011 年全球最大的 10 个 FDI 目的地

（单位：亿美元）

排名	国家/地区	2011 年流入量	2010 年流入量
1	美国	2 269.4	1 979.1
2	中国	1 239.9	1 147.3
3	比利时	891.4	811.9
4	中国香港地区	831.6	710.1
5	巴西	666.6	485.1
6	新加坡	640.0	486.4
7	英国	539.5	506.0
8	英属维尔京群岛	537.2*	490.6*
9	俄罗斯	528.8	432.9
10	法国	409.5	306.4

*：预计值。

数据来源：UNCTAD，World Investment Report 2012。

12.2.4 初级产业与服务业FDI形势好转

FDI项目数据（包括跨国并购与绿地投资）显示，流入初级产业、制造业和服务业这三大生产领域的FDI均有所增长。流入服务业的FDI继2009年与2010年大幅下滑后，2011年出现反弹，增至5 700亿美元。对初级产业的投资也扭转了前两年的负增长趋势，达到2 000亿美元。这两大产业的占比略有上升，相应制造业的比重则相对减少。总体看来，对FDI项目增长贡献最大的五个行业分别是采掘业（采矿、采石与石油开采）、化工、公用事业（电力、天然气与水处理）、交通与通信，以及其他服务（主要受油气田服务的推动）。

12.3 全球经济及国际直接投资形势展望

12.3.1 2012年全球经济形势展望

首先，主权债务危机将严重制约全球经济的复苏。一是欧债危机近期难见解决前景。尽管2011年10月欧盟峰会对解决危机提出一揽子救援方案，重要的突破是减记50%的希腊债务，重组银行资本，让银行核心资本充足率达到9%，使国际社会看到了解决欧债危机的一线希望。但方案距离落实还很远。多数专家认为，减记的幅度不够，不足以解决希腊债务过高的问题。而且葡萄牙、西班牙、意大利甚至法国都面临着债务危机的考验。此外，对于新购买的欧债债券，欧洲金融稳定基金将提供总额为3 000亿欧元的担保，但资金从哪里来仍然没有着落。二是从全球范围看，各国主权债务潜在的风险依然存在，美、日等国家也同样面临主权债务的风险。2011年欧洲大面积不断陷入债务危机之后，国际社会开始对美国政府债务威胁全球经济感到担忧。尽管美国、日本和欧洲三大经济体的债务问题有着巨大的差别，但其对本国及世界经济走势的负面影响依然存在，尤其是美国经济动向对全球经济走势是更加显而易见。

其次，新兴市场因受到外围市场的牵连而难以独善其身，不得不采取紧缩性的货币政策。经济增速下滑，难以重现经济快速增长的辉煌。亚洲国家的制造业指数也呈现低迷状态。根据中国物流与采购联合会的数据，2011年8月出口订单分项指标出现了两年来首次下降，2012年以来中国制造业PMI数据始终在低点徘徊；2011年8月印度PMI数据也连续4个月下滑，且达到了29个月以来的最低值。这些因素导致国际金融市场动荡不安，融资成本上升，投资者与消费者信心遭受重创，大大抵销了正面因素对经济增长的推动作用。

联合国经济和社会事务部2011年12月1日发布《2012年世界经济形势与展望》报告称，由于发达经济体面临债务危机深重、金融系统脆弱、有效需求不足和决策机制受限等四大痼疾，可能形成恶性循环使其经济陷入泥潭。新兴经济体经济受发达经济体拖累增速也将放缓，全球经济正在“二次衰退”的悬崖边上“蹒跚前行”。报告预计，2012年世界经济增速将下滑至2.6%，低于2011年的2.8%和2010年的4%。

12.3.2　2012年全球外商投资形势展望

由于世界经济下行风险增大以及主要新兴市场经济增长速度趋缓，2012年全球FDI的增长可能会受到影响。联合国贸易和发展组织（UNCTAD）预计，2012年FDI的增速将放慢，FDI流量将稳定在1.6万亿美元左右。从主要指标中也可以看出这一趋势：2012年前五个月跨国并购（M&A）与绿地投资的价值均有所下降。公布的并购交易数量的减少表明，2012下半年FDI流量增势将放缓。

UNCTAD对全球最大的100家跨国公司进行的年度调查结果显示，国际生产总体呈上升趋势，公司海外销售收入与雇员人数的增长速度明显高于母国。尽管跨国公司的国际生产在逐步扩大，但截至目前其创纪录的现金持有水平仍未转化为投资的持续增长。据UNCTAD估计，包括海外留存收益在内，跨国公司持有的现金已超5万亿美元。全球最大的100家跨国公司的统计数据显示，在全球金融危机期间，它们为持有现金而削减生产性资产与收购（尤其是国外收购）方面的资本开支。2010年，仅这100家企业的现金持有量便达1.03万亿美元，其中约1 660亿美元是新增资金，超过危机前的平均现金持有量。2011年跨国公司用于生产性资产与收购的资本开支上涨了12%，但跨国公司持有的额外现金（2011年约1 050亿美元）仍未充分调动起来。国际金融市场新一轮的不稳定状况将继续鼓励公司持有现金，或者将现金用于其他目的（如支付股息或降低负债水平）。然而，随着条件的改善，当前的现金“过剩”可能会在未来推动FDI大幅攀升。从全球最大的100家跨国公司的经验推断，跨国公司手头可能持有5 000多亿美元可投资基金，约占全球FDI流量的三分之一。

UNCTAD预测，如果不发生全球宏观经济震荡的话，FDI流量将在2012年继续保持小幅稳定增长，2013年达到1.8万亿美元，2014年达到1.9万亿美元。

在此期间，投资者对经济事件发展的不确定性仍有很大的担忧。UNCTAD的《世界投资前景调查》（WIPS）对跨国公司（TNC）高管的投资计划进行的问卷调查结果显示，2012年对全球投资环境持悲观态度的受访者比持乐观态度的受访者多10%，而受访者中占比最大的一组受访者（近半数）或持观望态度。可以看出，2012年全球外国直接投资进一步增长仍存在较大不确定性，有可能停滞不前。受访者对中期发展趋势（即2012年以后的前景）持日渐乐观的态度。关于未来的FDI开支计划，半数以上的受访者预计2012年至2014年的支出水平将超过2011年。

12.4　我国利用外资形势回顾与展望

12.4.1　2011年我国利用外资形势回顾

2011年我国FDI流入量达到1 240亿美元，虽然仍保持增长，但8%的增速低于全球16%的平均水平和发展中国家11%的整体水平。其中，流向服务业的FDI首次超过制造业。UNCTAD（WIPS）评选的最受投资者青睐的FDI目的地中，中国继续名列榜首，但由于我国的工资成本和生产成本继续保持上升态势，我国在制造业上的相对竞争力在下降。

2011年我国吸收外资的总特点是：从产业结构看，服务业成为利用外资的新热点；从区域结构看，中西部地区成为利用外资的新增长点；从投向结构看，90家国家级经济技术开发区利用外资金额占我国利用外资总额的比例超过了1/4，成为利用外资的新板块。这说明，伴随着我国经济结构的战略性调整，我国利用外资工作取得了明显成效，外资对我国的投向也在悄然发生变化，在我国经济结构调整中正在发挥日益重要的作用。

综观2011年我国利用外资的工作，也存在着一些不尽人意的薄弱环节，主要是：从投资来源看，来自发达国家的投资偏弱、偏少；从产业要求看，来自于高端环节的投资偏弱、偏少。我国西部地区利用外资仍然有待于加强。在服务业方面，局部地区存在着投资房地产过多的问题。同时，由于法律和政策的滞后，外资并购这一问题还没有完全破题，特别是对发达国家和跨国公司擅长的并购投资，由于缺少一定的制度环境和法律环境，这在一定程度上阻碍了我国吸收高品质的外资。一些已经开放的行业，其开放的深度也还不够。

12.4.2 2012年我国利用外资形势展望

2012年，我国利用外资的内外部环境和条件正在继续发生深刻变化。

从外部环境看：发生在2008年的全球金融和经济危机还远未结束，危机早已从最初的金融领域传导至实体经济领域，从始作俑者美国传导至全球，从国家金融危机演化为全球经济危机，并进一步引起发达国家的主权债务危机。根据上文的分析，世界经济存在着下行的风险。为应对危机，各国都相继推出了一系列吸引外资的促进政策和优惠措施。美国还提出了“重振制造业”和“再工业化”路线图，以恢复本国经济和增加就业。因此，世界各国围绕着市场、资金、技术和项目等热点对外资的争夺将更趋激烈。这些都对我国利用外资构成了新挑战。同时，经济危机也使各种投资包括产业资本“抄底”的意愿进一步增强。另一方面，根据UNCTAD的预测，2012年国际直接投资将在2011年的1.5万亿美元左右的基础上，继续实现恢复性增长，达到1.6万亿美元左右。这又给我国利用外资带来了新机遇。

从内部环境看：我国正在实施的“十二五”规划，是一个雄心勃勃的宏伟发展蓝图。无论在推动传统产业转型升级、还是在加快发展新兴产业方面，无论在提升服务业现代化水平、还是在构建战略性支柱产业方面，都有巨大的投资潜力和前景。我国正在快速成长的国内市场，不仅每年有15%以上的增幅，而且在国家扩大内需特别是消费需求政策的支持下，一些新的市场领域有待于开发，极具投资的价值和空间。我国还在不断改善投资环境，简化审批程序，提高投资便利化，多渠道开展投资促进，对外资实行国民待遇，加强知识产权保护等，这些都在总体上构成了我国新时期利用外资的新优势。但我们也要看到，由于物价上涨、劳动力成本上升、土地资源稀缺、一些优惠政策取消，我国利用外资的一些传统优势在减弱。投资环境中还局部存在着无序竞争、保护知识产权不力的问题。这在一定程度上也制约着我国利用外资的健康发展。

综上所述，展望2012年，我们要适应新形势的变化，积极把握国际直接投资的新特点和国际产业转移的新趋势，努力扩大对外开放的范围，提高对外开放的层次和水平，大力引进全球投资的优质要素，借助外资和技术调整提升我国自身产业结构，促进国民经济进一步健康快速发展。

（执笔：蔡彤娟、桑百川）

附录1　2007年与2011年的《外商投资产业指导目录》（鼓励类）比较

一、农、林、牧、渔业					
	未变	变化		新增加	取消
		2007年	2011年		
总数	9项	2项		0项	1项
1	木本食用油料、调料和工业原料的种植及开发、生产	蔬菜（含食用菌、西甜瓜）、干鲜果品、茶叶无公害栽培技术及产品系列化开发、生产	绿色、有机蔬菜（含食用菌、西甜瓜）、干鲜果品、茶叶栽培技术开发及产品生产		中低产农田改造
2	糖料、果树、牧草等农作物新技术开发、生产	橡胶、剑麻、咖啡种植	橡胶、油棕、剑麻、咖啡种植		
3	花卉生产与苗圃基地的建设、经营				

续表

	未变	变化		新增加	取消
		2007 年	2011 年		
总数	9 项	2 项		0 项	1 项
4	中药材种植、养殖（限于合资、合作）				
5	农作物秸秆还田及综合利用、有机肥料资源的开发生产				
6	林木（竹）营造及良种培育、多倍体树木新品种和转基因树木新品种培育				
7	水产苗种繁育（不含我国特有的珍贵优良品种）				
8	防治荒漠化及水土流失的植树种草等生态环境保护工程建设、经营				

续表

	未变	变化		新增加	取消
		2007 年	2011 年		
总数	9 项	2 项		0 项	1 项
9	水产品养殖、深水网箱养殖、工厂化水产养殖、生态型海洋种养殖				

二、采矿业

	未变	变化		新增加	取消
		2007 年	2011 年		
总数	6 项	3 项		0 项	0 项
1	煤层气勘探、开发和矿井瓦斯利用（限于合资、合作）	物探、钻井、测井、录井、井下作业等石油勘探开发新技术的开发与应用（限于合作）	物探、钻井、测井、录井、井下作业等石油勘探开发新技术的开发与应用（限于合资、合作）		
2	石油、天然气的风险勘探、开发（限于合资、合作）	油页岩、油砂、重油、超重油等非常规石油资源勘探、开发（限于合作）	油页岩、油砂、重油、超重油等非常规石油资源勘探、开发（限于合资、合作）		

续表

	未变	变化		新增加	取消
		2007年	2011年		
总数	6项	3项		0项	0项
3	低渗透油气藏（田）的开发（限于合资、合作）	海底可燃冰勘探、开发（限于合作）	页岩气、海底天然气水合物等非常规天然气资源勘探、开发（限于合资、合作）		
4	提高原油采收率及相关新技术的开发应用（限于合资、合作）				
5	铁矿、锰矿勘探、开采及选矿				
6	提高矿山尾矿利用率的新技术开发和应用及矿山生态恢复技术的综合应用				

续表

三、制造业					
	未变	变化		新增加	取消
		2007 年	2011 年		
总数	148 项	86 项		43 项	47 项
（一）农副食品加工业					
1	生物饲料、秸秆饲料、水产饲料的开发、生产	蔬菜、干鲜果品、禽畜产品的储藏及加工	蔬菜、干鲜果品、禽畜产品的加工		
2	水产品加工、贝类净化及加工、海藻功能食品开发				
（二）食品制造业					
3	婴儿、老年食品及功能食品的开发、生产	森林食品的开发、生产和加工	森林食品的开发、生产		
4		天然食品添加剂、食品配料生产（限于合资、合作）	天然食品添加剂、食品配料生产		
（三）饮料制造业					
5	果蔬饮料、蛋白饮料、茶饮料、咖啡饮料、植物饮料的开发、生产				

续表

	未变	变化		新增加	取消
		2007 年	2011 年		
总数	148 项	86 项		43 项	47 项
（四）烟草制品业					
6	二醋酸纤维素及丝束加工（限于合资、合作）				造纸法烟草薄片生产（限于合资、合作）
7					过滤嘴棒加工生产（限于合资、合作）
（五）纺织业					
8	采用计算机集成制造系统的服装生产	采用高新技术的产业用特种纺织品生产	采用非织造、机织、针织及其复合工艺技术的轻质、高强、耐高/低温、耐化学物质、耐光等多功能化的产业用纺织品生产	功能性、绿色环保及特种服装生产	
9	高档地毯、刺绣、抽纱产品生产	高档织物面料的织染及后整理加工	采用先进节能减排技术和装备的高档织物面料的织染及后整理加工		

续表

	未变	变化		新增加	取消
		2007年	2011年		
总数	148项	86项		43项	47项
10		符合生态、资源综合利用与环保要求的特种天然纤维（包括除羊毛以外的其他动物纤维、麻纤维、竹纤维、桑蚕丝、彩色棉花等）产品加工	符合生态、资源综合利用与环保要求的特种天然纤维（包括山羊绒等特种动物纤维、麻纤维、蚕丝、彩色棉花等）产品加工		
（六）皮革、皮毛、羽毛（绒）及其制品业					
11	皮革和毛皮清洁化技术加工	高档皮革（沙发革、汽车坐垫革）的加工	高档皮革加工	皮革废弃物综合利用	
12	皮革后整饰新技术加工				
（七）木材加工及木、竹、藤、棕、草制品业					
13	林业三剩物，“次、小、薪”材和竹材的综合利用新技术、新产品开发与生产				

续表

	未变	变化		新增加	取消
		2007 年	2011 年		
总数	148 项	86 项		43 项	47 项
（八）造纸及纸制品业					
14		按林纸一体化建设的单条生产线年产 30 万吨及以上规模化学木浆和单条生产线年产 10 万吨及以上规模化学机械木浆以及同步建设的高档纸及纸板生产（限于合资、合作）	主要利用境外木材资源的单条生产线年产 30 万吨及以上规模化学木浆和单条生产线年产 10 万吨及以上规模化学机械木浆以及同步建设的高档纸及纸板生产（限于合资、合作）		
（九）石油加工、炼焦及核燃料加工业					
15	针状焦、煤焦油深加工				
（十）化学原料及化学制品制造业					
16	环保型印刷油墨、环保型芳烃油生产	合成材料的配套原料：双酚 A 生产、过氧化氢氧化丙烯法生产环氧丙烷	合成材料的配套原料：过氧化氢氧化丙烯法环氧丙烷、甘油法环氧氯丙烷、萘二甲酸二甲酯（NDC）、1，4－环乙烷二甲醇酯（CHDM）生产		乙烯下游产品衍生物的加工制造和乙烯副产品 C4－C9 产品（丁二烯生成合成橡胶除外）的综合利用

续表

	未变	变化		新增加	取消
		2007 年	2011 年		
总数	148 项	86 项		43 项	47 项
17	天然香料、合成香料、单离香料生产	合成纤维原料：精对苯二甲酸、己内酰胺、尼龙 66 盐、熔纺氨纶树脂生产	合成纤维原料：己内酰胺、尼龙 66 盐、熔纺氨纶树脂、1，3－丙二醇生产		年产 20 万吨及以上聚氯乙烯树脂生产（乙烯法）
18	高性能涂料、水性汽车涂料及配套水性树脂生产	钠法漂粉精、聚氯乙烯和有机硅深加工产品生产	钠法漂粉精、聚氯乙烯和有机硅新型下游产品开发与生产		年产 80 万吨及以上规模乙烯生产（中方相对控股）
19	氟氯烃替代物生产	合成橡胶：溶液丁苯橡胶（不包括热塑性丁苯橡胶）、丁基橡胶、异戊橡胶、聚氨酯橡胶、丙烯酸橡胶、氯醇橡胶、乙丙橡胶、丁腈橡胶，以及氟橡胶、硅橡胶等特种橡胶生产	合成橡胶：溶液丁苯橡胶（不包括热塑性丁苯橡胶）、高顺式丁二烯橡胶、丁基橡胶、异戊橡胶、聚氨酯橡胶、丙烯酸酯橡胶、氯醇橡胶、乙丙橡胶，以及氟橡胶、硅橡胶等特种橡胶生产		苯、甲苯、二甲苯、乙二醇等基本有机化工原料及其衍生物生产

续表

	未变	变化		新增加	取消
		2007 年	2011 年		
总数	148 项	86 项		43 项	47 项
20	从磷化工、铝冶炼中回收氟资源生产	工程塑料及塑料合金：聚苯醚（PPO）、工程塑料尼龙11和尼龙12、聚酰亚胺、聚砜、聚芳酯（PAR）、液晶聚合物等产品生产	工程塑料及塑料合金：6万吨/年及以上非光气法聚碳酸酯（PC）、聚甲醛（POM）、聚酰胺（尼龙6、尼龙66、尼龙11和尼龙12）、聚乙烯醋酸乙烯酯（EVA）、聚苯硫醚、聚醚醚酮、聚酰亚胺、聚砜、聚醚砜、聚芳酯（PAR）、液晶聚合物等产品生产		低滞后高耐磨炭黑生产

续表

	未变	变化		新增加	取消
		2007 年	2011 年		
总数	148 项	86 项		43 项	47 项
21	林业化学产品新技术、新产品开发与生产	精细化工：催化剂、助剂、添加剂新产品、新技术，染（颜）料商品化加工技术，电子、造纸用高科技化学品，食品添加剂、饲料添加剂，皮革化学品（N－N二甲基甲酰胺除外）、油田助剂，表面活性剂，水处理剂，胶粘剂，无机纤维、无机纳米材料生产，颜料包膜处理深加工	精细化工：催化剂新产品、新技术，染（颜）料商品化加工技术，电子化学品和造纸化学品，食品添加剂、饲料添加剂，皮革化学品（N－N二甲基甲酰胺除外），油田助剂，表面活性剂，水处理剂，胶粘剂，无机纤维、无机纳米材料生产，颜料包膜处理深加工		大型煤化工产品生产（中方控股）

续表

	未变	变化		新增加	取消
		2007 年	2011 年		
总数	148 项	86 项		43 项	47 项
22	环保用无机、有机和生物膜开发与生产	有机氟系列化工产品生产（氟氯烃或氢氟氯烃、四氟乙烯除外）	高性能氟树脂、氟膜材料，医用含氟中间体，环境友好型制冷剂和清洁剂生产		烧碱用离子膜、无机分离膜、功能隔膜生产
23	新型肥料开发与生产：生物肥料、高浓度钾肥、复合肥料、缓释可控肥料、复合型微生物接种剂、复合微生物肥料、秸秆及垃圾腐熟剂、特殊功能微生物制剂	高效、安全农药新品种和高性能农药新剂型的开发与生产	高效、安全、环境友好的农药新品种、新剂型、专用中间体、助剂的开发与生产，以及相关清洁生产工艺的开发和应用（甲叉法乙草胺、胺氰法百草枯、水相法毒死蜱工艺、草甘膦回收氯甲烷工艺、定向合成法手性和立体结构农药生产、乙基氯化物合成技术）		

续表

	未变	变化		新增加	取消
		2007 年	2011 年		
总数	148 项	86 项		43 项	47 项
24	生物农药及生物防治产品开发与生产：微生物杀虫剂、微生物杀菌剂、农用抗生素、昆虫信息素、天敌昆虫、微生物除草剂	有机高分子材料生产：有机硅改性舰船外壳涂料、飞机蒙皮涂料、稀土硫化铈红色染料、无铅化电子封装材料、彩色等离子体显示屏专用系列光刻浆料、小直径大比表面积超细纤维、高精度燃油滤纸、锂离子电池隔膜、塑料加工用多功能复合助剂、柠檬酸甘油二酸酯、氟咯菌腈、氰霜唑	有机高分子材料生产：飞机蒙皮涂料、稀土硫化铈红色染料、无铅化电子封装材料、彩色等离子体显示屏专用系列光刻浆料、小直径大比表面积超细纤维、高精度燃油滤纸、锂离子电池隔膜		
25	废气、废液、废渣综合利用和处理、处置				

续表

	未变	变化		新增加	取消
		2007 年	2011 年		
总数	148 项	86 项		43 项	47 项
（十一）医药制造业					
26	新型化合物药物或活性成份药物的生产（包括原料药和制剂）	氨基酸类：丝氨酸、色氨酸、组氨酸、饲料用蛋氨酸等生产	氨基酸类：发酵法生产色氨酸、组氨酸、饲料用蛋氨酸等生产		新型、高效、经济的避孕药具生产
27	新型抗癌药物、新型心脑血管药及新型神经系统用药生产	基因工程疫苗生产（艾滋病疫苗、丙肝疫苗、避孕疫苗等）	艾滋病疫苗、丙肝疫苗、避孕疫苗及宫颈癌、疟疾、手足口病等新型疫苗生产		杂环氟化物等含氟高生理活性药品及中间体的生产
28	采用生物工程技术的新型药物生产	兽用抗菌原料药生产（包括抗生素、化学合成类）	动物专用抗菌原料药生产（包括抗生素、化学合成类）		卡介苗和脊髓灰质炎疫苗生产
29	生物疫苗生产				生物医学材料及制品（人体尸体及其标本、人体器官组织及其标本加工除外）生产

续表

	未变	变化		新增加	取消
		2007 年	2011 年		
总数	148 项	86 项		43 项	47 项
30	海洋药物开发与生产				
31	药品制剂：采用缓释、控释、靶向、透皮吸收等新技术的新剂型、新产品生产				
32	新型药用辅料的开发及生产				
33	新型诊断试剂的生产				
34	兽用抗菌药、驱虫药、杀虫药、抗球虫药新产品及新剂型生产				

续表

	未变	变化		新增加	取消
		2007 年	2011 年		
总数	148 项	86 项		43 项	47 项
（十二）化学纤维制造业					
35	子午胎用芳纶纤维及帘线生产	差别化化学纤维及芳纶、碳纤维、高强高模聚乙烯、聚苯硫醚（PPS）等高新技术化纤生产	差别化化学纤维及芳纶、碳纤维、高强高模聚乙烯、聚苯硫醚（PPS）等高新技术化纤（粘胶纤维除外）生产		新溶剂法纤维素纤维等环保型化纤的生产
36		纤维及非纤维用新型聚酯生产：聚对苯二甲酸丙二醇酯（PTT）、聚萘二酸乙二醇酯（PEN）、聚对苯二甲酸丁二醇酯（PBT）	纤维及非纤维用新型聚酯生产：聚对苯二甲酸丙二醇酯（PTT）、聚萘二酸乙二醇酯（PEN）、聚对苯二甲酸环已烷二甲醇酯（PCT）、二元醇改性聚对苯二甲酸乙二醇酯（PETG）		

续表

	未变	变化		新增加	取消
		2007 年	2011 年		
总数	148 项	86 项		43 项	47 项
37		利用可再生资源、生物质工程技术生产的新型纤维材料生产：聚乳酸纤维 PLA、生物法多元醇 PDO 纤维等	利用新型可再生资源和绿色环保工艺生产生物质纤维，包括新溶剂法纤维素纤维（Lyocell）、以竹、麻等为原料的再生纤维素纤维、聚乳酸纤维（PLA）、甲壳素纤维、聚羟基脂肪酸酯纤维（PHA）、动植物蛋白纤维等		
38		单线生产能力日产 100 吨及以上聚酰胺生产	单线生产能力日产 150 吨及以上聚酰胺生产		
（十三）塑料制品业					
39	废旧塑料的消解和再利用	农膜新技术及新产品（光解膜、多功能膜及原料等）开发与生产	新型光生态多功能宽幅农用薄膜开发与生产		

续表

	未变	变化		新增加	取消
		2007 年	2011 年		
总数	148 项	86 项		43 项	47 项
40	塑料软包装新技术、新产品（高阻隔、多功能膜及原料）开发与生产				
（十四）非金属矿物制品业					
41	陶瓷原料的标准化精制、陶瓷用高档装饰材料生产	新型节能、环保建筑材料开发生产：轻质高强多功能墙体材料、高档环保型装饰装修材料、优质防水密封材料、高效保温材料	节能、环保、利废、轻质高强、高性能、多功能建筑材料开发生产	薄膜电池导电玻璃、太阳能集光镜玻璃生产	年产 5 万吨及以上玻璃纤维（池窑拉丝工艺生产线）及玻璃钢制品生产

续表

	未变	变化		新增加	取消
		2007 年	2011 年		
总数	148 项	86 项		43 项	47 项
42	高技术复合材料生产：连续纤维增强热塑性复合材料和预浸料、耐温 >300℃ 树脂基复合材料成型用工艺辅助材料、树脂基复合材料桨叶、树脂基复合材料高档体育用品、特殊性能玻璃钢管（压力 > 1.2MPa）、特种功能复合材料及制品、深水及潜水复合材料制品、医用及康复用复合材料制品、碳/碳复合材料及刹车片、高性能陶瓷基复合材料及制品、金属基复合材料及制品、金属层状复合材料及制品、压力 ≥ 320MPa 超高压复合胶管、大型客机航空轮胎	以塑代钢、以塑代木、节能高效的化学建材品生产	以塑代钢、以塑代木、节能高效的化学建材品生产	光学纤维及制品生产：传像束及激光医疗光纤、超二代和三代微通道板、光学纤维面板、倒像器及玻璃光锥	传像束及激光医疗光纤生产

续表

	未变	变化		新增加	取消
		2007 年	2011 年		
总数	148 项	86 项		43 项	47 项
43	精密高性能陶瓷及功能陶瓷原料生产：碳化硅（SiC）超细粉体（纯度 >99%，平均粒径 <1μm）、氮化硅（Si3N4）超细粉体（纯度 >99%，平均粒径 <1μm）、高纯超细氧化铝微粉（纯度 >99.9%，平均粒径 <0.5μm）、低温烧结氧化锆（ZrO2）粉体（烧结温度 <1 350℃）、高纯氮化铝（AlN）粉体（纯度 >99%，平均粒径 <1μm）、金红石型 TiO2 粉体（纯度 >98.5%）、白炭黑（粒径 <100nm）、钛酸钡（纯度 >99%，粒径 <1μm）	年产 1 000 万平方米及以上弹性体、塑性体改性沥青好防水卷材，宽幅（2 米以上）优质三元乙丙橡胶防水卷材及配套材料，耐久性聚氯乙稀卷材，TPO 防水卷材生产	年产 1 000 万平方米及以上弹性体、塑性体改性沥青防水卷材，宽幅（2 米以上）三元乙丙橡胶防水卷材及配套材料，宽幅（2 米以上）聚氯乙烯防水卷材，热塑性聚烯烃（TPO）防水卷材生产	有机 - 无机复合泡沫保温材料生产	年产 100 万件及以上卫生瓷生产

续表

	未变	变化		新增加	取消
		2007 年	2011 年		
总数	148 项	86 项		43 项	47 项
44	非金属矿精细加工(超细粉碎、高纯、精制、改性)	屏蔽电磁波玻璃、微电子用玻璃基板、透红外线无铅玻璃、电子级大规格石英玻璃扩散管、超二代和三代微通道板、光学纤维面板和倒像器及玻璃光锥生产	新技术功能玻璃开发生产:屏蔽电磁波玻璃、微电子用玻璃基板、透红外线无铅玻璃、电子级大规格石英玻璃制品(管、板、坩埚、仪器器皿等)、光学性能优异多功能风挡玻璃、信息技术用极端材料及制品(包括波导级高精密光纤预制棒石英玻璃套管和陶瓷基板)、高纯(≥99.998%)超纯(≥99.999%)水晶原料提纯加工	建筑垃圾再生利用	金刚石膜工具、厚度 0.3mm 及以下超薄人造金刚石锯片生产

续表

	未变	变化		新增加	取消
		2007 年	2011 年		
总数	148 项	86 项		43 项	47 项
45	超高功率石墨电极生产	连续玻璃纤维原丝毡、玻璃纤维表面毡、微电子用玻璃纤维布及薄毡生产	玻璃纤维制品及特种玻璃纤维生产：低介电玻璃纤维、石英玻璃纤维、高硅氧玻璃纤维、高强高弹玻璃纤维、陶瓷纤维等及其制品	高品质人工晶体及晶体薄膜制品开发生产：高品质人工合成水晶（压电晶体及透紫外光晶体）、超硬晶体（立方氮化硼晶体）、耐高温高绝缘人工合成绝缘晶体（人工合成云母）、新型电光晶体、大功率激光晶体及大规格闪烁晶体、金刚石膜工具、厚度0.3mm及以下超薄人造金刚石锯片	

续表

	未变	变化		新增加	取消
		2007 年	2011 年		
总数	148 项	86 项		43 项	47 项
46	珠光云母生产（粒径 3－150μm）	水泥窑、高档（电子）玻璃、陶瓷、玻璃纤维、微孔炭砖等窑炉用高档耐火材料生产	水泥、电子玻璃、陶瓷、微孔炭砖等窑炉用环保（无铬化）耐火材料生产	非金属矿山尾矿综合利用的新技术开发和应用及矿山生态恢复	
47	多维多向整体编制织物及仿形织物生产	汽车催化装置用陶瓷载体、氮化铝（AlN）陶瓷基片、多孔陶瓷生产	氮化铝（AlN）陶瓷基片、多孔陶瓷生产	工业副产石膏综合利用	
48		无机非金属材料及制品生产：人工晶体、碳/碳复合材料、特种陶瓷、特种密封材料、高速油封材料、特种胶凝材料、特种乳胶材料、水声橡胶制品、常温导热系数 0.025W/mK 及以下绝热材料等	无机非金属新材料及制品生产：复合材料、特种陶瓷、特种密封材料（含高速油封材料）、特种摩擦材料（含高速摩擦制动制品）、特种胶凝材料、特种乳胶材料、水声橡胶制品、纳米材料		

续表

	未变	变化		新增加	取消
		2007 年	2011 年		
总数	148 项	86 项		43 项	47 项
49		利用新型干法水泥窑无害化处置可燃工业废弃物和生活垃圾	利用新型干法水泥窑无害化处置固体废弃物		
（十五）有色金属冶炼及压延加工业					
50		直径200mm以上硅单晶及抛光片、多晶硅生产	直径 200mm以上硅单晶及抛光片生产		
51		高新技术有色金属材料生产：新型高性能储氢材料，锂离子电池电极材料，化合物半导体材料（砷化镓、磷化镓、磷化铟、氮化镓），高温超导材料，记忆合金材料（钛镍、铜基及铁基记忆合金材料），	高新技术有色金属材料生产：化合物半导体材料（砷化镓、磷化镓、磷化铟、氮化镓），高温超导材料，记忆合金材料（钛镍、铜基及铁基记忆合金材料），超细（纳米）碳化钙及超细（纳米）晶硬质合金，超硬		

续表

	未变	变化		新增加	取消
		2007 年	2011 年		
总数	148 项	86 项		43 项	47 项
51		超细（纳米）碳化钙及超细（纳米）晶硬质合金，超硬复合材料，贵金属复合材料，散热器用铝箔，中高压阴极电容铝箔，特种大型铝合金型材，铝合金精密模锻件，电气化铁路架空导线，超薄铜带，耐蚀热交换器铜合金材，高性能铜镍、铜铁合金带，铍铜带、线、管及棒加工材，耐高温抗衰钨丝，镁合金铸件，无铅焊料，镁合金及其应用产品，泡沫铝，钛合金带材及钛焊接管，原子能级海绵锆，钨及钼深加工产品	复合材料，贵金属复合材料，散热器用铝箔，中高压阴极电容铝箔，特种大型铝合金型材，铝合金精密模锻件，电气化铁路架空导线，超薄铜带，耐蚀热交换器铜合金材，高性能铜镍、铜铁合金带，铍铜带、线、管及棒加工材，耐高温抗衰钨丝，镁合金铸件，无铅焊料，镁合金及其应用产品，泡沫铝，钛合金带材及钛焊接管，原子能级海绵锆，钨及钼深加工产品		

续表

	未变	变化		新增加	取消
		2007 年	2011 年		
总数	148 项	86 项		43 项	47 项
（十六）金属制品业					
52	建筑五金件、水暖器材及五金件开发、生产	汽车、摩托车轻量化及环保型新材料制造（车身铝板、铝镁合金材料、摩托车铝合金车架等）	航空、航天、汽车、摩托车轻量化及环保型新材料研发与制造（专用铝板、铝镁合金材料、摩托车铝合金车架等）	节镍不锈钢制品的制造	
53	用于包装各类粮油食品、果蔬、饮料、日化产品等内容物的金属包装制品（厚度0.3毫米以下）的制造及加工（包括制品的内外壁印涂加工）				

续表

	未变	变化		新增加	取消
		2007 年	2011 年		
总数	148 项	86 项		43 项	47 项
（十七）通用机械制造业					
54	高档数控机床及关键零部件制造：五轴联动数控机床、数控座标镗铣加工中心、数控座标磨床、五轴联动数控系统及伺服装置、精密数控加工用高速超硬刀具	报废汽车拆解、破碎处理设备制造	报废汽车拆解、破碎及后处理分选设备制造	工作压力≥25MPa的整体式液压多路阀，电液比例伺服元件制造	电液比例伺服元件制造
55	1 000 吨及以上多工位墩锻成型机制造	300 吨及以上轮式、履带式起重机械制造（限于合资、合作）	400 吨及以上轮式、履带式起重机械制造（限于合资、合作）	高密度、高精度、形状复杂的粉末冶金零件及汽车、工程机械等用链条的制造	汽车、摩托车用精铸、精锻毛坯件制造
56	FTL 柔性生产线制造	压力（35 – 42MPa）通轴高压柱塞泵及马达、压力（35 – 42MPa）低速大扭矩马达的设计与制造	工作压力≥35MPa高压柱塞泵及马达、工作压力≥35MPa低速大扭矩马达的设计与制造	风电、高速列车用齿轮变速器，船用可变桨齿轮传动系统，大型、重载齿轮箱的制造	

续表

	未变	变化		新增加	取消
		2007 年	2011 年		
总数	148 项	86 项		43 项	47 项
57	垂直多关节工业机器人、焊接机器人及其焊接装置设备制造	压力（21－31.5MPa）整体多路阀、功率 0.35W 以下气动电磁阀、200Hz 以上高频电控气阀设计与制造	阀岛、功率 0.35W 以下气动电磁阀、200Hz 以上高频电控气阀设计与制造	微型精密传动联结件（离合器）制造	
58	特种加工机械制造：激光切割和拼焊成套设备、激光精密加工设备、数控低速走丝电火花线切割机、亚微米级超细粉碎机	第三、四代轿车轮毂轴承（轴承内、外圈带法兰盘和传感器的轮毂轴承功能部件），高中档数控机床和加工中心轴承（加工中心具有三轴以上联动功能、定位重复精度为 3－4μm），高速线材、板材轧机轴承（单途线材轧机轧速 120m/s 及以上、薄板轧机加工板厚	第三、四代轿车轮毂轴承（轴承内、外圈带法兰盘和传感器的轮毂轴承功能部件），高中档数控机床和加工中心轴承（加工中心具有三轴以上联动功能、定位重复精度为 3－4μm），高速线材、板材轧机轴承（单途线材轧机轧速 120m/s 及以上、薄板轧机加工板厚	大型轧机连接轴制造	

续表

	未变	变化		新增加	取消
		2007 年	2011 年		
总数	148 项	86 项		43 项	47 项
58	特种加工机械制造：激光切割和拼焊成套设备、激光精密加工设备、数控低速走丝电火花线切割机、亚微米级超细粉碎机	度2mm及以上的支承和工作辊轴承），高速铁路轴承（行驶速度大于200km/h），振动值Z4以下低噪音轴承（Z4、Z4P、V4、V4P噪音级），各类轴承的P4、P2级轴承制造	度2mm及以上的支承和工作辊轴承），高速铁路轴承（行驶速度大于200km/h），振动值Z4以下低噪音轴承（Z4、Z4P、V4、V4P噪音级），各类轴承的P4、P2级轴承，风力发电机组轴承（2兆瓦以上风力发电机组主轴轴承、增速器轴承、发电机轴承等），航空轴承（航空发动机主轴轴承、起落架轴承、传动系统轴承、操纵系统轴承等）制造	大型轧机连接轴制造	

续表

	未变	变化		新增加	取消
		2007 年	2011 年		
总数	148 项	86 项		43 项	47 项
59	静液压驱动装置设计与制造	液压气动用橡塑密封件开发与制造	蓄能器胶囊、液压气动用橡塑密封件开发与制造		
60	压力 10MPa 以上非接触式气膜密封、压力 10MPa 以上干气密封（包括实验装置）的开发与制造	12.9 级及以上高强度紧固件制造	高精度、高强度（12.9 级以上）、异形、组合类紧固件制造		
61	汽车用高分子材料（摩擦片、改型酚醛活塞、非金属液压总分泵等）设备开发与制造	机床、汽车零部件（五大总成除外）、工程机械再制造	机床、工程机械、铁路机车装备等机械设备再制造及汽车零部件再制造		
62	耐高温绝缘材料（绝缘等级为 F、H 级）及绝缘成型件制造				

续表

	未变	变化		新增加	取消
		2007 年	2011 年		
总数	148 项	86 项		43 项	47 项
（十八）专用设备制造业					
63	非金属制品模具设计与制造	矿山无轨采、装、运设备制造：100 吨及以上机械传动矿用自卸车，移动式破碎机，3 000 立方米/小时及以上斗轮挖掘机，5 立方米及以上矿用装载机，2 000 千瓦以上电牵引采煤机设备等	矿山无轨采、装、运设备制造：200 吨及以上机械传动矿用自卸车，移动式破碎机，5 000 立方米/小时及以上斗轮挖掘机，8 立方米及以上矿用装载机，2 500 千瓦以上电牵引采煤机设备等	汽车动力电池专用生产设备的设计与制造	100 吨及以上大型吊管机、320 马力及以上大型挖沟机设计与制造

续表

	未变	变化		新增加	取消
		2007 年	2011 年		
总数	148 项	86 项		43 项	47 项
64	物探、测井设备制造：MEME 地震检波器，数字遥测地震仪，数字成像、数控测井系统，水平井、定向井、钻机装置及器具，MWD 随钻测井仪	石油勘探、钻井、集输设备制造：工作水深大于 500 米的浮式钻井系统和浮式生产系统，工作水深大于 600 米的海底采油、集输设备，绞车功率大于 3 000 千瓦、顶部驱动力大于 850 千瓦、钻井泵功率大于 1 800 千瓦的深海用石油钻机，钻井深度 9 000 米以上的陆地石油钻机和沙漠石油钻机，1 000 万吨/年炼油装置用 80 吨及以上活塞力往复压缩机，数控石油深井测井仪，石油钻井泥浆固孔设备	石油勘探、钻井、集输设备制造：工作水深大于 1 500 米的浮式钻井系统和浮式生产系统及配套海底采油、集输设备	电子枪自动镀膜机制造	直接还原铁和熔融还原铁设备制造

续表

	未变	变化		新增加	取消
		2007 年	2011 年		
总数	148 项	86 项		43 项	47 项
65	100 立方米/时及以上规格的清淤机、1 000 吨及以上挖泥船的挖泥装置设计与制造	直径 6 米以上盾构机系统集成设计与制造、直径 5 米以上全断面硬岩掘进机(TBM)系统集成设计与制造、口径 1 米以上深度 30 米以上大口径旋挖钻机制造、直径 1.2 米以上顶管机设计与制造、回拖力 200 吨以上大型非开挖铺设地下管线成套设备制造、地下连续墙施工钻机制造、自动垂直钻井系统制造	口径 2 米以上深度 30 米以上大口径旋挖钻机、直径 1.2 米以上顶管机、回拖力 300 吨以上大型非开挖铺设地下管线成套设备、地下连续墙施工钻机制造	大气污染防治设备制造：耐高温及耐腐蚀滤料、低 NOx 燃烧装置、烟气脱氮催化剂及脱氮成套装置、工业有机废气净化设备、柴油车排气净化装置、含重金属废气处理装置	50 吨以上大功率直流电弧炉制造

续表

	未变	变化		新增加	取消
		2007 年	2011 年		
总数	148 项	86 项		43 项	47 项
66	防汛堤坝用混凝土防渗墙施工装备设计与制造	接地压力 0.03MPa 及以下、功率 220 马力及以上履带推土机，520 马力及以上大型推土机设计与制造	520 马力及以上大型推土机设计与制造	水污染防治设备制造：卧式螺旋离心脱水机、膜及膜材料、50kg/h 以上的臭氧发生器、10kg/h 以上的二氧化氯发生器、紫外消毒装置、农村小型生活污水处理设备、含重金属废水处理装置	彩色涂、镀板材设备制造

续表

	未变	变化		新增加	取消
		2007 年	2011 年		
总数	148 项	86 项		43 项	47 项
67	水下土石方施工机械制造：水深 9 米以下推土机、装载机、挖掘机等	铁路大型施工、大型养路机械和运营安全设备的设计与制造	铁路大型施工、铁路线路、桥梁、隧道维修养护机械和检查、监测设备及其关键零部件的设计与制造	固体废物处理处置设备制造：污水处理厂污泥处置及资源利用设备、日处理量 500 吨以上垃圾焚烧成套设备、垃圾填埋渗滤液处理技术装备、垃圾填埋场防渗土工膜、建筑垃圾处理和资源化利用装备、危险废物处理装置、垃圾填埋场沼气发电装置、废钢铁处理设备、污染土壤修复设备	高技术含量的特种工业缝纫机制造

续表

	未变	变化		新增加	取消
		2007 年	2011 年		
总数	148 项	86 项		43 项	47 项
68	公路桥梁养护、自动检测设备制造	薄板坯连铸机、高精度带材轧机（厚度精度 10 微米）设计与制造	高精度带材轧机（厚度精度 10 微米）设计与制造	铝工业赤泥综合利用设备开发与制造	污染防治设备开发与制造
69	公路隧道营运监控、通风、防灾和救助系统设备制造	80 万吨/年及以上乙烯成套设备中的关键设备制造：裂解气、乙烯丙稀离心压缩机，年处理能力 10 万吨以上混合造粒机，直径 800 毫米及以上离心机，工作温度 250℃以上、工作压力 15Mpa 以上的高温高压耐腐蚀泵和阀门，-55℃以下的低温及超低温泵等（限于合资、合作）	100 万吨/年及以上乙烯成套设备中的关键设备制造：年处理能力 40 万吨以上混合造粒机，直径 1 000 毫米及以上螺旋卸料离心机，小流量高扬程离心泵	尾矿综合利用设备制造	城市垃圾处理设备及农村有机垃圾综合利用设备制造

续表

	未变	变化		新增加	取消
		2007 年	2011 年		
总数	148 项	86 项		43 项	47 项
70	（沥青）油毡瓦设备、镀锌钢板等金属屋顶生产设备制造	汽车车身外覆盖件冲压模具设计与制造，汽车及摩托车夹具、检具设计与制造	汽车车身外覆盖件冲压模具，汽车仪表板、保险杠等大型注塑模具，汽车及摩托车夹具、检具设计与制造	废旧纺织品回收处理设备制造	地震台站、台网和流动地震观测技术系统开发及仪器设备制造
71	环保节能型现场喷涂聚氨酯防水保温系统设备、聚氨酯密封膏配制技术与设备、改性硅酮密封膏配制技术和生产设备制造	精度高于 0.02 毫米（含 0.02 毫米）精密冲压模具、精度高于 0.05 毫米（含 0.05 毫米）精密型腔模具、模具标准件设计与制造	精密模具（冲压模具精度高于 0.02 毫米、型腔模具精度高于 0.05 毫米）设计与制造	废旧机电产品再制造设备制造	

续表

	未变	变化		新增加	取消
		2007 年	2011 年		
总数	148 项	86 项		43 项	47 项
72	多元素、细颗粒、难选冶金属矿产的选矿装置制造	对开单张纸多色平版印刷机印刷速度大于 16 000 对开张/时（720 × 1 020 毫米）、对开双面印单张纸多色平版印刷机印刷速度 13 000 对开张/时（720 × 1 020 毫米）、全张幅单张纸多色平版印刷机印刷速度 13 000 对开张/时（1 000 × 1 400 毫米）制造	单张纸多色胶印机（幅宽≥750 毫米，印刷速度：单面多色≥16 000 张/小时，双面多色≥13 000 张/小时）制造	移动式组合净水设备制造	

续表

	未变	变化		新增加	取消
		2007 年	2011 年		
总数	148 项	86 项		43 项	47 项
73	大型煤化工成套设备制造（限于合资、合作）	速度 300 米/分钟以上、幅宽 1 000 毫米以上多色柔版印刷机制造	多色宽幅柔性版印刷机（印刷宽度≥1 300 毫米，印刷速度≥350 米/秒），喷墨数字印刷机（出版用：印刷速度≥150 米/分，分辨率≥600dpi；包装用：印刷速度≥30 米/分，分辨率≥1 000dpi；可变数据用：印刷速度≥100 米/分，分辨率≥300dpi）制造	非常规水处理、重复利用设备与水质监测仪器	

续表

	未变	变化		新增加	取消
		2007 年	2011 年		
总数	148 项	86 项		43 项	47 项
74	金属制品模具(如铜、铝、钛、锆的管、棒、型材挤压模具)设计、制造、修理	农业机械制造:农业设施设备(温室自动灌溉设备、营养液自动配置与施肥设备、高效蔬菜育苗设备、土壤养分分析仪器),配套发动机功率120千瓦以上拖拉机及配套农具,低油耗低噪音低排放柴油机,大型拖拉机配套的带有残余雾粒回收装置的喷雾机,高性能水稻插秧机,棉花采摘机及棉花采摘台,适应多种行距的自走式玉米联合收割机(液压驱动或机械驱动)	农业机械制造:农业设施设备(温室自动灌溉设备、营养液自动配置与施肥设备、高效蔬菜育苗设备、土壤养分分析仪器),配套发动机功率120千瓦以上拖拉机及配套农具,低油耗低噪音低排放柴油机,大型拖拉机配套的带有残余雾粒回收装置的喷雾机,高性能水稻插秧机,棉花采摘机及棉花采摘台,适应多种行距的自走式玉米联合收割机(液压驱动或机械驱动),油菜籽收获机,甘蔗收割机,甜菜收割机	工业水管网和设备(器具)的检漏设备和仪器	

续表

	未变	变化		新增加	取消
		2007 年	2011 年		
总数	148 项	86 项		43 项	47 项
75	6 万瓶/时及以上啤酒灌装设备、5 万瓶/时及以上饮料中温及热灌装设备、3.6 万瓶/时及以上无菌灌装设备制造	农作物秸秆还田及综合利用设备制造、稻壳综合利用设备制造	农作物秸秆收集、打捆及综合利用设备制造	海上溢油回收装置制造	
76	10 吨/小时及以上的饲料加工成套设备及关键部件制造	医用成像设备（高场强超导型磁共振 MRI、CT、X 线计算机断层、B 超等）关键部件的制造	医用成像设备（高场强超导型磁共振成像设备、X 线计算机断层成像设备、数字化彩色超声诊断设备等）关键部件的制造	低浓度煤矿瓦斯和乏风利用设备制造	
77	楞高 0.75 毫米及以下的轻型瓦楞纸板及纸箱设备制造	X 射线立体定向放射治疗系统制造	图像引导适型调强放射治疗系统制造		

续表

	未变	变化		新增加	取消
		2007 年	2011 年		
总数	148 项	86 项		43 项	47 项
78	单幅单纸路卷筒纸平版印刷机印刷速度大于 75 000 对开张/时（787 × 880 毫米）、双幅单纸路卷筒纸平版印刷机印刷速度大于 170 000 对开张/时（787 × 880 毫米）、商业卷筒纸平版印刷机印刷速度大于 50 000 对开张/时（787 × 880 毫米）制造	中药有效物质分析的新技术、提取的新工艺、新设备开发与制造	天然药物有效物质分析的新技术、提取的新工艺、新设备开发与制造		

续表

	未变	变化		新增加	取消
		2007 年	2011 年		
总数	148 项	86 项		43 项	47 项
79	计算机墨色预调、墨色遥控、水墨速度跟踪、印品质量自动检测和跟踪系统、无轴传动技术、速度在 75 000 张/时的高速自动接纸机、给纸机和可以自动遥控调节的高速折页机、自动套印系统、冷却装置、加硅系统、调偏装置等制造	新型药品包装材料、容器及先进的制药设备制造	非 PVC 医用输液袋多层共挤水冷式薄膜吹塑装备制造		
80	平板玻璃深加工技术及设备制造	特种气象观测及分析设备制造	特种气象观测及分析设备制造 71. 地震台站、台网和流动地震观测技术系统开发及仪器设备制造		

续表

	未变	变化		新增加	取消
		2007 年	2011 年		
总数	148 项	86 项		43 项	47 项
81	新型造纸机械（含纸浆）等成套设备制造	农用废物的综合利用及规模化畜禽养殖废物的综合利用设备制造	农用废物的资源化利用及规模化畜禽养殖废物的资源化利用设备制造		
82	皮革后整饰新技术设备制造				
83	农产品加工及储藏新设备开发与制造：粮食、油料、蔬菜、干鲜果品、肉食品、水产品等产品的加工储藏、保鲜、分级、包装、干燥等新设备，农产品品质检测仪器设备，农产品品质无损伤检测仪器设备，流变仪，粉质仪，超微粉碎设备，高效脱水设备，五效以上高效果汁浓缩设备，粉				

续表

	未变	变化		新增加	取消
		2007 年	2011 年		
总数	148 项	86 项		43 项	47 项
83	体食品物料杀菌设备，固态及半固态食品无菌包装设备，无菌包装用包装材料、乳制品生产用直投式发酵剂、碟片式分离离心机				
84	林业机具新技术设备制造				
85	节肥、节（农）药、节水型农业技术设备制造				
86	机电井清洗设备及清洗药物生产设备制造				
87	电子内窥镜制造				

续表

	未变	变化		新增加	取消
		2007 年	2011 年		
总数	148 项	86 项		43 项	47 项
88	眼底摄影机制造				
89	硼中子俘获治疗设备制造				
90	血液透析机、血液过滤机制造				
91	全自动酶免系统（含加样、酶标、洗板、孵育、数据后处理等部分功能）设备制造				
92	药品质量控制新技术、新设备制造				
93	新型纺织机械、关键零部件及纺织检测、实验仪器开发与制造				
94	电脑提花人造毛皮机制造				

续表

	未变	变化		新增加	取消
		2007年	2011年		
总数	148项	86项		43项	47项
95	太阳能电池生产专用设备制造				
96	废旧塑料、电器、橡胶、电池回收处理再生利用设备制造				
97	水生生态系统的环境保护技术、设备制造				
98	日产10万立方米及以上海水淡化及循环冷却技术和成套设备开发与制造				
99	三鼓及以上子午线轮胎成型机制造				
100	滚动阻力试验机、轮胎噪音试验室制造				

续表

	未变	变化		新增加	取消
		2007 年	2011 年		
总数	148 项	86 项		43 项	47 项
101	供热计量、温控装置新技术设备制造				
102	氢能制备与储运设备及检查系统制造				
103	新型重渣油气化雾化喷嘴、漏汽率 0.5%及以下高效蒸汽疏水阀、1 000℃及以上高温陶瓷换热器制造				
104	废旧轮胎综合利用装置制造				
105	医用超声换能器（3D）制造				
106	氨基酸、酶制剂、食品添加剂等生产技术及关键设备制造				

续表

	未变	变化		新增加	取消
		2007 年	2011 年		
总数	148 项	86 项		43 项	47 项
（十九）交通运输设备制造业					
107	轨道交通运输设备（限于合资、合作）：高速铁路、铁路客运专线、城际铁路、干线铁路及城市轨道交通运输设备的整车和关键零部件（牵引传动系统、控制系统、制动系统）的研发、设计与制造；高速铁路、铁路客运专线、城际铁路及城市轨道交通旅客服务设施和设备的研发、设计与制造，信息化建设中有关信息系统的设计与研发；高速铁路、铁	汽车发动机制造、发动机再生制造及发动机研发机构建设：升功率不低于 50 千瓦的汽油发动机、升功率不低于 40 千瓦的排量 3 升以下柴油发动机、升功率不低于 30 千瓦的排量 3 升以上柴油发动机、燃料电池和混合燃料等新能源发动机制造	汽车发动机制造及发动机研发机构建设：升功率不低于 70 千瓦的汽油发动机、升功率不低于 50 千瓦的排量 3 升以下柴油发动机、升功率不低于 40 千瓦的排量 3 升以上柴油发动机、燃料电池和混合燃料等新能源发动机	新能源汽车关键零部件制造：能量型动力电池（能量密度≥110Wh/kg，循环寿命≥2 000 次，外资比例不超过 50%），电池正极材料（比容量≥150mAh/g，循环寿命 2000 次不低于初始放电容量的 80%），电池隔膜（厚度 15－40μm，孔隙率 40%－60%）；电池管理系统，电机管理系统，电动汽车电控集成；电动汽车驱动电机（峰值功率密度≥2.5kW/kg，高效区：65% 工作区效率≥80%），	民用运载火箭设计与制造（中方控股）

续表

	未变	变化		新增加	取消
		2007 年	2011 年		
总数	148 项	86 项		43 项	47 项
107	路客运专线、城际铁路的轨道和桥梁设备研发、设计与制造，轨道交通运输通信信号系统的研发、设计与制造，电气化铁路设备和器材制造、铁路噪声和振动控制技术与研发、铁路客车排污设备制造、铁路运输安全监测设备制造	汽车发动机制造、发动机再生制造及发动机研发机构建设：升功率不低于 50 千瓦的汽油发动机、升功率不低于 40 千瓦的排量 3 升以下柴油发动机、升功率不低于 30 千瓦的排量 3 升以上柴油发动机、燃料电池和混合燃料等新能源发动机制造	汽车发动机制造及发动机研发机构建设：升功率不低于 70 千瓦的汽油发动机、升功率不低于 50 千瓦的排量 3 升以下柴油发动机、升功率不低于 40 千瓦的排量 3 升以上柴油发动机、燃料电池和混合燃料等新能源发动机	车用 DC/DC（输入电压 100V－400V），大功率电子器件（IGBT，电压等级≥600V，电流≥300A）；插电式混合动力机电耦合驱动系统	民用运载火箭设计与制造（中方控股）

续表

	未变	变化		新增加	取消
		2007 年	2011 年		
总数	148 项	86 项		43 项	47 项
108	民用飞机设计、制造与维修：干线、支线飞机（中方控股），通用飞机（限于合资、合作）	汽车关键零部件制造及关键技术研发：盘式制动器总成、驱动桥总成、自动变速箱、柴油机燃油泵、发动机进气增压器、粘性连轴器（四轮驱动用）、液压挺杆、电子组合仪表、车用曲轴及连杆（8升以上柴油发动机）、防抱死制动系统（ABS、ECU、阀体、传感器）、电子稳定系统（ESP）、电路制动系统（BBW）、电子制动力分配系统（EBD）、牵引力控制系统、	汽车关键零部件制造及关键技术研发：双离合器变速器（DCT）、电控机械变速器（AMT）、汽油发动机涡轮增压器、粘性连轴器（四轮驱动用）、自动变速器执行器（电磁阀）、液力缓速器、电涡流缓速器、汽车安全气囊用气体发生器、燃油共轨喷射技术（最大喷射压力大于2 000帕）、可变截面涡轮增压技术（VGT）、可变喷嘴涡轮增压技术（VNT）、达到中国Ⅴ阶	豪华邮轮及深水（3 000米以上）海洋工程装备的设计（限于合资、合作）	高新技术船舶及海洋工程装备的设计（限于合资、合作）

续表

	未变	变化		新增加	取消
		2007 年	2011 年		
总数	148 项	86 项		43 项	47 项
108	民用飞机设计、制造与维修：干线、支线飞机（中方控股），通用飞机（限于合资、合作）	汽车安全气囊用气体发生器、柴油电子喷射系统、燃油共轨喷射技术（最大喷射压力大于 1 600 帕）、可变截面涡轮增压技术（VGT）、可变喷嘴涡轮增压技术（VNT）、达到中国Ⅳ阶段污染物排放标准的发动机排放控制装置、智能扭矩管理系统（ITM）及耦合器总成、线控转向系统、柴油机颗粒捕捉器、智能气缸、汽车用特种橡胶配件	段污染物排放标准的发动机排放控制装置、智能扭矩管理系统（ITM）及耦合器总成、线控转向系统、柴油机颗粒捕捉器、低地板大型客车专用车桥、吸能式转向系统、大中型客车变频空调系统、汽车用特种橡胶配件，以及上述零部件的关键零件、部件	豪华邮轮及深水（3 000 米以上）海洋工程装备的设计（限于合资、合作）	高新技术船舶及海洋工程装备的设计（限于合资、合作）

续表

	未变	变化		新增加	取消
		2007 年	2011 年		
总数	148 项	86 项		43 项	47 项
109	民用飞机零部件制造与维修	汽车电子装置制造与研发：发动机和底盘电子控制系统及关键零部件，车载电子技术（汽车信息系统和导航系统），汽车电子总线网络技术（限于合资），电子控制系统的输入（传感器和采样系统）输出（执行器）部件，电动助力转向系统电子控制器（限于合资），嵌入式电子集成系统（限于合资、合作）、电控式空气弹簧，电子控制式悬挂系统，电子气门系统	汽车电子装置制造与研发：发动机和底盘电子控制系统及关键零部件，车载电子技术（汽车信息系统和导航系统），汽车电子总线网络技术（限于合资），电子控制系统的输入（传感器和采样系统）输出（执行器）部件，电动助力转向系统电子控制器（限于合资），嵌入式电子集成系统（限于合资、合作）、电控式空气弹簧，电子控制式悬挂系统，电子气门系统	海洋工程装备（含模块）的制造与修理（中方控股）	船舶（含分段）及海洋工程装备的修理、设计与制造（中方控股）

续表

	未变	变化		新增加	取消
		2007 年	2011 年		
总数	148 项	86 项		43 项	47 项
109	民用飞机零部件制造与维修	装置，电子油门，动力电池（镍氢和锂离子）及控制系统（限于合资），一体化电机及控制系统（限于合资），轮毂电机、多功能控制器（限于合资），燃料电池堆及其零部件、车用储氢系统，汽车、摩托车型试验及维修用检测系统	装置，电子组合仪表，ABS/TCS/ESP 系统，电路制动系统（BBW），变速器电控单元（TCU），轮胎气压监测系统（TPMS），车载故障诊断仪（OBD），发动机防盗系统，自动避撞系统，汽车、摩托车型试验及维修用检测系统	海洋工程装备（含模块）的制造与修理（中方控股）	船舶（含分段）及海洋工程装备的修理、设计与制造（中方控股）

续表

	未变	变化		新增加	取消
		2007 年	2011 年		
总数	148 项	86 项		43 项	47 项
110	民用直升机设计与制造：3吨级及以上（中方控股），3吨级以下（限于合资、合作）	摩托车关键零部件制造：摩托车电控燃油喷射技术（限于合资、合作）、达到中国摩托车Ⅲ阶段污染物排放标准的发动机排放控制装置	大排量（排量＞250ml）摩托车关键零部件制造：摩托车电控燃油喷射技术（限于合资、合作）、达到中国摩托车Ⅲ阶段污染物排放标准的发动机排放控制装置	游艇的设计与制造（限于合资、合作）	船舶柴油机零部件的设计与制造（限于合资、合作）
111	民用直升机零部件制造	船舶低、中、高速柴油机的设计（限于合资、合作）	船舶低、中速柴油机及其零部件的设计（限于合资、合作）		远洋捕捞渔船、游艇的设计与制造（限于合资、合作）
112	地面、水面效应飞机制造（中方控股）	船舶低、中速柴油机及曲轴的设计与制造（中方控股）	船舶低、中速柴油机及曲轴的制造（中方控股）		

续表

	未变	变化		新增加	取消
		2007年	2011年		
总数	148项	86项		43项	47项
113	无人机、浮空器设计与制造（中方控股）	船舶舱室机械、甲板机械的设计与制造（中方相对控股）	船舶舱室机械的设计与制造（中方相对控股）		
114	航空发动机及零部件、航空辅助动力系统设计、制造与维修（限于合资、合作）				
115	民用航空机载设备设计与制造（限于合资、合作）				
116	航空地面设备制造：民用机场设施、民用机场运行保障设备、飞行试验地面设备、飞行模拟与训练设备、航空测试与计量设备、航空地面				

续表

	未变	变化		新增加	取消
		2007 年	2011 年		
总数	148 项	86 项		43 项	47 项
116	试验设备、机载设备综合测试设备、航空制造专用设备、航空材料试制专用设备、民用航空器地面接收及应用设备、运载火箭地面测试设备、运载火箭力学及环境实验设备				
117	航天器光机电产品、航天器温控产品、星上产品检测设备、航天器结构与机构产品制造				
118	轻型燃气轮机制造				

续表

	未变	变化		新增加	取消
		2007 年	2011 年		
总数	148 项	86 项		43 项	47 项
119	船舶通讯导航设备的设计与制造：船舶通信系统设备、船舶电子导航设备、船用雷达、电罗经自动舵、船舶内部公共广播系统等				
（二十）电器机械及器材制造业					
120	斯特林发电机制造	百万千瓦级核电站用关键设备制造（限于合资、合作）：核Ⅰ、核Ⅱ级泵和阀门	100 万千瓦超临界火电机组用关键辅机设备制造（限于合资、合作）；安全阀、调节阀	水电机组用关键辅机设备制造	60 万千瓦超临界、100 万千瓦超临界火电站用关键设备制造（限于合资、合作）：锅炉给水泵、循环水泵、工作温度 400℃ 以上，工作压力 200MPa 以上的主蒸汽回路高温高压阀门

续表

	未变	变化		新增加	取消
		2007 年	2011 年		
总数	148 项	86 项		43 项	47 项
121	直线和平面电机及其驱动系统开发升级	火电站脱硫、脱硝、布袋除尘器技术及设备制造	燃煤电站、钢铁行业烧结机脱硝技术装备制造	额定功率350MW及以上大型抽水蓄能机组制造（限于合资、合作）：水泵、水轮机及调速器、大型变速可逆式水泵水轮机组、发电电动机及励磁、启动装置等附属设备	智能化塑壳断路器（电压380V、电流1000A）、大型工程智能化柜式或抽屉式断路器、带总线式智能化电控配电成套装置制造
122	太阳能空调、采暖系统、太阳能干燥装置制造	核电、火电设备的密封件设计、制造	火电设备的密封件设计制造	高技术绿色电池制造：动力镍氢电池、锌镍电池、锌银蓄电池、锂离子电池、太阳能电池、燃料电池等（新能源汽车能量型动力电池除外）	

续表

	未变	变化		新增加	取消
		2007 年	2011 年		
总数	148 项	86 项		43 项	47 项
123	生物质热解干燥系统、生物质气化装置制造	核电设备用大型铸锻件制造	燃煤电站、水电站设备用大型铸锻件制造	电动机采用直流调速技术的制冷空调用压缩机，采用 CO_2 自然工质制冷空调压缩机，应用可再生能源（空气源、水源、地源）制冷空调设备制造	
124	交流调频调压牵引装制制造	输变电设备（限于合资、合作）：非晶态合金变压器、500 千伏及以上高压电器用大套管、高压开关用操作机构及自主	输变电设备制造（限于合资、合作）：非晶态合金变压器，500 千太及以上高压开关用操作机构、灭弧装置、大型盆式		

续表

	未变	变化		新增加	取消
		2007 年	2011 年		
总数	148 项	86 项		43 项	47 项
124	交流调频调压牵引装制制造	型整体弧触头、直流输电用干式电抗器，6 英寸直流换流阀用大功率晶阀管的设计与制造，符合欧盟 RoHs 指令的电器触头材料及无 Pb、Cd 的焊料制造	绝缘子（1000 千伏，500 千安以上），500 千伏及以上变压器用出线装置，套管（交流 500，750，1 000 千伏直流所有规格）、调压开关（交流 500，750，1 000 千伏有载、无载调压开关），直流输电用干式平波电抗器，±800 千伏直流输电用换流阀（水冷设备、直流场设备），符合欧盟 RoHs 指令的电器触头材料及无 Pb、Cd 的焊料		

续表

	未变	变化		新增加	取消
		2007 年	2011 年		
总数	148 项	86 项		43 项	47 项
125		新能源发电成套设备或关键设备制造（限于合资、合作）：关伏发电、潮汐发民、波浪发电、垃圾发电、沼气发电、15 兆瓦及以上风力发电设备	新能源发电成套设备或关键设备制造：关伏发电、地热发电、潮汐发电、波浪发电、垃圾发电、沼气发电、2.5 兆瓦及以上风力发电设备		
（二十一）通信设备、计算机及其他电子设备制造业					
126	大屏幕彩色投影显示器用光学引擎、光源、投影屏、高清晰度投影管和微显投影设备模块等关键件制造	数字摄录机、数字放声设备和数字影院制作、编辑、播放设备制造	高清数字摄录机、数字放声设备制造	触控系统（触控屏幕、触控组件等）制造	异步转移模式（ATM）及 IP 数据通信系统制造

续表

	未变	变化		新增加	取消
		2007 年	2011 年		
总数	148 项	86 项		43 项	47 项
127	数字音、视频编解码设备，数字广播电视演播室设备，数字有线电视系统设备，数字音频广播发射设备，数字电视上下变换器，数字电视地面广播单频网（SFN）设备，卫星数字电视上行站设备，卫星公共接收电视（SMATV）前端设备制造	TFT－LCD、PDP、OLED、FED（含SED等）平板显示屏、显示屏材料制造	TFT－LCD、PDP、OLED等平板显示屏、显示屏材料制造（6代及6代以下TFT－LCD玻璃基板除外）	基于IPv6的下一代互联网系统设备、终端设备、检测设备、软件、芯片开发与制造	600万像素以上高性能数字单镜头反光照相机制造

续表

	未变	变化		新增加	取消
		2007 年	2011 年		
总数	148 项	86 项		43 项	47 项
128	集成电路设计，线宽 0.18 微米及以下大规模数字集成电路制造，0.8 微米及以下模拟、数模集成电路制造及 BGA、PGA、CSP、MCM 等先进封装与测试	发光效率 501m/W 以上高亮度发光二极管、发光效率 501m/W 以上发光二极管外延片（蓝光）、发光效率 501m/W 以上且功率 200mW 以上白色发光管制造	发光效率 1001m/W 以上高亮度发光二极管、发光效率 1 001m/W 以上发光二极管外延片（蓝光）、发光效率 1 001m/W 以上且功率 200mW 以上白色发光管制造		大幅面（幅宽 900mm 以上）高分辨率彩色打印设备、精度 2 400dbi 及以上高分辨率彩色打印机机头、大幅面（幅宽 900mm 以上）高清晰彩色复印设备制造
129	大中型电子计算机、百万亿次高性能计算机、便携式微型计算机、每秒一万亿次及以上高档服务器、大型模拟仿真系统、大型工业控制机及控制器制造	无线局域网（广域网）设备制造	无线局域网（含支持 WAPI）、广域网设备制造		高技术绿色电池制造：动力镍氢电池、锌镍蓄电池、锌银蓄电池、锂离子电池、高容量全密封免维护铅酸蓄电池、太阳能电池、燃料电池、圆柱型锌空气电池等

续表

	未变	变化		新增加	取消
		2007 年	2011 年		
总数	148 项	86 项		43 项	47 项
130	计算机数字信号处理系统及板卡制造	光交叉连接设备（OXC）、自动光交换网络设备（ASON）、40G/sSDH 以上光纤通信传输设备、光纤传输粗波分复用（CWDM）设备制造	40Gbps 及以上速率时分复用设备（TDM）、密集波分复用设备（DWDM）、宽带无源网络设备（包括 EPON、GPON、WDM－PON 等）、下一代 DSL 芯片及设备、光交叉连接设备（OXC）、自动光交换网络设备（ASON）、40G/sSDH 以上光纤通信传输设		RFID 芯片开发与制造

续表

	未变	变化		新增加	取消
		2007 年	2011 年		
总数	148 项	86 项		43 项	47 项
131	图形图像识别和处理系统制造				
132	大容量光、磁盘驱动器及其部件开发与制造				
133	高速、容量100TB 及以上存储系统及智能化存储设备制造				
134	计算机辅助设计（三维 CAD）、辅助测试（CAT）、辅助制造（CAM）、辅助工程（CAE）系统及其他计算机应用系统制造				
135	软件产品开发、生产				

续表

	未变	变化		新增加	取消
		2007年	2011年		
总数	148项	86项		43项	47项
136	电子专用材料开发与制造（光纤预制棒开发与制造除外）				
137	电子专用设备、测试仪器、工模具制造				
138	新型电子元器件制造：片式元器件、敏感元器件及传感器、频率控制与选择元件、混合集成电路、电力电子器件、光电子器件、新型机电元件、高密度互连积层板、多层挠性板、刚挠印刷电路板及封装载板				

续表

	未变	变化		新增加	取消
		2007 年	2011 年		
总数	148 项	86 项		43 项	47 项
139	高密度数字光盘机用关键件开发与生产				
140	只读类光盘复制和可录类光盘生产				
141	民用卫星设计与制造（中方控股）				
142	民用卫星有效载荷制造（中方控股）				
143	民用卫星零部件制造				
144	卫星通信系统设备制造				
145	卫星导航定位接收设备及关键部件制造				
146	光通信测量仪表、速率 10Gb/s 及以上光收发器制造				

续表

	未变	变化		新增加	取消
		2007 年	2011 年		
总数	148 项	86 项		43 项	47 项
147	超宽带(UWB)通信设备制造				
148	第三代及后续移动通信系统手机、基站、核心网设备以及网络检测设备开发制造				
149	高端路由器、千兆比以上网络交换机开发、制造				
150	空中交通管制系统设备制造(限于合资、合作)				
(二十二)仪器仪表及文化、办公用机械制造业					
151	高精度数字电压表、电流表制造(显示量程七位半以上)	现场总线控制系统及关键零部件制造	工业过程自动控制系统与装置制造:现场总线控制系统,大型可编程控制器(PLC),两相流量计,固体流量计,新型传感器及现场测量仪表	1 000 万像素以上数字照相机制造	两相流量计、固体流量计制造

续表

	未变	变化		新增加	取消
		2007 年	2011 年		
总数	148 项	86 项		43 项	47 项
152	无功功率自动补偿装置制造	大型精密仪器开发与制造：包括电子显微镜、激光扫描显微镜、扫描隧道显微镜、功率 2kw 以上激光器、电子探针、光电直读光谱仪、拉曼光谱仪、质谱仪、液相色谱仪、工业色谱仪、色－质联用仪、核磁共振波谱仪、能谱仪、X 射线荧光光谱仪、衍射仪、工业 CT、大型动平衡试验机、在线机械量自动检测系统、转速 100 000r/min 以上超高速离心机、大型金相显微镜、三	大型精密仪器开发与制造：电子显微镜、激光扫描显微镜、扫描隧道显微镜、电子探针、大型金相显微镜，光电直读光谱仪、拉曼光谱仪，质谱仪、色谱－质谱联用仪、核磁共振波谱仪、能谱仪、X 射线荧光光谱仪、衍射仪，工业 CT、450KV 工业 X 射线探伤机、大型动平衡试验机、在线机械量自动检测系统、三座标测量机、激光比长仪，电法勘探仪、500m 以上航空	办公机械制造：多功能一体化办公设备（复印、打印、传真、扫描），彩色打印设备，精度 2 400dpi 及以上高分辨率彩色打印机头，感光鼓	电子枪自动镀膜机制造

续表

	未变	变化		新增加	取消
		2007 年	2011 年		
总数	148 项	86 项		43 项	47 项
152	无功功率自动补偿装置制造	座标测量机、激光比长仪、电法勘探仪、500m 以上航空电法及伽玛能谱测量仪器、井中重力及三分量磁力仪、高精度微伽重力及航空重力梯度测量仪器、地球化学元素野外现场快速分析仪、便携式地质雷达	电法及伽玛能谱测量仪器、井中重力及三分量磁力仪、高精度微伽重力及航空重力梯度测量仪器，光栅尺、编码器	办公机械制造：多功能一体化办公设备（复印、打印、传真、扫描），彩色打印设备，精度 2 400dpi 及以上高分辨率彩色打印机头，感光鼓	电子枪自动镀膜机制造
153	VXI 总线式自动测试系统（符合 IEEE1155 国际规范）制造	安全生产及环保检测仪器新技术设备制造	安全生产新仪器设备制造	电影机械制造：2K、4K 数字电影放映机，数字电影摄像机，数字影像制作、编辑设备	管电压 800 千伏及以上工业 X 射线探伤机制造

续表

	未变	变化		新增加	取消
		2007 年	2011 年		
总数	148 项	86 项		43 项	47 项
154	煤矿井下监测及灾害预报系统、煤炭安全检测综合管理系统开发与制造	环境监测仪器制造：SO2 自动采样器及测定仪、NOX 及 NO2 自动采样器及测定仪、O3 自动监测仪、CO 自动监测仪、烟气及粉尘自动采样器及测定仪、烟气自动采样器及测定仪、便携式有毒有害气体测定仪、空气中有机污染物自动分析仪、COD 自动在线监测仪、BOD 自动在线监测仪、浊度在线监测仪、DO 在线监测仪、TOC 在线监测仪、氨氮在线监测仪、辐射剂量检测仪、射线分析测试仪	环境监测仪器制造：SO2 自动采样器及测定仪、NOX 及 NO2 自动采样器及测定仪、O3 自动监测仪、CO 自动监测仪、烟气及 Pm2.5 粉尘采样器及采样切割器、便携式有毒有害气体测定仪、空气中有机污染物自动分析仪、COD 自动在线监测仪、BOD 自动在线监测仪、浊度在线监测仪、DO 在线监测仪、TOC 在线监测仪、氨氮在线监测仪、辐射剂量检测仪、射线分析测试仪、重金属在线监测设备、在线生物毒性水质预警监控设备		大气污染防治设备制造：耐高温及耐腐蚀滤料、燃煤电厂湿式脱硫成套设备、低 NOX 燃烧装置、烟气脱氮催化剂及脱氮成套装置、工业有机废气净化设备、柴油车排气净化装置

续表

	未变	变化		新增加	取消
		2007 年	2011 年		
总数	148 项	86 项		43 项	47 项
155	工程测量和地球物理观测设备制造：数字三角测量系统、三维地形模型数控成型系统（面积 >1 000×1 000mm、水平误差 <1mm、高程误差 <0.5mm）、超宽频带地震计（φ <5cm、频带 0.01－50Hz、等效地动速度噪声 <10－9m/s）、地震数据集合处理系统、综合井下地震和前兆观测系统、精密可控震源系统、工程加速度测量系统、高精度 GPS 接收机（精度 1mm + 1ppm）、INSAR 图像接收及处理系统、INSAR 图像接收及处理系统、精度 <1 微伽的绝对重力仪、卫星重力仪、采				环保检测仪器的新技术设备制造：空气质量检测、水质检测、烟气在线检测仪器的新技术设备，应急处理所需仪器和成套系统发展新型微分光学多组分析系统，自校准、组合式、低漂移、联网遥测、遥控仪器及系统等

续表

	未变	变化		新增加	取消
		2007 年	2011 年		
总数	148 项	86 项		43 项	47 项
155	用相干或双偏振技术的多普勒天气雷达、能见度测量仪、气象传感器(温、压、湿、风、降水、云、能见度、辐射、冻土、雪深)、防雷击系统、多级飘尘采样计、3-D 超声风速仪、高精度智能全站仪、三维激光扫描仪、钻探用高性能金刚石钻头、无合作目标激光测距仪、风廓线仪(附带 RASS)、GPS 电子探控仪系统、CO2/H2O 通量观测系统、边界层多普勒激光雷达、颗粒物颗粒经谱仪器(3nm-20μm)、高性能数据采集器、水下滑翔器				环保检测仪器的新技术设备制造:空气质量检测、水质检测、烟气在线检测仪器的新技术设备,应急处理所需仪器和成套系统发展新型微分光学多组分析系统,自校准、组合式、低漂移、联网遥测、遥控仪器及系统等

续表

	未变	变化		新增加	取消
		2007 年	2011 年		
总数	148 项	86 项		43 项	47 项
156	海洋勘探监测仪器和设备制造：中深海水下摄像机和水下照相机、多波束探测仪、中浅地层剖面探测仪、走航式温盐深探测仪、磁通门罗盘、液压绞车、水下密封电子连接器、效率 > 90% 的反渗透海水淡化用能量回收装置、效率 > 85% 的反渗透海水淡化用高压泵、反渗透海水淡化膜（脱盐率 > 99.7%）、日产 2 万吨以上低温多效蒸馏海水淡化装置、				水污染防治设备制造：卧式螺旋离心脱水机、膜及膜材料、10kg/h 以上的臭氧发生器、10kg/h 以上的二氧化氯发生器、紫外消毒装置、农村小型生活污水处理设备水污染防治设备制造：卧式螺旋离心脱水机、膜及膜材料、10kg/h 以上的臭氧发生器、10kg/h 以上的二氧化氯发生器、紫外消毒装置、农村小型生活污水处理设备

续表

	未变	变化		新增加	取消
		2007 年	2011 年		
总数	148 项	86 项		43 项	47 项
156	海洋生态系统监测浮标、剖面探测浮标、一次性使用的电导率温度和深度测量仪器（XCTD）、现场水质测量仪器、智能型海洋水质监测用化学传感器（连续工作 3 ~ 6 个月）、电磁海流计、声学多普勒海流剖面仪（自容式、直读式和船用式）、电导率温度深度剖面仪、声学应答释放器、远洋深海潮汐测量系统（布设海底）				水污染防治设备制造：卧式螺旋离心脱水机、膜及膜材料、10kg/h 以上的臭氧发生器、10kg/h 以上的二氧化氯发生器、紫外消毒装置、农村小型生活污水处理设备水污染防治设备制造：卧式螺旋离心脱水机、膜及膜材料、10kg/h 以上的臭氧发生器、10kg/h 以上的二氧化氯发生器、紫外消毒装置、农村小型生活污水处理设备

续表

	未变	变化		新增加	取消
		2007 年	2011 年		
总数	148 项	86 项		43 项	47 项
157	水文数据采集、处理与传输和防洪预警仪器及设备制造				固体废物处理处置设备制造：垃圾填埋厂防渗土工膜、危险废物处理装置、垃圾填埋场沼气发电装置、规模化畜禽养殖废物的综合利用设备
（二十三）工艺及其他制造业					
158	洁净煤技术产品的开发利用及设备制造（煤炭气化、液化、水煤浆、工业型煤）			废旧电器电子产品、汽车、机电设备、橡胶、金属、电池回收处理	
159	煤炭洗选及粉煤灰（包括脱硫石膏）、煤矸石等综合利用				
160	全生物降解材料的生产				

续表

四、电力、煤气及水的生产及供应业					
	未变	变化		新增加	取消
		2007 年	2011 年		
总数	5 项	2 项		2 项	0 项
1	采用整体煤气化联合循环（IGCC）、30 万千瓦及以上循环流化床、10 万千瓦及以上增压循环流化床（PFBC）洁净燃烧技术电站的建设、经营	海水利用（海水直接利用、海水淡化）、工业废水处理回收利用产业化	海水利用（海水直接利用、海水淡化）	再生水厂建设、运营	
2	背压型热电联产电站的建设、经营	城市供水厂建设、经营	供水厂建设、经营	机动车充电站、电池更换站建设、经营	
3	发电为主水电站的建设、经营				
4	核电站的建设、经营（中方控股）				

续表

	未变	变化		新增加	取消
		2007 年	2011 年		
总数	5 项	2 项		2 项	0 项
5	新能源电站（包括太阳能、风能、磁能、地热能、潮汐能、波浪能、生物质能等）建设经营				

五、交通运输、仓储和邮政业

	未变	变化		新增加	取消
		2007 年	2011 年		
总数	13 项	1 项		0 项	0 项
1	铁路干线路网的建设、经营（中方控股）	运输业务相关的仓储设施建设、经营	自动化高架立体仓储设施、运输业务相关的仓储设施建设、经营		
2	支线铁路、地方铁路及其桥梁、隧道、轮渡和站场设施的建设、经营（限于合资、合作）				

续表

	未变	变化		新增加	取消
		2007 年	2011 年		
总数	13 项	1 项		0 项	0 项
3	高速铁路、铁路客运专线、城际铁路基础设施综合维修（中方控股）				
4	公路、独立桥梁和隧道的建设、经营				
5	公路货物运输公司				
6	港口公用码头设施的建设、经营				
7	民用机场的建设、经营（中方相对控股）				
8	航空运输公司（中方控股）				
9	农、林、渔业通用航空公司（限于合资、合作）				
10	国际集装箱多式联运业务				

续表

	未变	变化		新增加	取消
		2007 年	2011 年		
总数	13 项	1 项		0 项	0 项
11	定期、不定期国际海上运输业务（中方控股）				
12	输油（气）管道、油（气）库的建设、经营				
13	煤炭管道运输设施的建设、经营				

六、批发和零售业

	未变	变化		新增加	取消
		2007 年	2011 年		
总数	0 项	1 项		2 项	1 项
1		一般商品的配送	一般商品的共同配送、鲜活农产品低温配送等现代物流及相关技术服务	农村连锁配送	现代物流
2				托盘及集装单元共用系统建设、经营	

续表

七、租赁和商务服务业					
	未变	变化		增加	取消
		2007年	2011年		
总数	3项	0项		3项	0项
1	会计、审计（限于合作、合伙）			创业投资企业	
2	国际经济、科技、环保信息咨询服务			知识产权服务	
3	以承接服务外包方式从事系统应用管理和维护、信息技术支持管理、银行后台服务、财务结算、人力资源服务、软件开发、呼叫中心、数据处理等信息技术和业务流程外包服务			家庭服务业	

续表

八、科学研究、技术服务和地质勘查业					
	未变	变化		新增加	取消
		2007 年	2011 年		
总数	13 项	1 项		1 项	0 项
1	生物工程与生物医学工程技术、生物质能源开发技术	节约能源开发技术	节能技术开发与服务	海上石油污染清理与生态修复技术及相关产品开发，海水富营养化防治技术，海洋生物爆发性生长灾害防治技术，海岸带生态环境修复技术	
2	同位素、辐射及激光技术				
3	海洋开发及海洋能开发技术、海洋化学资源综合利用技术、相关产品开发和精深加工技术、海洋医药与生化制品开发技术				

续表

八、科学研究、技术服务和地质勘查业					
	未变	变化		新增加	取消
		2007年	2011年		
总数	13项	1项		1项	0项
4	海洋监测技术（海洋浪潮、气象、环境监测）、海底探测与大洋资源勘查评价技术				
5	综合利用海水淡化后的浓海水制盐、提取钾、溴、镁、锂及其深加工等海水化学资源高附加值利用技术				
6	资源再生及综合利用技术、企业生产排放物的再利用技术开发及其应用				

续表

	未变	变化		新增加	取消
		2007 年	2011 年		
总数	13 项	1 项		1 项	0 项
7	环境污染治理及监测技术				
8	化纤生产及印染加工的节能降耗、三废治理新技术				
9	防沙漠化及沙漠治理技术				
10	草畜平衡综合管理技术				
11	民用卫星应用技术				
12	研究开发中心				
13	高新技术、新产品开发与企业孵化中心				

九、水利、环境和公共设施管理业

	未变	变化		新增加	取消
		2007 年	2011 年		
总数	4 项	0 项		0 项	0 项
1	综合水利枢纽的建设、经营（中方控股）				
2	城市封闭型道路建设、经营				

续表

	未变	变化		新增加	取消
		2007 年	2011 年		
总数	4 项	0 项		0 项	0 项
3	城市地铁、轻轨等轨道交通的建设、经营（中方控股）				
4	污水、垃圾处理厂，危险废物处理处置厂（焚烧厂、填埋场）及环境污染治理设施的建设、经营				

十、教育

	未变	变化		新增加	取消
		2007 年	2011 年		
总数	1 项	0 项		1 项	0 项
1	高等教育机构（限于合资、合作）			职业技能培训	

十一、卫生、社会保障和社会福利业

	未变	变化		新增加	取消
		2007 年	2011 年		
总数	1 项	0 项		0 项	0 项
1	老年人、残疾人和儿童服务机构				

续表

十二、文化、体育和娱乐业					
	未变	变化		新增加	取消
		2007 年	2011 年		
总数	2 项	0 项		0 项	0 项
1	演出场所经营（中方控股）				
2	体育场馆经营、健身、竞赛表演及体育培训和中介服务				

附录2　2007年与2011年的《外商投资产业指导目录》（限制类）比较

一、农、林、牧、渔业					
	未变	变化		新增加	取消
		2007 年	2011 年		
总数	3 项	0 项		0 项	0 项
1	农作物新品种选育和种子生产（中方控股）				
2	珍贵树种原木加工（限于合资、合作）				
3	棉花（籽棉）加工				

续表

二、采矿业					
	未变	变化		新增加	取消
		2007 年	2011 年		
总数	6 项	2 项		0 项	0 项
1	特殊和稀缺煤类勘查、开采（中方控股）	金刚石等贵重非金属矿的勘查、开采	金刚石、高铝耐火粘土、硅灰石、石墨等重要非金属矿的勘查、开采		
2	重晶石勘查、开采（限于合资、合作）	磷矿开采、选矿	磷矿、锂矿和硫铁矿的开采、选矿，盐湖卤水资源的提炼		
3	贵金属（金、银、铂族）勘查、开采				
4	硼镁石及硼镁铁矿石开采				
5	天青石开采				
6	大洋锰结核、海砂的开采（中方控股）				

续表

三、制造业					
	未变	变化		新增加	取消
		2007 年	2011 年		
总数	21 项	6 项		5 项	11 项
（一）农副食品加工业					
1	豆油、菜籽油、花生油、棉籽油、茶籽油、葵花籽油、棕榈油等食用油脂加工（中方控股），大米、面粉加工，玉米深加工				
2	生物液体燃料（燃料乙醇、生物柴油）生产（中方控股）				
（二）饮料制造业					
3	黄酒、名优白酒生产（中方控股）				碳酸饮料生产
（三）烟草制品业					
4	打叶复烤烟叶加工生产				

续表

	未变	变化		新增加	取消
		2007 年	2011 年		
总数	21 项	6 项		5 项	11 项
（四）印刷和记录媒介复制					
5		出版物印刷（中方控股，包装装潢印刷除外）	出版物印刷（中方控股）		
（五）石油加工及炼焦业					
6				1 000 万吨/年以下常减压炼油、150 万吨/年以下催化裂化、100 万吨/年以下连续重整（含芳烃抽提）、150 万吨/年以下加氢裂化生产	年产 800 万吨及以下炼油厂建设、经营
（六）化学原料及化学制品制造业					
7	感光材料生产	烧碱（氢氧化钠）、钾碱（氢氧化钾）生产	纯碱、烧碱以及规模以下或采用落后工艺的硫酸、硝酸、钾碱生产	丁二烯橡胶（高顺式丁二烯橡胶除外）、乳液聚合丁苯橡胶、热塑性丁苯橡胶生产	顺丁橡胶、乳液聚合丁苯橡胶、热塑性丁苯橡胶生产

续表

	未变	变化		新增加	取消
		2007 年	2011 年		
总数	21 项	6 项		5 项	11 项
8	联苯胺生产	氟氯烃或氢氟氯烃、四氟乙烯、氟化铝、氢氟酸生产	氟化氢等低端氟氯烃或氟氯化合物生产	乙炔法聚氯乙烯以及规模以下乙烯和后加工产品生产	甲烷氯化物(一氯甲烷除外)、电石法聚氯乙烯生产
9	易制毒化学品生产(麻黄素、3,4－亚基二氧苯基－2－丙酮、苯乙酸、1－苯基－2－丙酮、胡椒醛、黄樟脑、异黄樟脑、醋酸酐)			采用落后工艺、含有有害物质、规模以下颜料和涂料生产	硫酸法钛白粉、平炉法高锰酸钾生产
10	硼镁铁矿石加工			资源占用大、环境污染严重、采用落后工艺的无机盐生产	钡盐、锶盐生产

续表

	未变	变化		新增加	取消
		2007年	2011年		
总数	21项	6项		5项	11项
（七）医药制造业					
11	氯霉素、青霉素G、洁霉素、庆大霉素、双氢链霉素、丁胺卡那霉素、盐酸四环素、土霉素、麦迪霉素、柱晶白霉素、环丙氟哌酸、氟哌酸、氟嗪酸生产	国家计划免疫的疫苗（卡介苗和脊髓灰质炎疫苗除外）、菌苗类及抗毒素、类毒素类（白百破、麻疹、乙脑、流脑疫苗等）生产	纳入国家免疫规划的疫苗品种生产		非自毁式一次性注射器、输液器、输血器及血袋生产
12	安乃近、扑热息痛、维生素B1、维生素B2、维生素C、维生素E、多种维生素制剂和口服钙剂生产				
13	麻醉药品及一类精神药品原料药生产（中方控股）				
14	血液制品的生产				

续表

	未变	变化		新增加	取消
		2007 年	2011 年		
总数	21 项	6 项		5 项	11 项
（八）化学纤维制造业					
15	常规切片纺的化纤抽丝生产	粘胶短纤维生产	粘胶纤维生产		
（九）橡胶制品业					
16					旧轮胎翻新（子午线轮胎除外）及低性能工业橡胶配件生产
（十）有色金属冶炼及压延加工业					
17	钨、钼、锡（锡化合物除外）、锑（含氧化锑和硫化锑）等稀有金属冶炼				
18	电解铝、铜、铅、锌等有色金属冶炼）				
19	稀土冶炼、分离（限于合资、合作）				

续表

	未变	变化		新增加	取消
		2007 年	2011 年		
总数	21 项	6 项		5 项	11 项
（十一）金属制品业					
20					集装箱生产
（十二）通用设备制造业					
21	各类普通级（P0）轴承及零件（钢球、保持架）、毛坯制造				
22	400 吨以下轮式、履带式起重机械制造（限于合资、合作）				
（十三）专用设备制造业					
23	一般涤纶长丝、短纤维设备制造				中低档 B 型超声显像仪制造

续表

	未变	变化		新增加	取消
		2007 年	2011 年		
总数	21 项	6 项		5 项	11 项
24	320 马力及以下推土机、30 吨级及以下液压挖掘机、6 吨级及以下轮式装载机、220 马力及以下平地机、压路机、叉车、135 吨级及以下电力传动非公路自卸翻斗车、60 吨级及以下液力机械传动非公路自卸翻斗车、沥青混凝土搅拌与摊铺设备和高空作业机械、园林机械和机具、商品混凝土机械（托泵、搅拌车、搅拌站、泵车）制造				

续表

	未变	变化		新增加	取消
		2007 年	2011 年		
总数	21 项	6 项		5 项	11 项
（十四）交通运输设备制造业					
25		普通船舶（含分段）修理、设计与制造（中方控股）	船舶（含分段）的修理、设计与制造（中方控股）		
（十五）通信设备、计算机及其他电子设备制造业					
26	卫星电视广播地面接收设施及关键件生产				税控收款机产品制造

四、电力、煤气及水的生产及供应业

	未变	变化		新增加	取消
		2007 年	2011 年		
总数	1 项	1 项		1 项	0 项
1	电网的建设、经营（中方控股）	西藏、新疆、海南等小电网范围内，单机容量 30 万千瓦及以下燃煤凝汽火电站、单机容量 10 万千瓦及以下燃煤凝汽抽汽两用机组热电联产电站的建设、经营	小电网范围内，单机容量 30 万千瓦及以下燃煤凝汽火电站、单机容量 10 万千瓦及以下燃煤凝汽抽汽两用机组热电联产电站的建设、经营）	城市人口 50 万以上的城市燃气、热力和供排水管网的建设、经营	

续表

五、交通运输、仓储和邮政业					
	未变	变化		新增加	取消
		2007 年	2011 年		
总数	7 项	0 项		0 项	0 项
1	铁路货物运输公司				
2	铁路旅客运输公司（中方控股）				
3	公路旅客运输公司				
4	出入境汽车运输公司				
5	水上运输公司（中方控股）				
6	摄影、探矿、工业等通用航空公司（中方控股）				
7	电信公司：增值电信业务（外资比例不超过 50%），基础电信业务（外资比例不超过 49%）				

续表

六、批发和零售业					
	未变	变化		新增加	取消
		2007 年	2011 年		
总数	2 项	3 项		1 项	1 项
1	船舶代理（中方控股）、外轮理货（限于合资、合作）	直销、邮购、网上销售、特许经营、委托经营、商业管理等商业公司	直销、邮购、网上销售	大型农产品批发市场建设、经营	商品拍卖
2	成品油批发及加油站（同一外国投资者设立超过 30 家分店、销售来自多个供应商的不同种类和品牌成品油的连锁加油站，由中方控股）建设、经营	粮食、棉花、植物油、食糖、药品、烟草、汽车、原油、农药、农膜、化肥的批发、零售、配送（设立超过 30 家分店、销售来自多个供应商的不同种类和品牌商品的连锁店由中方控股	粮食收购，粮食、棉花、植物油、食糖、烟草、原油、农药、农膜、化肥的批发、零售、配送（设立超过 30 家分店、销售来自多个供应商的不同种类和品牌商品的连锁店由中方控股）		
3		音像制品（除电影外）的分销（限于合作、中方控股）	音像制品（除电影外）的分销（限于合作）		

续表

七、金融业					
	未变	变化		新增加	取消
		2007 年	2011 年		
总数	4 项	1 项		0 项	0 项
1	保险公司（寿险公司外资比例不超过50%）	银行、金融租赁公司、财务公司、信托投资公司、货币经纪公司	银行、财务公司、信托公司、货币经纪公司		
2	证券公司（限于从事 A 股承销、B 股和 H 股以及政府和公司债券的承销和交易，外资比例不超过1/3）、证券投资基金管理公司（外资比例不超过 49%）				
3	保险经纪公司				
4	期货公司（中方控股）				

续表

八、房地产业					
	未变	变化		新增加	取消
		2007 年	2011 年		
总数	2 项	1 项		0 项	0 项
1	土地成片开发（限于合资、合作）	高档宾馆、别墅、高档写字楼和国际会展中心的建设、经营	高档宾馆、高档写字楼和国际会展中心的建设、经营		
2	房地产二级市场交易及房地产中介或经纪公司				

九、租赁和商务服务业					
	未变	变化		新增加	取消
		2007 年	2011 年		
总数	3 项	0 项		0 项	0 项
1	法律咨询				
2	市场调查（限于合资、合作）				
3	资信调查与评级服务公司				

十、科学研究、技术服务和地质勘查业					
	未变	变化		新增加	取消
		2007 年	2011 年		
总数	3 项	0 项		0 项	0 项
1	测绘公司（中方控股）				

续表

	未变	变化		新增加	取消
		2007 年	2011 年		
总数	3 项	0 项		0 项	0 项
2	进出口商品检验、鉴定、认证公司				
3	摄影服务（含空中摄影等特技摄影服务，但不包括测绘航空摄影，限于合资）				

十一、水利、环境和公共设施管理业

	未变	变化		新增加	取消
		2007 年	2011 年		
总数	0 项	0 项		0 项	1 项
1					大城市燃气、热力和供排水管网的建设、经营（中方控股）

十二、教育

	未变	变化		新增加	取消
		2007 年	2011 年		
总数	0 项	1 项		0 项	0 项
1		普通高中教育机构（限于合资、合作）	普通高中教育机构（限于合作		

续表

十三、卫生、社会保障和社会福利业

	未变	变化		新增加	取消
		2007 年	2011 年		
总数	0 项	0 项		0 项	1 项
1					医疗机构（限于合资、合作）

十四、文化、体育和娱乐业

	未变	变化		新增加	取消
		2007 年	2011 年		
总数	5 项	0 项		0 项	0 项
1	广播电视节目、电影的制作业务（限于合作）				
2	电影院的建设、经营（中方控股）				
3	大型主题公园的建设、经营				
4	演出经纪机构（中方控股）				
5	娱乐场所经营（限于合资、合作）				

十五、国家和我国缔结或者参加的国际条约规定限制的其他产业

	未变	变化		新增加	取消
		2007 年	2011 年		
总数	0 项	0 项		0 项	0 项

附录3　2007年与2011年的《外商投资产业指导目录》（禁止类）比较

一、农、林、牧、渔业					
	未变	变化		新增加	取消
		2007年	2011年		
总数	3项	0项		0项	0项
1	我国稀有和特有的珍贵优良品种的研发、养殖、种植以及相关繁殖材料的生产（包括种植业、畜牧业、水产业的优良基因）				
2	转基因生物研发和转基因农作物种子、种畜禽、水产苗种生产				

续表

	未变	变化		新增加	取消
		2007 年	2011 年		
总数	3 项	0 项		0 项	0 项
3	我国管辖海域及内陆水域水产品捕捞				

二、采矿业

	未变	变化		新增加	取消
		2007 年	2011 年		
总数	3 项	0 项		0 项	0 项
1	钨、钼、锡、锑、萤石勘查、开采				
2	稀土勘查、开采、选矿				
3	稀土勘查、开采、选矿				

三、制造业

	未变	变化		新增加	取消
		2007 年	2011 年		
总数	12 项	0 项		0 项	0 项
（一）饮料制造业					
1	我国传统工艺的绿茶及特种茶加工（名茶、黑茶等）				

续表

（二）医药制造业					
2	列入《野生药材资源保护条例》和《中国珍稀、濒危保护植物名录》的中药材加工				
3	中药饮片的蒸、炒、炙、煅等炮制技术的应用及中成药保密处方产品的生产				
（三）有色金属冶炼及压延加工业					
4	放射性矿产的冶炼、加工				
（四）专用设备制造业					
5	武器弹药制造				

续表

	(五)电气机械及器材制造业				
6	开口式(即酸雾直接外排式)铅酸电池、含汞扣式氧化银电池、糊式锌锰电池、镉镍电池制造				
	(六)工业品及其他制造业				
7	象牙雕刻				
8	虎骨加工				
9	脱胎漆器生产				
10	珐琅制品生产				
11	宣纸、墨锭生产				
12	致癌、致畸、致突变产品和持久性有机污染物产品生产				

续表

四、电力、煤气及水的生产和供应业

	未变	变化		新增加	取消
		2007 年	2011 年		
总数	0 项	0 项		1 项	1 项
1				小电网外，单机容量30万千瓦及以下燃煤凝汽火电站、单机容量10万千瓦及以下燃煤凝汽抽汽两用热电联产电站的建设、经营	西藏、新疆、海南等小电网外，单机容量30万千瓦及以下燃煤凝汽火电站、单机容量10万千瓦及以下燃煤凝汽抽汽两用热电联产电站的建设、经营

五、交通运输、仓储和邮政业

	未变	变化		新增加	取消
		2007 年	2011 年		
总数	1 项	1 项		0 项	0 项
1	空中交通管制公司	邮政公司	邮政公司、信件的国内快递业务		

六、租赁和商务服务业

	未变	变化		新增加	取消
		2007 年	2011 年		
总数	1 项	0 项		0 项	0 项
1	社会调查				

续表

七、科学研究、技术服务和地质勘查业					
	未变	变化		新增加	取消
		2007 年	2011 年		
总数	2 项	0 项		0 项	0 项
1	人体干细胞、基因诊断与治疗技术开发和应用				
2	大地测量、海洋测绘、测绘航空摄影、行政区域界线测绘、地形图和普通地图编制、导航电子地图编制				

八、水利、环境和公共设施管理业					
	未变	变化		新增加	取消
		2007 年	2011 年		
总数	2 项	0 项		0 项	0 项
1	自然保护区和国际重要湿地的建设、经营				
2	国家保护的原产于我国的野生动、植物资源开发				

续表

九、教育					
	未变	变化		新增加	取消
		2007 年	2011 年		
总数	1 项	0 项		0 项	0 项
1	义务教育机构,军事、警察、政治和党校等特殊领域教育机构				

十、文化、体育和娱乐业					
	未变	变化		新增加	取消
		2007 年	2011 年		
总数	9 项	1 项		0 项	1 项
1	新闻机构	图书、报纸、期刊的出版、总发行和进口业务	图书、报纸、期刊的出版业务		录像放映公司
2	音像制品和电子出版物的出版、制作和进口业务				

续表

	未变	变化		新增加	取消
		2007 年	2011 年		
总数	9 项	1 项		0 项	1 项
3	各级广播电台（站）、电视台（站）、广播电视频道（率）、广播电视传输覆盖网（发射台、转播台、广播电视卫星、卫星上行站、卫星收转站、微波站、监测台、有线广播电视传输覆盖网）				
4	广播电视节目制作经营公司				
5	电影制作公司、发行公司、院线公司				
6	新闻网站、网络视听节目服务、互联网上网服务营业场所、互联网文化经营（音乐除外）				

续表

	未变	变化		新增加	取消
		2007年	2011年		
总数	9项	1项		0项	1项
7	高尔夫球场、别墅的建设、经营				
8	博彩业（含赌博类跑马场）				
9	色情业				

十一、其他行业

	未变	变化		新增加	取消
		2007年	2011年		
总数	1项	0项		0项	0项
1	危害军事设施安全和使用效能的项目产				

十二、我国缔结或者参加的国际条约规定限制的其他产业

	未变	变化		新增加	取消
		2007年	2011年		
总数	0项	0项		0项	0项

（执笔：郑伟、刘洋、刘欣、杨立卓）

主要参考文献

一、中文参考文献

[1]《国际经济合作》编辑部. 制定新一代投资政策——解读《2012 年世界投资报告》[J]. 国际经济合作, 2012, (7): 4 - 10

[2] 蔡昉, 王德文. 外商直接投资与就业——一个人力资本分析框架 [J]. 财经论丛, 2004, (1).

[3] 陈奉先, 涂万春. 外资银行进入对东道国银行业效率的影响: 东欧国家的经验与中国的实践 [J]. 世界经济研究, 2008, (1): 26 - 35.

[4] 陈静. 我国利用外国直接投资中的环境污染问题分析 [J]. 现代经济信息, 2011, (20).

[5] 陈晓峰. 长三角地区 FDI 与环境污染关系的实证研究——基于 1985—2009 年数据的 EKC 检验 (J). 国际贸易问题, 2011, (4).

[6] 陈玉财. 国际大宗商品价格波动与国内通货膨胀 [J]. 金融评论, 2011, (5): 22 - 42.

[7] 崔丹, 崔正强. 开放经济体的输入型通货膨胀问题 [J]. 东北财经大学学报, 2008, (5): 10 - 13.

[8] 东北财经大学产业组织与企业组织研究中心课题组. 中国战略性新兴产业发展战略研究 [R]. 2011, (7): 47 - 60.

[9] 董建国. 新能源产业利用外资三大问题待破解 [N]. 经济参考报, 2012 - 09.

[10] 杜群阳, 朱佳钰. 外资进入与银行业效率的实证研究 [J]. 国际贸易问题, 2010, (2): 114 - 121.

[11] 高晓红. 外资银行进入与我国商业银行改革困境的解除 [J]. 金融研究, 2000, (6): 40 - 49.

[12] 龚雯. 中国医药市场扩容将催热新一轮并购潮 [J]. 中国企业文化,

2011，(12)：15－16.

［13］郭妍，张立光．外资银行进入对我国银行业影响效应的实证研究［J］．经济科学，2005，(2)：58－66.

［14］国家发展改革委员会高技术产业司，中国材料研究学会．中国新材料产业发展报告［M］，北京：化学工业出版社，2011：251.

［15］国家外汇管理局．2011年中国国际收支报告［R］．2012年3月31日．

［16］韩琪．中国新能源产业利用外资现状探析［J］．国际经济合作，2012，(7)：30－34.

［17］黄慧慧，蔡则祥．中国输入型通货膨胀的特征及机理分析［J］．南京审计学院学报，2008，(11)：21－24.

［18］纪敏，陈玉财．大宗商品价格波动对我国通货膨胀的影响［J］．中国金融，2011，(18)：50－51.

［19］李斌、郭庆．山东省污染密集型产业结构调整对策研究（J）．中国人口、资源与环境，2010，(6).

［20］李国柱．外商直接投资与环境污染的因果关系检验（J）．国际贸易问题，2007，(6).

［21］李拉．中国新能源发展：成绩与问题［J］．产权导刊，2010，(2)：29－31.

［22］李伟，韩立岩．外资银行进入对我国银行业竞争度的影响：基于Panzar－Rosse模型的实证研究［J］．金融研究，2008，(5)：87－98.

［23］李晓峰，王维，严佳佳．外资银行进入对我国银行效率影响的实证分析［J］．财经科学，2006，(8)：16－23.

［24］联合国贸发会议跨国公司与投资司．1999年世界投资报告：外国直接投资和发展的挑战（中译本）［R］．北京：中国财政经济出版社，2000.

［25］刘彦文．国际金融危机、结构调整与中国的战略性新兴产业发展［J］．湖北经济学院学报，2010，(11)：43－44.

［26］吕凯波．外资银行进入对我国银行业效率影响研究［J］．南京审计学院学报，2008，(1)：22－25.

［27］毛日昇．出口、外商直接投资与中国制造业就业［J］．经济研究，2009，（11）．

［28］潘申彪、余妙志．江浙沪三省市外商直接投资与环境污染的因果关系检验（J）．国际贸易问题，2005（12）．

［29］潘婷，朱涛．外资银行进入对我国商业银行效率影响研究［J］．金融经济，2011，（11）：39－43.

［30］乔海曙，邓婷．我国输入型通货膨胀：形成机理与中国样本［J］．宁夏大学学报，2007，（3）：112－118.

［31］屈小娥．1990—2009年中国省际环境污染综合评价（J）．中国人口、资源与环境，2012，5期。

［32］桑百川．外商直接投资企业对我国的就业贡献［J］．开放导报，1999，（4）．

［33］中华人民共和国商务部．2012春季中国外贸形势．

［34］中华人民共和国商务部．中国外资统计2012.

［35］时金．“十二五”新能源提速：政策引导市场主导［J］．能源研究与利用，2011，（3）：21－23.

［36］史福厚，周建民．后危机时代我国输入型通货膨胀的形成及其治理［J］．价格月刊，2011，（9）：15－19.

［37］宋马林．中国对外贸易竞争力与后危机时代的战略选择［J］．国际贸易问题，2011，（2）：170－176.

［38］孙会峰．突破新一代信息技术推动战略性新兴产业［N］．中国电子报，2012年7月31日．

［39］唐艳．FDI在中国的产业结构升级效应分析与评价［J］．财经论丛：浙江财经学院学报，2011，（1）：20－25.

［40］汪峰，徐俊华．我国新材料产业：现状、困局及升级［J］．新材料产业，2011，（2）：78.

［41］王芳芳、郝前进．地方政府吸引FDI的环境政策分析（J）．中国人口、资源与环境，2010，（6）．

［42］王建超．外商直接投资通货膨胀效应的实证分析［J］．世界经济研

究，2005，(4)：40 – 44.

［43］王剑．外国直接投资对中国就业效应的测算［J］．统计研究，2005，(3).

［44］王玲玲．外商直接投资进入我国服务业的原因及现状分析［J］．沿海企业与科技，2008，(4)：16 – 18.

［45］王英．外商直接投资与中国式“荷兰病”［A］．江苏省外国经济学说研究会2010年学术年会论文集［C］，2010.

［46］温怀德等．外商直接投资、对外贸易与环境污染的实证研究．当代经济科学，2008，(2).

［47］文超．我国利用外商直接投资的现状、特点及对策［J］．商场现代化，2012，(8)：14.

［48］夏琳琳，覃正．进出口贸易对我国主要行业的影响研究［J］．进出口贸易对我国主要行业的影响研究，2011，(19)：119 – 121.

［49］刑国均，李赶顺．合理利用外资与解决当前潜在的通货膨胀［J］．经济管理，2008，(5)：16 – 20.

［50］闫敏．我国外贸形势分析及预测［J］．宏观经济管理，2011，(1)：22 – 24.

［51］杨海生等．贸易、外商直接投资、经济增长与环境污染（J）．中国人口、资源与环境，2005，(3).

［52］杨缅昆．论外汇推动型通货膨胀及其治理［J］．统计研究，2011，(11)：56 – 61.

［53］叶欣．外资银行进入对中国银行业效率影响的实证研究［J］．财经问题研究，2006，(2)：61 – 66.

［54］于学花，栾谨崇．中国外商直接投资中的撤资问题探析［J］．亚太经济，2011，(4)：97 – 101.

［55］张成．内资和外资：谁更有利于环境保护——来自我国工业部门面板数据的经验分析（J）国际贸易问题，2011，(2).

［56］张二震，任志成．FDI与中国就业结构的演进［J］．经济理论与经济管理，2005，(5).

［57］张菲．跨国公司对中国新材料产业发展的影响及政策建议［J］．新材料产业，2012，（4）：69－73.

［58］张国庆．我国利用外资：2011 年回顾 2012 年展望［J］．中国外资，2012，（3）：1－4

［59］张金清，吴有红．外资银行进入水平影响商业银行效率的“阀值效应”分析：来自中国商业银行的经验证据［J］．金融研究，2010，（6）：60－74.

［60］张兰英，孙晓菲．外资生物医药企业在华战略［R］．SERI China Review，2012 年 6 月．

［61］张明．短期资本外流不必过分担忧［N］．东方早报，2012 年 8 月 28 日．

［62］张宇燕、徐秀军．2011—2012 年世界经济形势分析与展望［J］．当代世界，2011，（12）：9－13

［63］郑军．我国发生输入型通货膨胀的风险及对策［J］．商业时代，2006，（2）：50－52.

［64］中华人民共和国国务院．“十二五”国家战略性新兴产业发展规划．2012 年 7 月 9 日．

［65］中投顾问．中投顾问生物产业研究周刊［J］．2012，（262）．

［66］周力、应瑞瑶．开放经济与节能减排的协调路径．中国人口、资源与环境，2010，（2）．

［67］周力、应瑞瑶．外商直接投资与工业污染．中国人口、资源与环境，2009，（2）．

［68］朱耘．跨国公司发力新材料［N］．中国经营报，2011 年 1 月 1 日．

二、英文参考文献

［1］Claessens S.，A. Demirguc-Kunt A，and Huizinga，H. *How Does Foreign Entry Affect the Domestic Banking Market*?［J］．*Journal of Banking and Finance*，2001，（25）：891－911.

［2］Clarke，R. G.，R. Cull，and M. Perfa. *Does Foreign Bank Penetration Reduce Access to Credit in Developing Countries? Evidence from Asking Borrower*［W］．

World Bank Working Paper, 2002.

[3] Clarke, R. G. , R. Cull, L. D' Amato, and A. Molinari. *On the Kindness of Strangers? The Impact of Foreign Entry on Domestic Banks in Argentina* [A]. *In Claessens, S. and Jansen, M. (Eds.) The Internationalization of Financial Services: Issues and Lessons for Developing Countries*, Boston: Kluwer Academic Press, 2000.

[4] Dean Judy. *Trade and the Environment: A Survey of the Literature* [J]. *World Bank Discussion Paper*, 1992.

[5] Gray, J. M. and H. P. Gray. *The Multinational Bank: A Financial MNC?* [J]. *Journal of Banking and Finance*, 1981, (5): 33 -63.

[6] IMF. *Coping with High Debt and Sluggish Growth* [R]. *World Economic Outlook*. Oct. 2012.

[7] Kass. L. *Financial Market Integration and Loan Competition: When is Entry Deregulation Socially Beneficial?* [W]. *Working Paper*, 2004, No. 403 of ECB.

[8] Kim, H. E. and B. Y. Lee. *The Effects of Foreign Bank Entry on the Performance of Private Domestic Banks in Korea* [W]. *Working Paper of Bank of Korea*, 2004.

[9] Lehner, M. and M. Schnitzer. *Entry of Foreign Banks and Their Impact on Host Countries* [J]. *Journal of Comparative Economics*, 2008, (36): 430 -452.

[10] Lensink, R. and M. Hermes. *The Short-term Effects of Foreign Bank Entry on Domestic Bank Behavior: Does Domestic Development Matter?* [J]. *Journal of Banking and Finance*, 2004, (28): 553 -568.

[11] Levy, Y. E. and A. Micco. *Concentration and Foreign Penetration in Latin American Banking Sectors: Impact on Competition and Risk* [J]. *Journal of Banking and Finance*, 2007, (31): 1633 -1647.

[12] Markusen. J. R. *Competition in Regional Environmental Policies Wen Plant Locations are Endogenous* [J]. *Journal of Public Eeonomies*, 1995.

[13] Schulz, H. *Foreign Banks in Mexico: New Conquistadors or Agents of Change?* [W]. *Working Paper of University of Pennsylvania*, 2006.

[14] Stiglitz, J. *The Role of the State in Financial Market* [J]. *Proceeding of the*

World Bank Annual Conference on Development Economics, 1993, (101): 299 - 326.

[15] Uiboupin, J. *Short-term Effects of Foreign Bank Entry on Bank Performance on Selected CEE Countries* [W]. *Working Paper of Bank of Estonia*, 2005.

[16] UNCTAD. *Towards a New Generation of Investment Policies* [R]. *World Investment Report* 2012, Jul. 5 2012.

[17] Wheeler D. *Racing to the bottom? Foreign investment and air pollution in developing countries.* Development Research Group. World Bank, 2000.